VORW

Als der Vater von Corrie ten B
Staatspolizei des Nationalsozialis
wurde und mit ihm seine ganze F
»*Nun kommt das Beste!*« – Und das Beste kam bald. Vater ten Boom und mit ihm zwei seiner Kinder gingen zum »*Leben*« ein![1] Dem Sterben hier unten folgt ja im Augenblick das Leben – ein viel lebendigeres als je alles Lebendigsein hier auf Erden.

Die ersten Christen feierten darum den Sterbetag als den Geburtstag zum Leben. Ihnen wollen wir's nachtun.

D. Dr. Paul Jaeger schreibt dazu: »Diese ersten Christen machten Ernst damit. Sie glaubten keinen Tod. Ihnen war der Tod nur der Eingang in das Leben. Sie waren nicht durch Grübeln und Nachdenken, durch Studieren und Beweisen zu dieser sieghaften Lebensgewißheit gekommen. Eine mächtige Welle des Lebens hatte sie erfaßt und unmittelbar vor die Wirklichkeit einer Gotteslebendigkeit gestellt, die alles, aber auch alles nur Erdenkliche überstrahlte. Der Vater ist größer als alles (Joh. 10,29), größer auch als Leid und Tod – das war der leuchtende Hintergrund ihres lebendigen Glaubens an den auferstandenen Herrn.

Warum lassen wir uns nicht auch heute noch auf diese wundervolle Höhe des Lebensglaubens führen? Die sind schwer zu erschrecken, die den Tod nicht fürchten. Was hindert uns, genauso vom Tode zu denken wie die alten Christen?«[2]

Während unser erstes Buch wie ein Wegweiser die Wirklichkeit der ewigen Welt bestätigen will, beschäftigt sich das zweite Buch mit *der Herrlichkeit der himmlischen Welt,* und zwar nach den Angaben der Heiligen Schrift. Und das Studieren dieses biblischen Materials wird viel Freude machen. Der Hauch des ewigen Lebens, der uns dabei beständig anweht, wird nicht ohne Wirkung bleiben!

[1] Corrie ten Boom, Dennoch. 12. Aufl., Wuppertal 1964, S. 20.
[2] Paul Jaeger, Ich glaube keinen Tod. 13. Aufl., Heilbronn 1957, S. 62.

Wer in ein fremdes Land reist, macht sich vorher mit Hilfe von Bildern und Landkarten und an Hand von Reisebeschreibungen mit dem Ziel seiner Reise vertraut. Eine solche Hilfe will »Das Schönste kommt noch« jedem bieten, der sich unterwegs weiß. Ihnen allen sei diese Arbeit gewidmet.

Für fleißige und treue Mitarbeit gebührt meiner lieben Frau und der Missionarin Helga Körbel herzlicher Dank.

Fritz Rienecker

INHALTSVERZEICHNIS

1. Buch: ZEUGNISSE AUS VERGANGENHEIT UND GEGENWART

Einführung 9

1. Hauptteil:
Hinweise auf das Leben nach dem Sterben angesichts der Schöpfungsart des Menschen 16

A. Der Mensch im Unglück 16

B. Der Mensch im Alltäglichen 34
a) Der Geist des Menschen 34
b) Die Seele des Menschen 39
c) Der Leib des Menschen 40

C. Der Mensch im Außergewöhnlichen 47

2. Hauptteil:
Hinweise auf das Leben nach dem Sterben angesichts erlebter Erfahrungen aus der unsichtbaren Welt 70

A. Von den zwei Wirklichkeiten, welche in engem Zusammenhang zueinander stehen 70

B. Von der unsichtbaren Wirklichkeit, in welcher unsere Toten leben. Von den Engeln und Dämonen 72

C. Von dem unbefugten und verbotenen Umgang mit der unsichtbaren Welt 79

3. Hauptteil:
Hinweise auf das Leben nach dem Sterben angesichts des Todes 81

A. Angesichts des Todes erfolgt oft ein blitzartiger Blick nach rückwärts und oft eine Schau nach vorn 82

B. Angesichts des Todes ist solch eine Schau nach vorn oft gefüllt mit überirdischer Freude und Herrlichkeit 87

C. Angesichts des Todes wird oft auch bei Christusgläubigen nichts Besonderes erlebt – im Gegenteil, schwerste Anfechtungen werden durchlitten 96

Ergebnis: Obwohl der Tod noch nicht beseitigt ist, ist er für Christen doch entmachtet 106

2. Buch: BIBLISCHE BESINNUNG

Einführung 113

1. Hauptteil:
Was sagt die Heilige Schrift Alten und Neuen Testaments über das Leben nach dem Sterben? 118

I. Der Glaube an das ewige Leben im Alten Testament 118

II. Der Glaube an das ewige Leben im Neuen Testament .. 124

A. Worte Jesu aus den Evangelien 125

B. Zwei wichtige Ereignisse aus der Apostelgeschichte ... 148

C. Worte der Apostel über das Leben nach dem Sterben .. 152

2. Hauptteil:
Ergebnisse aus den Schriftaussagen 187

I. »Gott ist Geist« heißt nicht, daß Gott ein unpersönliches, körperloses, raumloses, zeitloses, ewig unsichtbares Sein sei 187

II. Der Himmel ist nicht nur eine Zustandsbezeichnung, sondern auch eine Ortsbezeichnung 193

III. Was birgt das Schönste in sich? 196

Eine wichtige Schlußfrage:
Findet die Auferstehung erst am Jüngsten Tage statt oder in irgendeiner Form sofort nach dem Sterben?
Was ist es um den sogenannten Zwischenzustand? 216

1. Buch

Zeugnisse aus Vergangenheit und Gegenwart

»Ohne ein Leben nach dem Sterben bleibt dieses Leben ein phantastisches Chaos, die Erde ein unbegreifliches Riesengrab und unser Geborensein ein Verbrechen, auf welches die Todesstrafe gesetzt ist. Verstanden kann das Leben nur werden im Lichte der Ewigkeit.«

Dr. med. Carl Ludwig Schleich *(Arzt)* 1859–1922 in »Vom Schaltwerk der Gedanken« Essays, 1916.

EINFÜHRUNG

Von König *Ludwig XIV. von Frankreich,* dem Sonnenkönig, wird erzählt, daß er jedesmal die Fenstervorhänge zuziehen ließ, wenn ein Trauerzug an seinem königlichen Palast vorüberfuhr.

Von *Goethe* sagt man, er habe nur äußerst ungern an einer Beerdigung teilgenommen, weil er nicht auf den eigenen Tod aufmerksam gemacht werden wollte.

Professor *Karl Heim* schreibt:

»Der Tod gleicht einer Lawine, deren dumpfes Rollen die Talbewohner mit Schrecken hören. Die Lawine kommt näher und näher. Alles droht sie unter sich zu begraben. Alles, was sich ihr entgegenstellt, droht sie zu vernichten! Man sucht sie aufzuhalten durch Stangen, die man in den Boden einrammt, durch Bretter, die man daran befestigt. Solche Stangen und Bretter, die den Tod aufhalten sollen, sind alle unsere Bemühungen, Leben zu erhalten! Durch die wertvollen öffentlichen Fürsorgen wird ein Heldenkampf gekämpft gegen Armut und Krankheit. Die medizinische Wissenschaft arbeitet fieberhaft, um kostbares Leben noch so lange als möglich zu erhalten. Es ist immer ein Triumph, wenn es wieder einmal durch eine Operation oder durch ärztliche Mühe und Kunst gelingt, Menschen, die schon eine sichere Beute des Todes zu sein schienen, noch auf Jahre hinaus am Leben zu erhalten. Aber zuletzt hat der Tod doch das letzte Wort über alle Menschen.

In hundert Jahren ist kein einziger von uns mehr am Leben – wir fühlen dunkel, daß der Tod, der auf uns zukommt, uns ins Zentrum unseres Seins trifft. Das, was dem ganzen Weltprozeß das Gepräge gibt, ist die Tatsache, daß der Tod doch zuletzt über alles siegt.«

Solange es Menschen auf Erden gibt, besteht auch der Glaube an ein Fortleben des Menschen nach dem Tode in irgendeiner Form, auch bei allen Heiden, Götzenanbetern und Gottesleugnern. Auch wer nicht an den einen Schöpfergott glaubt, kann sich mit einer letzten Sinnlosigkeit des Lebens nicht abfinden! Die Religionsgeschichte der außerchristlichen Völkerwelt lehrt, daß sich bei allen Völkern von der frühesten Vorzeit an bis auf den heutigen Tag der Glaube an die Unsterblichkeit des Menschen findet. Die Eskimos und die Neger, die Amerikaner und die Chinesen, die alten Griechen vor Christi Geburt und die alten Römer haben alle den Unsterblichkeitsglauben. Von dem Fortleben des Menschen nach seinem Tode singen ihre Gesänge und reden ihre heiligen Bücher. Ihre Sitten und Gebräuche sind ein Zeugnis von diesem Glauben.

In den Jahren 1794–95 gab *Christian Wilh. Flügge,* Repetent bei der Theol. Fakultät in Göttingen, seine »*Geschichte des Glaubens an Unsterblichkeit, Auferstehung, Gericht und Vergeltung*« heraus (erschienen bei Crusius, Leipzig). In der Vorrede schreibt er: »Ich übergebe hier den Freunden des historischen Religions-Studiums einen Versuch, den wichtigsten Gegenstand des menschlichen Denkens und Forschens, die Geschichte des Glaubens an die Fortdauer nach dem Tode, in ihrem ganzen Umfang zu bearbeiten.«

Flügge stellte darin die Unsterblichkeitsvorstellungen aller damals bekannten Religionen dar. Wir haben hier wohl den ersten Versuch eines solchen Nachweises.

Runze in dem 24 Bände umfassenden Werk »*Realenzyklopädie für protest. Theologie und Kirche*«[1]: »Die Vorstellung von der Unvergänglichkeit (des Menschen) wurde von den Kultur-Völkern des Altertums in mannigfacher Weise auf die Seele des Menschen bezogen« (die ja unsterblich ist).

Graß in dem großen Sammelwerk »*Die Religion in Geschichte und Gegenwart*«[2]: »Der Unsterblichkeitsglaube der Religionen spricht sich in mannigfachen Vorstellungen aus. In den primitiven Religionen wird das Leben nach dem Tode vielfach als modifizierte (abgeänderte) Fortsetzung des irdischen Lebens verstanden, wie die Bestattungsgebräuche und Totenkulte zeigen.«

C. W. Ceram in seinem Buch »*Götter, Gräber und Gelehrte*«[3]: »Der Sinn des ägyptischen Pyramidenbaues entspricht der religiö-

[1] 3. Aufl. Bd. 20, Leipzig 1908, S. 289.
[2] 3. Aufl. Bd. VI, Tübingen 1962, Sp. 1175.
[3] 30. Aufl., Hamburg 1961, S. 155.

sen Grundvorstellung, daß der Weg des Menschen kontinuierlich (d.h. fortdauernd) über seinen leiblichen Tod hinaus weiterführe bis in alle Ewigkeit . . ., wenn dem Verstorbenen die rechten Bedingungen der Existenz mitgegeben werden. Zu dieser Existenz gehört alles, was die Existenz des irdischen Lebens begleitet hatte . . .«

Eberhard Zellweger in »*Was wissen wir vom ewigen Leben*«[4]: »Seit dem Ende des achtzehnten Jahrhunderts hat man systematisch alle Völker der Erde auf ihre Unsterblichkeitsvorstellungen hin abgesucht. Tatsächlich ist nie ein Stamm entdeckt worden ohne eine bestimmte Anschauung des Jenseits. Sie kann von Furcht oder Hoffnung erfüllt sein. Vorhanden ist sie auf jeden Fall. Leugnung der anderen Welt ist nie ursprünglich, sondern immer Frucht nachträglicher kurzsichtiger und oberflächlicher Überlegung.«

Dr. Kurt Koch in »*Unser Leben nach dem Tode*«[5]: »Man hat bis jetzt noch kein Volk entdeckt, das nicht in irgendeiner Form an ein Weiterleben nach dem Tode gedacht hat. Der Völkerkundler Prof. *Frobenius* meinte eine Zeitlang, die Zwergbevölkerung in Südafrika, die Pygmäen, hätten keinen Totenkult. Diese Meinung mußte korrigiert werden. Es ist dem Menschen geradezu angeboren oder ins Herz gegeben, daß er sich mit der Existenz des Menschen nach dem Tod befaßt.«[6]

Ein so allgemeiner Glaube, wie es der Glaube an die Unsterb-

[4] Basel 1947, S. 20.

[5] BergHausen 1962, S. 10.

[6] Wer sich mit diesem hochinteressanten und inhaltsvollen heidnischen Unsterblichkeitsglauben der Völker weiter beschäftigen will, dem sei empfohlen:

Große Kulturen der Frühzeit; Margarete Riemenschneider, *Die Welt der Hethiter*; Horten-Schmokel, *Ur, Assur, Babylon*; Walther Wolf, *Die Welt der Ägypter*; H. H. v. d. Osten, *Die Welt der Perser* usw. im ganzen 12 Bände, erschienen in der Cotta'schen Buchhdlg., Stuttgart 1962.

Ivar Lissner, *So habt ihr gelebt*, Die großen Kulturen der Menschheit, 7. Aufl., Olten 1962.

Georges Contenau, *So lebten die Babylonier und Assyrer*, Stuttgart 1959.

F. Heiler, *Unsterblichkeitsglaube und Jenseitshoffnung in der Geschichte der Religion*, 1950.

v. Kutten und Kortzfleisch, *Seelenwanderung – Hoffnung oder Alptraum der Menschen?* Stuttgart 1962.

lichkeit des Menschen ist, kann nicht aus einer Selbsttäuschung oder einer Verirrung des menschlichen Denkens herkommen. Die ganze menschliche Denkart treibt den Menschen dazu. Der Mensch kann wohl dieses Denken unterdrücken, aber er kann es nicht ausrotten.

Auf Grund unserer Erfahrungen in Gesprächen und an Sterbebetten müssen wir immer wieder feststellen, daß die Vorstellung »Mit dem Tode ist alles aus« im tiefsten Grunde niemanden befriedigt. Im Gegenteil, sie macht das Rätselwort »Tod« immer noch schrecklicher:

Der französische Schriftsteller *Emile Zola:* »Der Tod liegt immer im Hintergrund unserer Gedanken (er meinte sich und seine Frau), und oft, sehr oft in der Nacht, wenn ich zu meiner Frau, die auch nicht schläft, hinüberblicke, fühle ich, daß sie auch daran denkt. So liegen wir beide wach, ohne von dem zu reden, woran wir denken. Ach, und dieser Gedanke ist schrecklich!«

Jean-Paul Sartre, der französische Philosoph: »Es ist widersinnig, daß wir überhaupt geboren werden. Es ist widersinnig, daß wir sterben müssen.«

Arthur Schopenhauer: »Wenn Gott diese Welt geschaffen hätte, so möchte er (Schopenhauer) nicht dieser Welt Gott sein! Das Menschendasein mit all seinem Jammer würde ihm das Herz zerreißen. Es wäre besser, dieses Leben wäre nie, nie gewesen.«

Der nüchterne Menschenverstand braucht sich nicht anzustrengen, wenn er sagt: Der Tod kann nicht das Letzte sein! Die Sinnlosigkeit, die Zwecklosigkeit, das Nichts kann nicht der Sinn des Menschendaseins und des Schöpfungsdaseins sein. Wenn Gott Himmel und Erde geschaffen hat (und ER hat Himmel und Erde geschaffen), dann muß das einen Sinn haben, dann muß ein Plan darin liegen. Jeder Mensch, der arbeitet, hat ein Ziel mit seiner Arbeit. Der Maurer, wenn er ein Haus bauen soll, arbeitet nicht sinn- und planlos darauf los, sondern das fertige Haus, das bezugsfähige Haus ist Sinn und Ziel seiner Arbeit. Und so wie er schaffen auch der Schneider, der Schreiner, der Bäcker, der Maler usw. Ohne Sinn, ohne Ziel, planlos arbeitet niemand.

So hat auch Gott nicht sinnlos Himmel und Erde geschaffen, sondern ER hat mit Himmel und Erde etwas vor, hat einen Plan mit der gesamten Menschheit. Gott will nicht den Tod, die Vernichtung, das Nichts. Er will, daß der Mensch lebe! Gott ist nicht ein Gott der Toten, sondern der Lebendigen. Auch dein Leben hat einen Sinn – hat göttlichen ewigen Sinn!

Der Schmerz, die Angst, diesen Sinn verfehlt zu haben, bedrängt am Ende viele, die diesen Sinn ihr Leben lang leugneten. Es gibt eine Gewissenserfahrung der Sterbenden. Professor *Adolf Köberle* in seinem Buch »*Menschliche Fragen und göttliche Antworten*«[7]: »*Hugo von Hofmannsthal* hat in seinem Spiel ›*Der Tor und der Tod*‹ in edler Sprache zum Ausdruck gebracht, was die Gewissenserfahrung aller Sterbenden ist. Das Ende macht reif in der Erkenntnis und bang in der Verantwortung. Wie der Tod ins Gemach tritt und mit dem Edelmann Claudio zu reden beginnt, da erscheinen im Halbdunkel an der Wand, von den Geigenstrichen des unheimlichen Spielers gerufen, die Mutter, die Geliebte, der Jugendfreund, die der ästhetische Genießer einst gequält, betrogen und zur Seite gestoßen hat. Der zum Abschied Aufgeforderte, der die Tage bisher nur müßig spielerisch gepflückt hatte, erkennt, wie sehr er sich an den vor ihm Dahingegangenen verschuldet hat, wie es für ein Wiedergutmachen unwiederbringlich zu spät ist. Theoretisch nicht mehr auflösbar wird hier vom Dichter die Tatsache bejaht, die die Seelsorge aller Stätten und Zeiten bestätigt, daß gerade der Mensch, der ein Leben lang auf ein ewiges Verlöschen des Geistes in das Nichts fest vertraut hatte, bei dem herannahenden Stillstehen der Lebensuhr am meisten erschrickt vor der Frage: Wer weiß, wie du gelebt hast, wer weiß, ob dein Ich nicht zu ewiger Verantwortung aufbewahrt wird?«

Ostern und die nachweisbare große Veränderung der Jünger nach Ostern – wer kann diese Tatsache richtig einordnen, ohne die Tatsache des Lebens nach dem Tode zu bejahen?

[7] A. Köberle, *Menschliche Fragen und Göttliche Antworten.* Wuppertal 1962, S. 112.

Schauen wir uns einmal die Jünger an, wie sie sich am Abend des Karfreitags hinter verschlossenen Türen aufgehalten haben. Sie denken daran, daß man vielleicht auch sie bald verhaften wird; als Anhänger dieses Aufrührers wird man vielleicht auch sie kreuzigen. Dazu kommt noch die völlige Hoffnungslosigkeit, die bittere Enttäuschung: »*Wir aber hofften, Er sollte Israel erlösen.*«[8] Ein verzweifeltes Häuflein hinter verschlossenen Türen.

Und nun sehe man sich diese gleichen Menschen kurze Zeit später, nach Ostern an. Sie treten im Tempel vor die Mörder des Herrn und sagen laut vor aller Welt: »Den Fürsten des Lebens, den ihr ans Kreuz geschlagen und getötet habt, den hat Gott auferweckt, des sind wir Zeugen.«[9] Man nimmt sie gefangen, man peitscht sie aus, man bedroht und peinigt sie; aber je mehr man ihnen das Wort von Jesu Auferweckung aus den Toten verbietet, desto mehr eilen sie von Land zu Land und geben freudig immer wieder Kunde von dem, was Jesus ihnen geworden ist, und gehen dann freudig für ihren auferstandenen Herrn in den Tod. Welch eine Veränderung!

Illusion, Einbildung, Wunschphantasie konnten solch eine Umwandlung nicht zustande gebracht haben. Wir wissen es ja aus eigener Erfahrung, wenn einen Menschen die Verzweiflung packt, etwa über den Tod eines Angehörigen. Dann helfen keine schönen Redensarten und Einbildungen. Aber wenn der Tatsache unserer großen Leidensnot die noch größere Tatsache des Helfers und des Trösters gegenübertritt, dann kann geholfen werden.

Die vollständige Veränderung der Jünger, die Freude, das Glück, das aus dem ganzen Neuen Testament herausstrahlt, der Drang, von dieser Freude zu erzählen und zu verkündigen, was Gott an Jesus Christus getan, ist einzig und allein zu erklären auf Grund der Tatsache von Ostern, wo der Lebensfürst Jesus Christus nicht im Grabe geblieben, sondern vom Tode auferstanden ist.

Auf Grund dieser Tatsache ist auch das Neue Testament geschrieben und dann gedruckt worden! Kein Buch auf Erden ist in so

[8] Lukas 24,21.
[9] Apg. 3,15.

viele Sprachen übersetzt, gedruckt und gekauft worden wie die Bibel.

Auf Grund der Oster-Tatsache vor ca. 2000 Jahren ist weiterhin der Sonntag als Auferstehungstag entstanden. Dome, Kirchen, christliche Gemeinschaftshäuser wurden gebaut, und die gewaltigen Tonschöpfungen eines Johann Sebastian Bach, die Werke eines Michelangelo beruhen auf dem Ereignis von Ostern, der Auferstehung Jesu.

Auch in der Millionenschar von Christusanhängern seit fast 2000 Jahren und in dem Leben dieser Christusgläubigen bezeugt sich fort und fort das Leben des Auferstandenen. Das ganze Werk der Inneren Mission mit ihren Krankenhäusern und Pflegestätten wie Bethel, Kaiserswerth, Herrnhut usw. usw., das Werk der Äußeren Mission mit ihren Tausenden von Missionaren – so könnten wir weiter fortfahren, einen Erweis nach dem andern von der Wirklichkeit des Sieges Jesu über den Tod zu bringen; und die Person Jesu Christi selbst, was ER gesagt und getan hat – kann es etwas Gewisseres geben als dieses: *»Jesus Christus ist auferstanden«!?*

»Er ist wahrhaftig auferstanden!«, lautet der Antwortgruß der Ostkirche. Und so lautet der Jubelruf aller seiner Erlösten auf der ganzen Welt.

Hinweise auf das Leben nach dem Sterben angesichts der Schöpfungsart des Menschen

A. Der Mensch im Urglück

Wir blicken hinein in die Urgeschichte des Menschen. In der Heiligen Schrift finden wir zwei sich ergänzende Berichte darüber. Diesen beiden Berichten wollen wir nun kurz nachgehen.

Erster Schöpfungsbericht vom Menschen
(1. Mose 1,26 u. 27)

In der Luther-Übersetzung heißt es:

26. *Und Gott sprach: Lasset uns Menschen machen, ein Bild, das uns gleich sei, die da herrschen über die Fische im Meer, und über die Vögel unter dem Himmel, und über das Vieh, und über die ganze Erde, und über alles Gewürm, das auf Erden kriecht.*
27. *Und Gott schuf den Menschen Ihm zum Bilde, zum Bilde Gottes schuf ER ihn; und ER schuf sie als Mann und als Frau.*

Kein anderes Schöpfungswerk Gottes wird mit solcher Gewichtigkeit und Ausführlichkeit beschrieben wie dieses, mit dem der Mensch ins Dasein gerufen wird.

Alles, was Gott bis jetzt geschaffen hat, ist nur Vorbereitung auf dieses Letzte: Bei allen anderen Schöpfungswerken stand jedesmal am Anfang einer neuen Schöpfungstat nur ein kurzes *Befehlswort:* »Es werde« oder »es sammle sich« oder »es lasse die Erde aufgehen« oder »die Erde bringe hervor«. Hier aber steht kein Befehlwort, sondern eine feierliche erhabene *Majestäts-Proklamation.* Sie lautet: »Lasset uns Menschen machen!«

Die heilige Dreieinigkeit Gottes »Gott Vater, Sohn und Heiliger Geist« kleidet den göttlichen Beschluß der Erschaffung des Menschen in die majestätische *Mehrzahls*-Bekundung: »Lasset *uns*

Menschen machen!« (1. Mose 1,26 und 27). Manche Bibelausleger nennen diese Mehrzahlform den »Majestätsplural«[10], d.h. Gott redet hier in Seiner Heiligen Dreieinigkeit aus der Fülle göttlicher Majestät und Kraft. – Andere Bibelausleger sagen: Die Mehrzahlform »*uns*« zeigt an, daß Gott einen heiligen Entschluß gefaßt hat auf Grund einer liebevollen Selbstüberlegung *(Plural der Selbstüberlegung)*[11].

Aber nicht nur für Seine heilige, majestätische Dreieinigkeit Selbst, auch für Seinen *großen himmlischen Hofstaat* ist die Erschaffung des Menschen wichtig. Weil alle die Millionen und aber Millionen Engel freudig Anteil nehmen sollen an dem, was jetzt Großes anfängt zu geschehen, sagt Gott: »Lasset *uns* Menschen machen!« Die Engel sind in diesem »*uns*« als die feierlich Eingeladenen mit eingeschlossen[12].

Das sagt auch Hiob 38,7, wenn es dort heißt: ». . . *Die Morgensterne frohlockten allesamt laut, und alle Göttersöhne (d.h. die Engel) jauchzten*« – als das Ebenbild Gottes auf Erden ins Dasein gerufen wurde.

Zum göttlichen Majestätswort »Lasset uns Menschen machen« oder »Wir wollen einen Menschen machen« (bessere wörtliche Grundtext-Übersetzung) kommt weiter noch hinzu die göttliche Bekundung: »*Nach unserm Bild*« und »*nach unserer Ähnlichkeit*«.

[10] Den Majestätsplural nehmen an und begründen ihn auch aus der Schrift: Prof. Friedrich Keil (Bibl. Komm. über das AT von Keil und Delitzsch, Leipzig 1878 S. 22) und andere. – Den Majestätsplural lehnen ab Procksch (»Die Genesis«, Leipzig 1924, S. 449), Rabast (»Die Genesis«, Berlin 1951, S. 58), Jacob (»Hebräischer Komm. zum 1. Buch Mose«, Berlin 1934, S. 57) und Dr. S. Külling (zur Datierung der »Genesis-P-Stücke« namentlich des Kapitels Genesis 17. Diss. 1964).

[11] Zu »Pluralis der Selbstüberlegung« siehe Genenius-Kautzsch § 124 g Anm. 3 (Joüon § 114 e: pluriel de délibération avec soi-même). – Den von Luther zuerst herausgestellten Pluralis majestatis findet teilweise die heutige Forschung nicht richtig, weil das Hebräische eine solche Mehrzahl nicht kennt. Der Pluralis majestatis soll im AT erst in späterer Zeit vorkommen. – Dr. Külling: Mit dem Plural der Selbstüberlegung ist nicht gesagt, daß wir in Gen. 1,26 über die Trinität bereits eine deutliche Offenbarung erhalten. Wohl ist an dem »uns« erkennbar, daß Gott in Seiner Einheit die Mehrheit der Trinität in Sich birgt. Diese Auffassung kommt bereits bei den Patres und den älteren, christlichen Theologen vor.

[12] Vgl. hierzu den hebräischen Kommentar z. 1. Buch Mose von B. Jakob, Berlin 1934, S. 57.

Was heißt das Wort »unserm Bild«? oder überhaupt: Was heißt »Ebenbild Gottes«[13]?

Luther übersetzt »ein Bild, das uns gleich sei«.

Nach dem hebräischen Text übersetzen wir »in unserm Bilde« und »nach unserer Ähnlichkeit«.

Für das Wort »Bild« steht im Hebräischen *zäläm*. Es bedeutet »plastisches Bild«, d.h. »körperhaft getriebenes Modell«. Für das Wort »Ähnlichkeit« steht *»demut«*, d.h. »Nachbildung« oder »Abbildung«.

Beide Worte »Bild« und »Ähnlichkeit« werden verstärkt jedesmal durch das auf Gott bezogene *»unser«* (also: »in *unserm* Bilde«, nach *»unserer* Ähnlichkeit«). Beide Worte zusammengenommen bedeuten also »ein nach einem Vorbild nachgebildetes Modell«.

Wenn Gott als der Dreieinige ein Modell nach einem Original (welches Er selbst ist) nachbildet und dann zweimal betont: »In *unserm* Bild«, nach *»unserer* Ähnlichkeit«, und dann in Vers 27 geschrieben steht, und zwar wieder zweimal *»Gott schuf den Menschen nach Seinem Bilde, und ins Bild Gottes hinein schuf Er ihn«* – wenn das *viermal* so nachdrücklich hervorgehoben wird, dann ist das, was der Ewig-Lebendige ganz persönlich und individuell nachbildet,

1. *ein dem Original* (nämlich Gott) *wesensähnliches »Porträt«* und

2. nie und nimmer ein nach dem Bilde des Tieres oder aus dem Tiere heraus geschaffenes Modell[14].

Das Wunder der Erschaffung des Ebenbildes Gottes auf Erden besteht darin, daß Gott sich ein Geschöpf erwählen will, das Gottes

[13] Vgl. hierzu Erich Sauer, Der König der Erde. Ein Zeugnis vom Adel des Menschen nach Bibel und Naturwissenschaft. Wuppertal 1959, S. 310.

[14] Die Tiere entstanden, wie wir schon sagten, durch Gottes Schöpferwort, »ein jegliches nach seiner Art«. Ganz anders ist der Mensch entstanden. Nicht die Erde bringt seinen Leib auf Gottes Schöpferwort hervor (»die Erde bringe hervor« in einer Vielzahl von Einzelwesen, wie dies bei den Pflanzen und Tieren geschah), sondern der Mensch entsteht als Einzelwesen, wie wir es nachher in der Erläuterung von 1. Mose 2,7 noch lesen werden!

Prof. Wolfgang Philipp schreibt:

»Die heutige Naturforschung sagt: ›Bisher hat es der Mensch nur selten gewagt, seine Einzigartigkeit hochzuhalten und auf seine menschliche Überlegenheit dem kreatürliches *Du* werden soll. Gott besaß zwar in Sich Selbst schon von Ewigkeiten her (d.h. ohne Anfang) ein Ihm völlig gleichwesenhaftes *Du*, den *Sohn Gottes*, welcher dem Vater gleichgöttlich verbunden war und ist und sein wird bis in alle Ewigkeit. (Lies Kol. 1,15–17 und Hebr. 1,3; Joh. 1,1 und 3 und 10 und viele andere Bibelstellen.) Dieses gottgleiche *Du* des Sohnes Gottes stand dem Vater gegenüber durch den ewigen Heiligen Geist innerhalb der Heiligen Dreieinigkeit Gottes, und zwar *in vollendeter Liebes- und Wesensgemeinschaft* göttlich verbunden, so daß die Drei »*Gott Vater, Sohn und Heiliger Geist*« nicht drei – sondern *eins* sind: »ein Geheimnis, das nicht ergründet werden kann, aber in tiefer Ehrfurcht anzubeten ist« (*Melanchthon* in *Loci communes*).

Das anbetungswürdige Geheimnis der Gottesebenbildlichkeit des Menschen offenbart sich nun darin, daß Gott jetzt auch *außerhalb* Seiner dreieinigen Herrlichkeitsgemeinschaft ein *Du* will, ein Geschöpf, das Ihm, dem Schöpfer, in bewußter und freier Herzens-Verbundenheit persönlich zugetan sein soll.

Das bedeutet, daß wir als einzige unter allem, was Gott erschaffen hat (bis hin zu den größten und fernsten Sternenwelten) das an uns gerichtete Wort der Liebe Gottes vernehmen können (lies 1. Mose 2,16 und 17) und dürfen, und daß wir, im Vollzug unserer menschlichen Schöpfungsart, dann auch die freie Antwort unserer Liebe, nämlich das *andere Wort* (*Antwort* ist ja das »andere Wort«, das *Hin*-Wort[15]) unserer Herzens-Hingabe IHM, unserem Herrn und Gott geben dürfen.

Dies ist das alles Denken übersteigende Wunder der Erschaffung des Ebenbildes Gottes und damit die Herzmitte unseres Menschseins. Denn Menschsein ist nicht ein »Für-sich-Sein«, sondern ein

Universum gegenüber stolz zu sein. Jetzt ist es Zeit, im Lichte unserer Erkenntnis tapfer zu sein und der Tatsache und den Folgen unserer Einmaligkeit – Einzigartigkeit – ins Antlitz zu schauen. Der Mensch darf vor dieser seiner Einzigartigkeit aber keine Angst haben.‹«

Die Naturwissenschaft um die Jahrhundertwende sah ja (und viele sehen's heute noch so) den Menschen als das Endglied einer langen Entwicklungsreihe an, als das höchstentwickelte Tier, das sich im rücksichtslosen Kampf ums Dasein durchgesetzt hat.

[15] F. Kluge, Etymologisches Wörterbuch. Berlin 1957, S. 25f.

»Hersein von Gott her« und ein »Hinsein zu Gott hin« und ein »Hangenbleiben an Gott«[16].

Inwiefern diese Aussage von der außertrinitarischen Gottesebenbildlichkeit des Menschen dann die Voraussetzung ist für das Wort *»Ihm, dem Sohne Gottes gleichgestaltet« (symmorphos)* zu werden (Rö. 8,29), und weiterhin, was dies alles an Herrlichkeiten einschließt und wozu uns das im Blick auf das ewige Ebenbild Gottes Jesus Christus verpflichtet, das werden wir noch lesen und studieren.

Wie mag wohl dieses Ebenbild Gottes, dieses »Porträt Gottes« am Anfang vor dem Sündenfall in der Person Adam und Eva ausgesehen haben?

Der Ausdruck »Bild Gottes« im Blick auf den Schöpfer bedeutet, daß das Ebenbild Gottes im ersten Menschenpaar nicht nur im Sinne einer *Anlage* und Grundlage auf künftige Entfaltung hin anzunehmen ist – (dies bedeutet es auch) –, sondern: in seiner Sündlosigkeit war das erste Menschenpaar so geschaffen, daß es innerlich und äußerlich wirklich *die Majestät Gottes widerspiegelte.* Dem ersten Menschenpaar war Rö. 3,23 Besitz, was der gefallene Mensch verlor: ». . . *Alle sind verlustig gegangen des majestätischen Lichtglanzes Gottes* – (der *›doxa tou theou‹*).« Das erste Menschenpaar wurde nicht erst ein allmählich entstehendes Ebenbild Gottes, sondern dies Ebenbild schuf Gott gleich zu Beginn der Erschaffung des Menschen als ein ganzes, nicht als ein halbes oder Viertel-Spiegelbild Seines göttlichen Glanzes.

Wenn wir in einen Spiegel hineinblicken, so sehen wir unser Bild ganz und vollständig, nicht aber halb oder entstellt. So wollte der Schöpfer sich im Menschen fehlerlos und unverkürzt widerspiegeln, und vom Menschen sollte die Herrlichkeit Gottes, d.h. Seine *doxa,* ungebrochen wieder zurückstrahlen.

Wenn wir das Wort »Widerspiegeln« oder »Spiegelbild« sagen, dann meinen wir immer das *Abbild* im Unterschied zum Original selbst.

In diesem Zusammenhang wird immer wieder gefragt, ob sich

[16] Vgl. P. Brunner in »Ev. Theologie« 1951/52, S. 298.

die Gottesebenbildlichkeit des Menschen nur auf die geistige Seite allein oder auch noch auf die leibliche Seite beziehe. Die Gottesebenbildlichkeit des Menschen betrifft die Ganzheit der Krone der Schöpfung, d.h. sie umfaßt sowohl die geistige als auch die leibliche Seite voll und ganz.

Der Theologe *Gerhard von Rad* sagt:

»Die Worte ›nach dem Bilde Gottes‹ *(zäläm)* und ›nach der Ähnlichkeit Gottes‹ *(demut)* beziehen sich auf den ganzen Menschen und weisen nicht nur auf sein geistiges Wesen, sondern ebenso auch auf die Herrlichkeit seiner leiblichen Gestaltung hin.«[17] Als Unterstreichung dessen führt G. v. Rad Psalm 8 an. In Vers 6f. heißt es dort vom Menschen, daß er nur wenig geringer als Gott sei, daß Gott ihn mit *Majestät und Herrlichkeit gekrönt* habe. Für »Majestät« steht im Hebräischen *hadar,* das sich auf den Glanz der äußeren Erscheinung bezieht. Für »Herrlichkeit« steht im Hebräischen *kabod,* d.i. die Gravität, die Würde des Menschen, das Imponierende an ihm, ist die ausstrahlende Mächtigkeit seines Wesens. Hier ist ein geheimnisvoller Identitätspunkt, d.h. eine Wesensgleichheit zwischen Mensch und Gott sichtbar, denn *kabod* kommt nach alttestamentlicher Anschauung vor allem Jahwe, Gott dem Herrn zu. –

Der Verfasser des Buches *Sirach* sieht in Kap. 17,3 die Gottesebenbildlichkeit des Menschen auch darin, daß der Mensch bei der Schöpfung *»mit Macht umkleidet«* worden ist.

Auch der Theologe *Otto Weber* sagt: ». . . Die Bezeichnung des Menschen als *imago Dei,* d.h. als Ebenbild Gottes, bezieht sich auf den ganzen Menschen und ist auf keinen Fall auf das Geistige zu beschränken.« »Gott hat im Alten Testament wirklich Gestalt, und es läßt sich nicht von der Hand weisen, daß im Hintergrund von 1. Mose 1,26 und 27 die Vorstellung von Jahwes Menschengestalt steht.«[18]

Hesekiel 28,12–15 steht: »Es erging das Wort Jahwes an mich (den Propheten Hesekiel): (Vers 12:) Heb ein Klagelied an über

[17] Vgl. Gerhard von Rad, Die Theologie des Alten Testaments. Bd. 1, 4. Aufl., München 1962, S. 149.

[18] Otto Weber, Grundlagen der Dogmatik. Bd. 1, 2. Aufl., Neukirchen 1960, S. 618.

den König von Tyrus und sage ihm: So hat der Herr . . . gesprochen: *Du warst ein vollendetes Siegel voller Weisheit und von vollendeter Schönheit.* (13:) *In Eden, dem Garten Gottes, warst du. Von kostbaren Edelsteinen aller Art war dein Gewand . . .* (15:) *Untadelig wandeltest du auf deinen Wegen vom Tage an, da du geschaffen wurdest – bis Frevel an dir erfunden wurde . . .*«

Dieser schwierige Text bedarf einer kurzen Erläuterung, um ihn im Zusammenhang mit unseren Überlegungen über die Leibesherrlichkeit des ersten Menschen im Urzustande (vor dem Sündenfall) zu verstehen.

Hesekiel vergleicht die Stellung des Königs von Tyrus mit der Stellung des ersten Menschen im Paradies und setzt dann in Vers 15 und 16 des Königs Fall mit dem Fall Adams in Beziehung. Der König von Tyrus wird mit einem köstlichen Siegel verglichen. Mit diesem Bild wird die außergewöhnliche Schönheit des Königs von Tyrus geschildert. Noch mehr: Kostbare Edelsteine bilden den Schmuck seines Gewandes. Dieser Zug der bildlichen Schilderung entspricht der Pracht, in welcher orientalische Herrscher zu erscheinen pflegen.

Gott hat also den König von Tyrus mit Schönheit ausgestattet und dann in eine wunderbare Stadt gesetzt. – So hat einst Gott Sein Ebenbild mit größter Schönheit dem Leibe nach geschmückt und in das schönste Land, den Garten Eden, gesetzt. »*Du, Adam, warst ein vollendetes Siegel.*« (Man kann auch übersetzen: »*ein vollendeter Siegelabdruck*«. – Dieser Abdruck enthielt das Bild Gottes.) »*Du, Adam, warst voller Weisheit* (geistige Seite) *und von vollendeter Schönheit* (leibliche Seite)!«

Zu dieser *körperlichen Wohlgestalt* des Adam, zu der Fülle seiner *Weisheit* (wir können uns keinen Begriff davon machen) kommt noch *seine Lichtherrlichkeit* hinzu.

In Hesekiel 1,26 zeigt nämlich die Lichterscheinung der »Herrlichkeit des Herrn« deutlich menschliche Konturen (Umrisse). Man hat mit Recht gesagt, daß Hes. 1,26 den *locus classicus* (die Hauptstelle) der Imagolehre (Gottesbildlichkeitslehre des Menschen) in 1. Mose 1,26 theologisch einleite. Die Verse Hes. 1,26 und 27 lauten: ». . . *Auf dem Throngebilde war eine Gestalt zu sehen, die wie ein Mensch aussah . . . Von dem Körperteil an, der wie seine Hüften aussah, nach oben zu, und dem Körperteil, der wie seine Hüften aussah, nach unten zu sah ich's – wie Feuer war's anzuschauen. Ein strahlendes Licht war rings um ihn her . . .«*

So dürfen wir uns Adam in seiner äußeren Gestalt vor dem Sündenfall vorstellen. Über die Menschengestalt Gottes des Herrn wird im AT immer wieder ausgesagt. Es sei erinnert an: 1. Mose 3,8a; Psalm 93; Jes. 6,1ff.; Micha 1,2ff.; Daniel 7,9 und viele, viele andere Stellen. Der Israelit des AT kann sich Gott in einer anderen als der Menschengestalt gar nicht vorstellen.

Wir können nicht ausschöpfen, was dies alles in sich birgt. Ewigkeiten werden kommen, und immer wieder wird's tönen:

»Gott schuf den Menschen, Ihm zum Bilde, zum Bilde Gottes schuf ER ihn.«

Zweiter Schöpfungsbericht vom Menschen
(1. Mose 2,7–23)

Diese Verse sind ein unbedingt notwendiger Kommentar (d.h. Erklärung) zu dem ersten Schöpfungsbericht in 1. Mose 1,26 und 27.

Gerhard von Rad drückt dies so aus: »Der Schöpfungsbericht in 1. Mose 2 tritt als eine wichtige Ergänzung und Weiterführung neben die Darstellung in 1. Mose 1,26–30. Diese Ergänzung tritt – natürlich ohne literarische Absicht – in Lücken, die die Darstellung in Kap. 1 gelassen hat, denn was sie über das Verhältnis des Menschen . . . zu den Tieren und zu dem anderen Geschlecht darlegt, geht in vielen Einzelheiten über das in 1. Mose 1 Gesagte hinaus. Die Menschenschöpfung ist hier im 2. Kapitel gegenüber 1. Mose 1,26f. als ein noch persönlicheres Tun Gottes geschildert . . .

1. Mose 2,7–23 zeigt in ganz besonderer Weise des Herrn Freundlichkeit, die rastlos den (nach Seinem Bilde geschaffenen) Menschen umsorgt, die den Wonnegarten um den Menschen herum aufbaut und immer noch weiter bedenkt, was ihm noch wohltun könnte . . .«[19]

[19] G. v. Rad, Theol. d. AT, Bd. 1, S. 153.

Wir geben den zweiten Schöpfungsbericht 1. Mose 2,7 an, zunächst in der Lutherübersetzung:

»Gott der Herr machte den Menschen aus einem Erdenkloß, und ER blies ihm ein den lebendigen Odem in seine Nase. Und also ward der Mensch eine lebendige Seele.«

Man kann auch übersetzen: *»Gott der Herr* (hebräisch: Jahwe-Elohim) *bildete* (hebr. jazar = bilden, vom Töpfer gesagt) *den Menschen* (hebr. adam) *aus Staub* (hebr. aphar) *vom Erdboden* (hebr. adamâh) *und hauchte* (naphat = einhauchen) in seine Nase »Geist des Lebens« (hebr. neschamah = Hauch, Geist und chajjim = Leben) *und der Mensch* (adam) *wurde zu einer lebendigen Seele* (haja = Leben und näphäsch = Seele).«

Für Seele kann auch Mensch gesagt werden, wie in dem Satz: »so und so viele Seelen« so und so viele Menschen gemeint sind.

Das ist die genaue Wortbestandsaufnahme von 1. Mose 2,7.

Wir gruppieren nun diesen »Wort-Bestand« in drei Sätze:

1. Satz: *Gott der Herr bildete den Menschen aus Staub vom Erdboden.*
   (Luther: Gott der Herr machte den Menschen aus einem Erdenkloß.)
2. Satz: *Gott der Herr hauchte dem Menschen Geist des Lebens ein.*
   (Luther: Er blies ihm ein den lebendigen Odem in seine Nase.)
3. Satz: *Der Mensch wurde zu einem lebendigen Wesen.*
   (Luther: Und also ward der Mensch eine lebendige Seele.)

Nun zur Erklärung der einzelnen Wörter:

Zum 1. Satz: *Gott der Herr bildete den Menschen aus Staub vom Erdboden.* Es ist eigenartig, daß hier für *Staub vom Erdboden* nicht dasselbe Wort steht wie 1. Mose 1,1, wo es heißt: »Am Anfang schuf Gott die Himmel und *die Erde*.« Für »Erde« steht dort in 1. Mose 1,1 äräß. Hier in 1. Mose 2,7 steht für Erde nicht ein einzelnes Wort, nämlich äräß, sondern für »Erde« stehen hier zwei Wörter: *»Staub«* und *»Erdboden«*, hebräisch: *aphar* und *adamâh*. Warum ist das so? Staub = *aphar* ist die feine Krume des Erdbodens.

Erdboden = *adamâh* ist das pflanzentragende Land. Das bedeutet ein Dreifaches:

a) Der Mensch Adam ist gebildet nicht von der Erde = *äräß* (wie in 1. Mose 1,1) schlechthin, sondern aus feiner Krume des pflanzentragenden Landes vom Garten Eden in seiner paradiesischen Anlage. In 1. Mose 2,9 wird der Paradieses-Boden ebenfalls *adamâh* genannt, genau so wie hier in 2,7. Nach Luther heißt 1. Mose 2,9: »Und Gott der Herr ließ aufwachsen aus der Erde *(adamâh)* allerlei Bäume . . .«

b) Der Leib des Menschen ist von besonderer Wichtigkeit und Schönheit. Er ist paradiesischen Ursprungs.

c) Dies sei aber hier nur nebenbei bemerkt: Laut 1. Mose 2,7 und 9 ist der Stoff, aus welchem der Mensch gebildet worden ist, nie und nimmer ein Tierleib – sondern unmittelbar der Erdboden des Paradieses.

Zum 2. Satz: *»Gott der Herr hauchte dem Menschen Geist des Lebens ein.«*

»Hauchen« heißt hebräisch *naphach* und wird gebraucht vom Anblasen des Feuers in der Schmiede und des häuslichen Herdes (Jes. 54,16; Jer. 1,13; Hesek. 22,20 und Hiob 20,26 und 41,12). Auch ist rein äußerlich gesehen mit *naphach* der durch Mund und Nase ein- und ausgehende Atem gemeint (Jes. 42,5; 57,16; Hiob 32,8 und 33,4).

Gottes Anhauchen ist jedoch viel mehr, als des Menschen Hauchen und Atmen. Gottes Anhauchen bedeutet Leben und Dasein überhaupt[20]!

[20] Die Bibelworte 1. Mose 7,22, dann Psalm 104,29 u. 30 und noch manche andere Bibelstellen ähnlichen Inhalts haben viele dazu veranlaßt, folgendes zu behaupten: Weil hier in den angegebenen Bibelworten »Geist des Lebens« oder »Lebensodem« *(rúach chajjim n neschamâh)* auch für die gesamte Tierwelt angegeben ist, darum sei zwischen Mensch und Tier kein Unterschied. Der Mensch habe mit diesem Lebensodem keinen Vorzug vor dem Tier. Auch das Tier habe wie der Mensch »Geist Gottes«. Die Geistigkeit des Menschen sei gegenüber dem Tier darum nichts Besonderes.

Um eine Antwort geben zu können, führen wir den Text der beiden oben genannten Bibelworte an.

Wilhelm Vischer sagt: »Das Besondere, was von den Tieren nicht gesagt wird, ist, daß Gott Seinen Atem dem Menschen *persönlich* (und *direkt*) einhaucht. Der Mensch lebt in jedem Augenblick davon, daß Gottes Geist ihn anhaucht und der Mensch den Lebensodem Gottes atmet. Der Mensch hat das Leben nicht in sich

1. Mose 7,22: Alles, was Lebensodem *(rúach chajjim)* in sich hatte, alles, was auf dem Trockenen lebte, das starb.

Psalm 104,29 u. 30:

29: Verbirgst Du Dein Angesicht, so sinken sie dahin, nimmst Du fort ihren Odem *(rúach* = Hauch, Geist), so verscheiden sie und kehren zurück zu ihrem Staub.

30: Sendest Du aber aus den Hauch *(rúach* = Hauch, Geist), so werden sie geschaffen. – Du erneuerst den Ackerboden *(adamâh).*

In der Sprache der Bibel bedeutet wie in jeder andern Sprache ein und dasselbe Wort oft Verschiedenes. Beispiel: Das Wort *rúach* kommt im AT 377mal vor. Es ist hier nicht der Ort, alle Bedeutungen dieses Wortes aufzuführen. Wir können nur einiges angeben.

1. *Rúach* heißt Hauch, Wind (Ps. 78,39).
2. *Rúach* ist die Wirkursache der gesamten Schöpfung (1. Mose 1,2).
3. *Rúach* heißt der Lebensträger für Mensch und Tier. Vgl. 1. Mose 7,22 u. Ps. 104,29 u. 30. Hier soll durch *rúach* zum Ausdruck gebracht werden, daß Gott der Schöpfer und Erhalter alles Lebens ist. Alle Kreatur ohne Ausnahme verdankt dem Schöpfer ihr Leben, und zwar nicht nur bei der Erschaffung, sondern immer. Alle Kreatur befindet sich im Stande schlechthinniger Abhängigkeit von Ihm.
4. *Rúach* ist Sitz der geistigen Funktionen im Menschen, ganz besonders, was das Verstehen göttlicher Dinge betrifft. 1. Mose 2,7; Daniel 4,5; 5,11.
5. *Rúach* = Geist sind vorübergehende außerordentliche Erscheinungen und Kräfte im Menschen. (Siehe im AT bei den Propheten.)
6. *Rúach* ist der Gottesgeist, bzw. Heiliger Geist (Ps. 51,13).
7. *Rúach* ist die Bezeichnung des inneren Wesens Gottes. Jes. 31,3; Ps. 139,7; Jes. 40,13 usw.

Vgl. hierzu *Koehler-Baumgartner: Lexicon in Veteris Testamenti Libros.* Leiden 1958, S. 877; u. *Kittel: Theol. Wörterbuch,* Bd. VI NA, Stuttgart 1956, S. 357ff.

Was *rúach* im NT bedeutet, wo wir im Grundtext *pneuma* lesen – darüber kann hier nicht mehr geschrieben werden.

Aus dem ganzen Zusammenhang von 1. Mose 2,7, aus der einzigartigen Weise, wie der Mensch »nach dem Bilde Gottes« geschaffen wurde, tritt die Bedeutung *rúach* hier im Sinne von »Geistigkeit«, ursprünglich in der Bedeutung von »Heiliger Geist« hervor (vgl. hierzu L. Koehler, Theologie des AT, 1953, § 44/47, auch S. 124). »Der Lebensodem *(rúach chajjim)* ist nichts anderes als der dem lebenden Menschen innewohnende Geist Gottes« *(Koehler).* – »Das menschliche Lebensprinzip ist ein anderes als das tierische. Diese Verschiedenheit ist angedeutet durch die Art und Weise, wie der Mensch durch Begabung mit Lebenshauch von Gott zur lebendigen Seele ward.« *Delitzsch* in *Bibl. Kommentar,* 1. Bd., 1878, S. 54.

selbst, sondern in jedem Augenblick nur von Gott her geliehen.«[21]

Johann Georg Hamann sagt: »Das . . . Geheimnis (der Schöpfung des Menschen) wird damit abgeschlossen, daß Gott Sein ›Werk‹ anhaucht. Dieses Hauchen ist das Ende der ganzen Schöpfung, so wie unser verklärter Heiland die Früchte Seiner großen Erlösung in eben dem gleichen Vorgang eines geheimnisvollen Anhauchens Seinen Jüngern mitteilte (Joh. 20,22). – Laßt uns darum niemals vergessen, daß unser Menschsein nicht nur ein bloßes Dasein Seines Wortes ›Lasset uns Menschen machen, ein Bild, das uns gleich sei . . .!‹ ist, sondern zugleich auch ein Dasein Seines Hauches darstellt.«[22]

»Geist« heißt hier hebräisch *neschamah. Neschamah* kommt her von *nascham* und heißt »Hauch« und »Geist«. Weil wir uns vorhin schon mit dem Wort »hauchen« im Sinne von Atem eingehend beschäftigt haben, so wollen wir jetzt bei der Übersetzung von *nascham* = Hauch den Hauptton nicht auf »Hauch«, sondern auf »Geist« legen.

Dieses Wort *nascham* drückt besser aus als das andere hebräische Wort *rúach* (welches auch Geist heißt), was hier in bezug auf den Menschen gesagt sein will. *Nascham* = »Geist« bezeichnet nämlich an dieser Stelle nachdrücklich, daß Gott direkt und persönlich Seinem Ebenbilde *Geist von Seinem Geist* eingehaucht und zugeatmet hat, damit offenbar würde, daß der Mensch dem geistigen Wesen Gottes als Abbild im Urstande würdig und heilig entspreche. Der Geist Gottes ist also hier, so darf man es wohl sagen, der *Heilige Geist,* der dann nach dem Sündenfall des Menschen als Geist oder Geistigkeit des Menschen, d.h. als die geistige Wesensanlage dem Menschen verblieben ist. Was »die Geistigkeit des Menschen« oder seine geistige Wesensanlage bedeutet, davon später.

[21] Wilhelm Vischer, Das Christuszeugnis des Alten Testaments. Bd. 1, 7. Aufl., Zürich 1946, S. 67.

[22] Vgl. Johann Georg Hamann, »Tagebuch eines Christen«. Wien 1949, S. 15. Sämtl. Werke herausgegeben von Josef Nadler, Band 1.

»Geist des Lebens«: Das hebräische Wort für *Leben* ist *chajjim* und bedeutet hier im Blick auf den Zusammenhang: *göttliches Leben,* welches Gott Seinem Ebenbild verliehen hat[23].

Über das Verhältnis von Geist und Leben sagt *B. Koehler*[24]: »Es wäre falsch, wenn man einfach Geist und Leben gleichsetzen wollte, denn wenn das AT ausdrücklich vom Geist des Lebens spricht (und zwar hier bei der Erschaffung des Menschen), so tut es das, weil Geist und Leben nicht dasselbe sind.«

Geist des Lebens heißt: *»Der Geist bewirkt das Leben«,* und weil es der Heilige Geist ist und der Mensch sich noch im sündlosen Zustande befindet, kann hier mit Leben gar nichts anderes gemeint sein als das *göttliche ewige Leben.*

Zum Beweise dafür, daß hier das ewige Leben gemeint sei, möge 1. Mose 3,22 angeführt sein, wo steht: ». . . daß der Mensch nicht auch vom Baume des Lebens esse und *ewig* lebe . . .«

Carl Friedrich Keil schreibt: »Wäre der Mensch durch Befolgung des göttlichen Gebotes in der Lebensgemeinschaft mit Gott geblieben, so hätte er davon essen dürfen, da der Mensch ja zum ewigen Leben erschaffen war.«[25]

Zum 3. Satz: *»Da ward der Mensch zu einer lebendigen Seele.«*

So hat Luther übersetzt, und so wollen wir's stehen lassen. Weil man für Seele auch »Mensch« sagen kann, so kann »Seele« hier auch den Menschen in seiner Ganzheit, also nach *Geist, Seele und Leib* bedeuten[26].

[23] Das Wort *chajjim* = Leben kommt 145mal im AT vor und hat nach *Koehler-Baumgartner* (Lexicon in Veteris Testamenti Libros, S. 294) eine vierfache Bedeutung: Lebensdauer – Lebenszustand – Lebensgut – Lebensunterhalt. Koehler hat hier nur die formale Bedeutung des Wortes beachtet.

[24] In »Theologie des Alten Testaments«, Tübingen 1953, S. 125.

[25] S. C. F. Keil – Fr. Delitzsch, Bibl. Commentar, Bd. I, Genesis. Leipzig 1878, S. 78.

[26] Das Wort »Seele« heißt im Hebräischen *nephesch* und kommt 755mal vor. 650mal wird *nephesch* im Griechischen mit *Psyche* übersetzt. Das Wort *nephesch* bedeutet im AT sehr viel.

Nephesch = Seele ist hier in 1. Mose 2,7 der Ausdruck für die Individualität des Menschen in seiner bewußten Persönlichkeit! Der Mensch ist das vor Gott verantwortliche Einzelwesen, so wie Hesekiel den Begriff »Seele« sieht.

(Über die neun verschiedenen Bedeutungen von »Seele« bei *Koehler-Baum-*

Noch eines sei hier bewußt herausgestellt. Der Ausdruck »Der Mensch ward zu einer lebendigen Seele« heißt nicht – wie die griechische Philosophie dies lehrt – »eine ewige Seele, welche in den Leib wie in einem Gefängnis eingeschlossen wird«, sondern der obige Satz 1. Mose 2,7 bedeutet »Der Mensch ward ein beseelter Leib.«

Otto Weber schreibt: »Der Mensch *ist* lebendiges Wesen. Das Tier trägt es in sich.«[27]

Wir kehren zum Text zurück.

Weil im Hebräischen für *»lebendig«* dasselbe Wort wie vorhin im Ausdruck »Hauch des *Lebens*« steht – so kann hier mit »lebendig« auch gar nichts anderes gemeint sein als das »ewige Leben«. »Da ward der Mensch zu einer lebendigen Seele« heißt also, da ward der Mensch *ein ewig lebendiges Wesen.* So wird auch hier ausgesagt: Gott hat Sein Ebenbild wunderbar mit ewigem Leben ausgestattet.

Der Tod ist über den Menschen erst später hereingebrochen, und zwar als Lohn der Sünde (Rö. 6,23). Denn Sünde ist Getrenntsein von Gott. Und Getrenntsein vom Schöpfer bedeutet für die Krone der Schöpfung den Tod.

Weil das so ist, müssen wir daraus auch folgern:

Nur in der Gemeinschaft mit Gott, in dem Gleichgesinntsein mit Gott kann das Ebenbild Gottes gedeihen und ewig leben. Außerhalb dieses göttlichen Lebenselementes muß das Ebenbild Gottes zugrunde gehen, wie eine Pflanze zugrunde geht, wenn ihr die ihr zuträgliche Luft und Nahrung fehlt. Abgelöst von Gott wird das Abbild zum Zerrbild.

»Daß das Sterben für den ersten Menschen keine Notwendigkeit war, ist einerseits durch das Dasein des Lebensbaumes, andrerseits durch die Drohung des Todes im Fall des Ungehorsams angedeutet.«[28]

Was die Unsterblichkeit Adams anlangt, so setzt also die Schrift

gartner in seinem *Lexicon in Veteris Testamenti Libros* und L. Dürr in Zeitschrift für Alttestamentl. Wissenschaft 1925, S. 262ff.)

[27] Otto Weber, Grund. d. Dogmatik, Bd. 1, S. 618.

[28] Wilhelm Möller, Bibl. Theologie des Alten Testaments. Zwickau o.J., S. 61.

voraus, daß er den Tod vermeiden konnte unter der Bedingung des fortgesetzten normalen Verhaltens auf Grund seiner unmittelbaren Gemeinschaft mit Gott. Diese Bedingung ist in der Bedeutung des Lebensbaumes zusammengefaßt. Denn die Gemeinschaft mit Gott baut sich auf dem Gehorsam auf! Doch darüber später.

Als Ergebnis der von uns ausgeführten Darlegungen erkannten wir

1. die *Originalität* (Einzigartigkeit) auch im Blick auf unsern Leib;
2. die *Kontinuität* (Stetigkeit) hinsichtlich unseres Leibes;
3. die *Äternität* (Ewigkeit) der Krone der Schöpfung unter besonderer Berücksichtigung der Leiblichkeit.

Zur Originalität: Anknüpfend an Hamanns Wort, daß »unser Menschsein nicht nur ein Dasein Seines Schöpfungs-*Wortes,* sondern zugleich auch (und zwar nachdrücklich im Schöpfungsbericht betont) ein Dasein Seines *Hauches* ist«, stellen wir die Einzigartigkeit und Einmaligkeit der Schöpfung des Menschen fest, oder wie *Dietrich Bonhoeffer* dem Sinne nach meint: Der Mensch ist im göttlichen Schöpfungswerk das Neue, das Bild Gottes in Seinem Werk. *Hier ist kein Übergang von irgendwoher, hier ist wirklich ein ganz neuer Anfang, eine völlige Neuschöpfung ohne irgendeine Verbindung mit etwas schon Vorhandenem*[29].

Prof. *Dr. Adolf Portmann,* ein führender Zoologe der Gegenwart[30]: »Die biologische Arbeit muß – wenn sie nicht verblendet ist – den Menschen als ein besonderes System des Lebens, als eine *neue* Stufe des Organischen auffassen – als eine Neubildung, deren Eigenart wesensmäßig von der Lebensform höherer Tiere verschieden ist . . .«

Der Theologe *Th. C. Vriezen* (Universität Utrecht), dem Sinne nach hier wiedergegeben: »Der Mensch, dem Gott Sein Bemühen und Seine Fürsorge angedeihen läßt, muß als ein Wesen von ganz und gar eigenem Charakter angesehen werden, das von Gott auf ganz besondere Weise geschaffen worden ist. Es ist darum auf

[29] Dietrich Bonhoeffer, Schöpfung und Fall. 3. Aufl., München 1955, S. 30.
[30] Adolf Portmann, Unsterblichkeit, S. 26.

Grund des AT völlig unmöglich, daß das Leben des Menschen in einer ursprünglichen Gemeinschaft mit der Tierwelt irgendwie vorgestellt werden kann. Der Mensch ist von Anfang an über die Tiere gesetzt, wie in 1. Mose 1 nachdrücklich festgestellt, aber auch in 1. Mose 2 ausgesagt wird, daß Adam den Tieren Namen gibt . . .«[31]

Die Kreatur bedarf der Herrschaft des Menschen als des ordnenden Prinzips. Daß der Mensch auch zu diesem Zweck mit Gottesebenbildlichkeit ausgestattet wurde, ist durchaus logisch und folgerichtig gedacht, denn auch irdische Herrscher pflegen da, wo sie nicht persönlich auftreten, ihre Bilder als Hoheitszeichen aufzustellen. So ist der Mensch in seinem von Gott ihm anvertrauten Herrschaftsbereich der Hoheitsträger Gottes. Der Mensch ist der Mandatar des Schöpfers, d.h. der im Auftrag Gottes kraft höchster Vollmacht Handelnde. *Das Ebenbild Gottes ist aufgerufen, die Herrschaft Gottes und damit Gottes Hoheitsrecht in der ganzen Welt zu vertreten.*

Es ist sehr bedeutungsvoll, daß Ps. 8 ebenfalls diesen gottgesetzten Auftrag mit der Tatsache der Gottähnlichkeit des Menschen verbindet[32].

Der Luthertext sagt das so (Ps. 8,6–10):

6. Du hast ihn wenig niedriger gemacht denn Gott, und mit Ehre und Schmuck hast du ihn gekrönt.
7. Du hast ihn zum Herrn gemacht über deiner Hände Werk; alles hast du unter seine Füße getan,
8. Schafe und Ochsen allzumal, dazu auch die wilden Tiere,
9. die Vögel unter dem Himmel und die Fische im Meer und was im Meer geht.
10. Herr, unser Herrscher, wie herrlich ist dein Name in allen Landen!

Gott der Herr hat das Modell des Menschen nicht aus der geschöpflichen Sphäre genommen, sondern aus der oberen, ewigen

[31] Th. C. Vriezen, Theologie des Alten Testaments in Grundzügen. Neukirchen 1956, S. 170ff.

[32] Vgl. G. Kittel, Theol. Wörterbuch z. Neuen Testament. Bd. II, NA. Stuttgart 1953, S. 390.

Welt, wo Gott Selbst thront und über allem die Herrschaft ausübt und wonach der Mensch in seiner *Anlage nach dem Bilde Gottes* und in seinen *Funktionen des Herrschens über die Erde* vom Höchsten Selbst ins Dasein und Sosein gerufen worden ist.

Zur Kontinuität: Die Doppelaussage: Der Mensch wurde geschaffen durchs »*Wort*« und durch den »*Hauch*« Gottes ist nicht nur entstehungsgeschichtlich zu sehen, wie wir es in Absatz 1 betrachteten, sondern auch *permanent* zu beobachten. Das heißt: Auch die Erhaltung des Menschen als Gesamtheit in lückenloser Stetigkeit (Kontinuität) und als Einzelwesen von der Wiege bis zum Grabe ist als gottgewirkter Hauch anzuerkennen. Diese Tatsache zu erkennen, daß wir alle trotz unserer fortwährenden Nichtswürdigkeit uns dennoch so über die Maßen von Gott geliebt wissen, daß wir jahraus, jahrein, Tag und Nacht, von Sekunde zu Sekunde, von Herzschlag zu Herzschlag angehauchtes und zugeatmetes Leben Gottes sind, dies zu wissen ist wichtig und herrlich auch im Blick auf unseren Leib. – Ps. 104 sagt:

»Wenn Du, o Herr, Dein Angesicht verbirgst, so erschrecken sie. Nimmst Du ihren Atem weg, so verscheiden sie, und es bleibt der Staub. *Sendest Du aber Deinen Atem aus, so werden sie geschaffen, und Du erneuerst das Angesicht der Erde.* Die Herrlichkeit des Herrn währet ewig. Der Herr freue Sich Seiner Werke.«

Zur Äternität als Letztem und Größtem: Das einzigartige Geheimnis des von Gott uns geschenkten und von Gott uns erhaltenen Lebens.

Wir sind denkmäßig geradezu gezwungen, den Sinn des Menschendaseins nicht in Tod und Verwesung abbrechen zu sehen – sondern die logische Überlegung gebietet die Fortdauer und Ewigkeit des Menschen, der nach dem Bilde Gottes geschaffen ist.

Weil das alles so ist, darum gilt es Gott schon *in* diesem Leben *mit* diesem Leben und *über* dieses Leben hinaus bis in alle Ewigkeiten zu loben, zu preisen und zu verherrlichen.

»Der Mensch, ein Leib, den Deine Hand so wunderbar bereitet, der Mensch, ein Geist, den sein Verstand Dich zu erkennen leitet:

der Mensch, der Schöpfung Ruhm und Preis ist sich ein täglicher Beweis von Deiner Güt und Größe.

Erheb ihn ewig, o mein Geist, erhebe seinen Namen; Gott unser Vater sei gepreist, und alle Welt sag Amen, und alle Welt fürcht ihren Herrn und hoff auf ihn und dien ihm gern. Wer wollte Gott nicht dienen?« (Chr. F. Gellert 1715–1769).

Weitere Aussagen der Bibel zum Thema:

Wenn man auf das Geheimnis »Was ist eigentlich der Mensch?« zu sprechen kommt, dann wird unter vielen anderen immer wieder auch folgende Frage gestellt: »Ist der Mensch eine Geist-Seele-Leib-Einheit, oder besteht er nur aus Seele-Leib oder ist er nur Leib, d.h. vergängliche Materie?«

Die letzte Frage: »Ist der Mensch nur Leib?« d.h. diesseitige, zerfallende Materie, brauchen wir hier nicht besonders zu beantworten. Von der ersten bis zur letzten Seite weist unser Buch nach, daß der Mensch mehr ist.

So bleibt noch die andere Frage zu beantworten: »Ist der Mensch eine Geist-Seele-Leib-Einheit oder eine Leib-Seele-Einheit?«

Wir schauen in die Bibel. Sie vertritt beide Auffassungen.

Bibelstellen, die auf die *Geist-Seele-Leib-Einheit* hinweisen, sind folgende:

a) 1. Thessal. 5,23: ER aber, der Gott des Friedens, heilige euch durch und durch, und euer *Geist,* samt *Seele* und *Leib,* müsse bewahrt werden unsträflich auf die Zukunft unseres Herrn Jesu Christi.

b) Hebr. 4,12: Denn das Wort Gottes ist lebendig und kräftig und schärfer denn kein zweischneidig Schwert und dringet durch, bis daß es scheidet *Seele* und *Geist,* auch *Mark* und *Bein,* und ist ein Richter der Gedanken und Sinne des Herzens.

c) Hiob 12,9–10: Wer erkennte nicht an dem allem, daß des Herrn Hand solches gemacht hat? Daß in Seiner Hand ist die *Seele* alles dessen, was da lebt, und der *Geist des Fleisches* aller Menschen?

d) Lukas 1,46 u. 47: Meine *Seele* erhebt den Herrn und mein *Geist* freuet sich Gottes, meines Heilandes.

Bibelstellen, die den Menschen als *Leib-Seele-Einheit* ansehen, sind:

a) Ps. 16,9 u. 10: Darum freuet sich mein Herz und meine Ehre ist fröhlich; auch mein *Fleisch* wird sicher liegen. Denn Du wirst meine *Seele* nicht dem Tode lassen und nicht zugeben, daß Dein Heiliger verwese.

b) Ps. 73,26: Wenn mir gleich *Leib* und *Seele* verschmachtet, so bist Du doch, Gott, allezeit meines Herzens Trost und mein Teil.

c) Ps. 31,10b: Herr, sei mir gnädig, denn mir ist angst; meine Gestalt ist verfallen vor Trauern, dazu meine *Seele* und mein *Leib*.

d) Matth. 10,28: Und fürchtet euch nicht vor denen, die den *Leib* töten und die *Seele* nicht können töten. Fürchtet euch aber vielmehr vor dem, der *Leib* und *Seele* verderben kann in die Hölle.

e) Ps. 42,6 u. 7: Was betrübst du dich, meine *Seele*, und bist so unruhig in mir? Harre auf Gott; denn ich werde ihm noch danken, daß er mir hilft mit seinem Angesicht.
Mein Gott, betrübt ist meine *Seele* in mir; darum gedenke ich an Dich.

Wenn die Heilige Schrift nur von *»Leib und Seele«* spricht, dann sieht sie den Menschen im allgemeinen Sinne.

Wenn die Bibel von *»Geist-Seele und Leib«* spricht, dann sieht sie den Menschen im besonderen Sinne, nämlich als das einzigartige Geschöpf Gottes.

Im AT werden die Stämme und Geschlechter Israels öfters nach »Seelen« gezählt. Dann steht Seele für Mensch da. Diese Ausdrucksweise hat sich bis heute erhalten, wenn z.B. gesagt wird: »Bei einem Schiffsunglück fanden 100 Seelen den Tod.« Oder wenn man feststellt: »Diese Gemeinde zählt 3000 Seelen.« So versteht auch die Bibel, wenn sie von Leib und Seele spricht, ganz allgemein den Menschen.

B. Der Mensch im Alltäglichen

a) Der Geist des Menschen

Gott hauchte Seinem Ebenbilde von Seinem göttlichen Geist ein, wodurch der Mensch dem Wesen Gottes entsprach. Denn wir dürfen Geist von Seinem Geist haben. So hat uns Gott geschaffen.

Dieser Tatbestand, der auch nach dem Sündenfall geblieben ist, birgt unendlich viel in sich, aus dem sieben Punkte genannt werden sollen:

1. Der Geist ist also das *konstitutive* (d.h. das grundlegende und unerläßliche) *Element* des Menschen.

Prof. *Walther Eickrodt* (Basel) sagt in seiner *Theologie des AT*[33] dem Sinne nach: Der Mensch wird durch die direkte Übertragung des göttlichen Geistes vor aller anderen Kreatur ausgezeichnet. *»Während Tier und Tierleben sozusagen bloß durch den allgemeinen, die ganze Natur durchwehenden Gottesgeist gewirkt sind, also nur als Gattung am Leben Anteil haben, empfängt der Mensch durch einen besonderen Schöpfunsgakt Gottes Geist persönlich, individuell und direkt, wird also als selbständiges, geistiges Ich behandelt.«*

Weil der Geist das grundlegende Element des Menschen ist, darum kann *Karl Barth* sagen: *»Der Geist ist so im Menschen, so ihm zugehörig, wie der Mittelpunkt eines Kreises diesem Kreis zugehörig ist.«*[34]

Emil Brunner: »Nicht der Verstand, sondern der gottbezogene Geist unterscheidet Mensch und Tier.«[35]

R. Lejeune, der Psychologe: *»Bei dem Menschen beginnt trotz seiner innigen Verflechtung mit der stofflichen sichtbaren Welt die völlig neue Stufe der Wirklichkeit . . ., nämlich das Reich des freien schöpferischen Geistes, das Bewußtsein von Beziehungen zu einer Welt des Überirdischen und Ewigen.«*[36]

2. Wir können denken.

Der Mensch trägt in seinem Denken eine äußere und innere Welt in sich. Die äußere Welt, das sind die Sinneseindrücke (die durch das Auge oder Ohr oder den Geruchsinn oder Tastsinn auf ihn einstürmen) und die der Mensch dann denkerisch verarbeitet

[33] Walther Eichrodt, Theologie des Alten Testaments Bd. II, 4. Aufl., Göttingen 1961, S. 59.
[34] Karl Barth, Kirchliche Dogmatik Bd. III/2, 2. Aufl., München 1959, S. 436.
[35] Emil Brunner, Der Mensch im Widerspruch. Zürich 1937, S. 32.
[36] Naturwissenschaft und Gottesglaube in »Universitas«, 1949, Heft 5, S. 584.

zu Vorstellungen und Begriffen. – Die innere Welt, die der Mensch in sich trägt, das sind die Ideen. Der Mensch weiß denkend die Idee des Wahren, Guten und Schönen sich vorzustellen. In Gott sieht er denkend den Ursprung und die Vollkommenheit des Wahren, Guten, Schönen und der Ewigkeit, Heiligkeit und Herrlichkeit. Ebenso denkt und begreift der Mensch auch sich selbst. Er wird im Denken seiner selbst bewußt, d.h. er weiß sich als ein »Ich«. *Immanuel Kant:* »Wenn ich das Urteil gewinnen könnte, daß mein Pferd den Begriff ›Ich‹ fassen könne, so würde ich sofort von ihm herabsteigen und mit ihm als meinem Freunde verkehren.« So hat der Mensch – im Unterschied zum Tier – Ichbewußtsein, Verstand und Denkvermögen auf Grund seiner Geistigkeit.

3. Das *menschliche Sprachvermögen.*

Die Sprache ist die unmittelbare Selbstoffenbarung des menschlichen Geistes. So wie das Denken gewissermaßen das unhörbare Sprechen des Geistes ist, so ist das hörbar gesprochene (oder geschriebene) Wort eine »Verleiblichung« des Denkens.

Erich Sauer: »Die alten Schriftsteller berichten von einer Begegnung des griechischen Weisen Sokrates mit einem jungen Mann, der durch die Begegnung mit Sokrates weitere Anregungen zum Denken zu gewinnen suchte. Aber das Zusammensein mit diesem geistigen Riesen beeindruckte ihn so, daß er kaum wagte, den Mund aufzutun, um auch nur ein Wort, eine Frage oder einen Gedanken zu äußern. So gingen sie beide eine Weile ohne Unterhaltung nebeneinander. Dann aber unterbrach Sokrates plötzlich das Schweigen und sagte freundlich, aber kurz, zu seinem jungen Begleiter: ›*Rede, damit ich dich sehe!*‹ – In diesem Satz liegt die tiefe Erkenntnis des Zusammenhangs zwischen Geist und Wort. Die *Sprache ist Offenbarungsorgan des menschlichen Geistes*.«[37]

Ina Seidel:

Im Wort ruht die Gewalt
Wie im Ei die Gestalt,
Wie das Brot im Korn,
Wie der Klang im Horn,

[37] Erich Sauer, Der König der Erde. Wuppertal 1959, S. 179.

Wie das Erz im Stein,
Wie das Leben im Blut,
In der Wolke die Flut
Wie der Tod im Gift
Und im Pfeil, der trifft.
Mensch! Gib du acht, eh du es sprichst,
Daß du am Worte nicht zerbrichst[38]!

Ein Sprachvergnügen besitzen neben den himmlischen Heerscharen und den dämonischen Geistern nur Gott und der Mensch. Von Gott heißt es zwölfmal im Schöpfungsbericht »*Gott sprach*«. Von Adam heißt es im Schöpfungsbericht »*Da sprach der Mensch:* Das ist doch Bein von meinem Bein und Fleisch von meinem Fleisch.«

Der Mensch also kann, was Gott kann: nämlich sprechen.

Die Tatsache, daß der Mensch spricht, beweist, daß er mit Geistigkeit begabt ist, daß er denkt.

Tiere sprechen nicht, weil sie nicht denken. Die Affen haben ausgebildete Sprechwerkzeuge – nach Meinung mancher Naturwissenschaftler sogar bessere als der Mensch; aber sie »reden« nicht, weil sie keine »Worte« haben. Oder, wie es der bekannte Philosoph Professor Dr. *Wilhelm Wundt* einmal ausgedrückt hat: »Die Tiere sprechen nicht, weil sie nichts zu sagen haben.«[39]

4. Der Mensch kann von Gott und göttlichen Dingen wissen, er ist fähig, die Botschaft von Gott verstandesmäßig aufzunehmen. Ein Hund, eine Katze, ein Pferd, ein Affe können das nicht. Sie verstehen nicht, was Evangelium, was Sünde, was Unglauben, was Aberglauben, was Glaube ist.

5. Wir wissen um *Verantwortung,* und indem wir um Verantwortung wissen, bekunden wir, daß wir *Gewissen* haben. – Das AT hat kein eigenes Wort für »Gewissen«. Es verwendet aber dafür das Wort »Herz«.

Schuldgefühl ist eine Folge der Paradiesessünde (1. Mose 3,8 und 10). Im Neuen Testament finden wir das Wort Gewissen be-

[38] Ina Seidel, Gedichte. Stuttgart 1955.
[39] Vgl. A. Neuberg, Das Weltbild der Biologie. 1942, S. 91.

sonders bei Paulus. – Die Norm des Gewissens ist der Wille Gottes, welcher im Wort Gottes bekundet ist. Es gibt das *vorangehende* Gewissen, das sich vor Ausführung einer Tat meldet. Es gibt das *nachfolgende* Gewissen, das entweder als *gutes Gewissen* die richtige Entscheidung mit einem beglückenden Erleben begleitet, oder das *böse Gewissen,* welches die Entscheidung mißbilligt, Vorwürfe erhebt, anklagt und Schuldbewußtsein auslöst.

Ja, das Gewissen, verbunden mit dem Verantwortungsempfinden, ist uns durch die Geistigkeit des Menschen geschenkt.

6. *Der Mensch kann schon hier auf Erden ein Geistesleben im Sinne des Neuen Testamentes führen.*

Kurt Liebig: »Wenn wir die Beschreibung des Heiligen Geistes genauer ansehen, die in der Bibel, besonders Galater 5,22 und Epheser 5,9 enthalten ist, so finden wir dort lauter Vorgänge, die als Frucht des Heiligen Geistes im Geist des Menschen hervorgerufen werden. Wir fragen: Kann ein logischer Beweis dafür, daß Gottes Geist und Menschengeist in der Grundlage wesensgleich sind, in noch klarerer Weise geführt werden? – Wir antworten: Nein! Deutlicher kann's wirklich nicht gesagt werden! Ein Beispiel: Wenn ein Obstwildling in der Grundlage nicht wesensgleich zu dem Edelreis wäre, dann könnte das Edelreis nicht in ihn einwachsen. Genauso könnte der Heilige Geist in den Menschengeist nicht einwachsen und Frucht tragen, wenn keine grundsätzliche Wesensverwandtschaft vorläge. Vgl. Joh. 14,23.«[40]

7. Die Geistigkeit des Menschen schließt endlich auch das freudige *Erfassen seiner Bestimmung* ein, *zur Verwandlung* in Ewigkeit und Herrlichkeit und Göttlichkeit hinein verwandelt zu werden – das heißt, dem Sohne Gottes, d.h. dem innertrinitarischen »Du« Gottes, gleichgestaltet zu werden. (Röm. 8,29; 1. Joh. 3,2; Joh. 17,21 und andere Bibelstellen.) Das Schönste, worauf wir uns freuen, ist nicht nur IHN zu sehen wie ER ist, sondern IHM *gleichgestaltet* zu werden.

Erich Sauer: »Dem Universum gegenüber ist der Mensch körperlich nur ein Stäubchen, ein verschwindender Punkt, fast ein

[40] Kurt Liebig, Unsere Wirklichkeit – zwei Welten. 1961, S. 30.

Nichts. Jeden Augenblick muß er damit rechnen, unter Umständen vom Universum verschlungen zu werden und in diesem großen Meer wogender Kräfte und Massen unterzugehen. Doch in seinem Geist erhebt er sich stolz über das Weltall. Er ist winzig und umfaßt doch mit seinem Geist die ganze Welt. Sein Lebensfaden kann jederzeit schnell abgeschnitten werden, und doch trägt er die Ewigkeit in sich.«[41]

Blaise Pascal: »Es ist gar nicht nötig, daß das ganze Universum sich bewaffne, um den Menschen vernichten zu können: schon ein Hauch, ein Tropfen Wasser kann genügen, ihn zu töten. Aber wenn auch das Universum ihn vernichtete, wäre der Mensch dennoch größer als das Universum. Doch der Mensch weiß, daß er stirbt; aber das Universum weiß nicht, daß es ihn tötet.«[42]

b) Die Seele des Menschen

Den Begriff »Seele« kann man im weiteren und engeren Sinne verstehen.

Die Seele im weiteren und allgemeinen Sinne ist die Fähigkeit, auf äußere Reize zu reagieren, und zwar in ganz bestimmter Zielrichtung. Das machen zwei kennzeichnende Merkmale deutlich: *die Reizbarkeit* als solche und die *zielstrebige Reaktion.*

Was »Reizbarkeit« und »zielstrebige Reaktion« bedeuten, zeigt folgendes Beispiel:

Die Pflanze empfindet das Licht als *lebenspendenden Reiz.* Die Fähigkeit der Pflanze, sich immer wieder dem Lichte zuzuwenden, ist ihre *zielstrebige Reaktion.* Dies können wir täglich beobachten. Eine Blume im Blumentopf dreht sich immer wieder dem Lichte zu, auch wenn wir sie stets und ständig drehen, dem Licht abwenden. In diesem Sinne, also um Sinne der Reizbarkeit und der zielstrebigen Reaktion haben Pflanze und Tier eine Seele, und zwar eine Seele im weitesten Sinne des Wortes. Bei dem Tier zeigt sich diese zielstrebige Reaktion triebmäßig auch in seiner Anhänglichkeit und Treue und Dankbarkeit dem Menschen gegenüber, in sei-

[41] Erich Sauer, Der König der Erde. Wuppertal 1959, S. 181.
[42] Blaise Pascal, Pensées. Übertr. v. W. Rüttenauer. Bd. 7, Leipzig o.J., S. 61.

ner Liebe zu seinen Jungen, in seinem fabelhaften Orientierungssinn usw. usw. Denn das Tier hat Seele und Seelenleben und ist nicht die seelenlose Maschine, die der dialektische Materialismus aus dem Tier machen will.

Und doch »kennen« wir das Tier nicht, so vertraut uns manche, ja auch stetige Äußerungen seines Seelenlebens sind. Wir »kennen« das Tier darum nicht, weil sich mit dem Seelenleben des Tieres kein geistiges Leben verbindet wie bei uns. Die Seele des Tieres und unter dem Tier stehend dann die Seele der Pflanze reagieren *triebmäßig, instinktiv wesenseigen, angeboren, unbewußt.*

Die *Seele des Menschen* dagegen reagiert *bewußt,* das heißt als eine vom Geist her geprägte Ichpersönlichkeit im Sinne eines bewußten Ich*denkens,* eines bewußten Ich*fühlens* und bewußtten Ich*wollens.* In diesem Sinne kann nur die Menschenseele als eine Seele im engeren und eigentlichen Sinne gefaßt werden. Die Seele des Menschen ist vom »Geist« her anzuschauen und darum in ausschließlicher Unterscheidung von der Tierseele zu betrachten. Man kann die Menschenseele darum auch als »*Geistseele*« bezeichnen.

c) Der Leib des Menschen

Der Leib ist das Empfangsgerät für Seele und Geist, d.h. alles, was gesehen, gehört, gerochen, geschmeckt und gefühlt werden kann, geht über die Sinneswerkzeuge des Leibes (nämlich Auge, Ohr, Nase, Zunge, Haut) in die Geist-Seele ein.

Der Leib ist aber auch zugleich das Sendegerät für die Geist-Seele, d.h. alles, was irgendwie die Geist-Seele an Denküberlegungen oder Gefühlsregungen oder Willensentschlüssen in sich trägt, bringt sie durch das Sprechorgan des Leibes oder die Bewegungen der Hände oder Beine usw., z.B. durch Geste und Gebärde, zum Ausdruck.

Wegen dieses Wunderwerkes des menschlichen Leibes *kennt die Bibel keine Geringschätzung des Leibes.* Er ist nicht das notwendige Übel, das zu kasteien ist. Der Leib ist eine genauso wunderbare Schöpfung Gottes wie der Geist. Dies rühmt das AT in besonderer Weise. Psalm 139 sagt: »Ich danke Dir, Gott, dafür, daß ich wunderbar gemacht bin; wunderbar sind Deine Werke, und das erkennt meine Seele wohl« (Psalm 139,14). Und: »Der das Ohr gepflanzt hat, sollte der nicht hören? Der das Auge gemacht hat, sollte der nicht sehen? Lasset uns mit Danken vor Sein Angesicht kommen! Denn der Herr ist ein großer Gott. Kommt, laßt uns anbeten und niederfallen vor dem Herrn, der auch uns gemacht hat« (Ps. 95,6).

Aber nicht nur das Wunderwerk »Leib« rühmt die Heilige Schrift, sondern auch die einzigartige Beziehung, die dieses Wunderwerk Leib zur Geist-Seele des Menschen hat. Die Heilige Schrift sieht diese Beziehung so tief und so innig, daß sie den Leib sogar auf gleiche Stufe mit »Geist und Seele« stellen kann. Die Bibel scheidet oder schneidet darum den Menschen nicht in drei Teile, nämlich »hier Geist, dort Seele, dort Leib!« Auch werden diese »drei Teile« nicht mit besonderen Wertakzenten unterschiedlich belegt, d.h. der Geist ist Nr. 1, weil er der wichtigste Teil des Menschen wäre, die Seele Nr. 2, weil sie nicht so wichtig wäre wie der Geist, der Leib Nr. 3 als der unwichtigste Teil des Menschen und darum von völlig untergeordneter und nebensächlicher Bedeutung. Solch eine unterschiedliche Wertbeurteilung kennt die Schrift nicht. Sie sieht den Menschen als eine Einheit. Die Seele und der Geist können sich nicht von dem frei machen oder entbinden, was im Leibe geschieht, und umgekehrt! Dieser innigen Verbundenheit wegen kann auch die Bibel so frei und unbeschwert sagen (um von den tausend Beispielen nur ein paar zu nennen): »Mein *Leib* und mein leibliches Herz jubeln dem lebendigen Gott entgegen« (Ps. 84,3). »Mein Leib schmachtet nach Gott« (Ps. 63,2). »Meine Gebeine (das ist der Leib) sind über meine Sünde sehr erschrocken« (Ps. 6,3).

Aber nicht nur der *»Leib«* ist für den ganzen Menschen gesetzt und lobt Gott oder leidet unter Sünde, sondern auch das *»Fleisch«*. Lies Joh. 1,14; 2. Kor. 4,11; Gal. 2,20; Eph. 2,14 usw. usw., wo entweder der Leib oder der ganze Mensch gemeint ist. – Lies weiter Ps. 62,2; Ps. 145,21; Jes. 66,23; Hes. 36,26; Sach. 2,17 usw. usw., *wo sogar das Fleisch nach Gott verlangt, lobt, anbetet.* Der Ausdruck »Fleisch« wird jedoch auch für Sünde gebraucht. Lies

Gal. 5,16.17.19; 6,8; Röm. 8,3 usw. usw. So beweglich ist die biblische Ausdrucksweise!

Leib und Fleisch sind also *ganz dabei,* wenn es um das Jubeln und Anbeten Gottes geht, um das Sehnen und das Hungern nach Gott, um die Not der Sünde! Leib und Fleisch leiden genauso wie die Seele und der Geist unter der Last der Sünde.

Leib und Fleisch sind jedoch auch Ausdrucksformen, d.h. Bildworte für die *Sünde.*

Der Leib hat also große biblische Bedeutung: Die Heilige Schrift mißt ihm gleichen Wert zu wie der Geist-Seele des Menschen.

Pfr. Ernst Hoffmann hat die hohe *biblische Bedeutung des Leibes* auf Grund des großen Paulus-Wortes: »Bringt euren Leib als lebendiges, heiliges, Gott wohlgefälliges Opfer dar . . .« (Röm. 12,1) wie folgt unterstrichen:

»›*Bringt euren Leib als lebendiges Opfer dar*!‹ lautet die wichtigste Gottesdienstordnung der christlichen Gemeinde. Damit greift Gottes Barmherzigkeit zutiefst in unser persönliches Leben ein. Es ist der Griff nach unserer ganzen Person. Denn Person heißt nicht nur Geist sein, sondern auch Leib sein. In unserer Leiblichkeit wird unsere Person konkret. Der Leib ist das mir Nächste, das mir Eigene. Er ist Träger des mir geschenkten Lebens, Ausdrucksmittel und Werkzeug meines Geistes, meiner Seele. Den Verlust seines ganzen Vermögens konnte Hiob annehmen, ja selbst den Tod seiner Kinder. Als aber der Aussatz seinen Körper zerfraß und des Leibes Qual seine Tage und Nächte verbitterte, da wurde die Anfechtung so schwer, daß er mit Gott zu hadern begann. Den Leib zum Opfer bringen bedeutet also sich selbst zum Opfer bringen . . .

Mit Überlegung hat Paulus geschrieben: Euren Leib bringt als lebendiges Opfer dar!«[43]

Zusammenfassend sei gesagt, daß der Leib in der Heiligen Schrift höchste Beachtung gefunden hat.

1. *Der Leib ist der Träger des Preisens und Rühmens Gottes geworden.* 1.Kor. 6,20; Phil. 1,20.

[43] In »Glaubensbote«, Chrischona 1964, Nr. 1, S. 17–19.

2. *Der Leib ist der Keim des Auferstehungsleibes.* Aus demselben Samenkorn wächst zwar etwas völlig Neues hervor, aber dieses Neue steht mit dem Alten im Zusammenhang. Röm. 8,23; 1. Kor. 15,44; Phil. 3,21.
3. *Der Leib ist Glied Christi.* 1. Kor. 6,15; Jesaja 50,4 u. 5. Dies schließt in sich größte Verantwortung für unsere Augen, Ohren, Hände, Füße und unsern Mund (Jak. 3), sie recht und heilig zu nutzen und zu werten im Sinne Jesu.
4. *Der Leib ist ein Tempel des Heiligen Geistes.* – 1. Kor. 6,19.
5. *Der Leib ist Eigentum des Herrn.* – 1. Kor. 6,19 u. 20.
6. *Der Leib ist eine Weihgabe.* – Röm. 12,1.
7. *Der Leib ist der Quellort, aus dem Ströme des lebendigen Wassers fließen* (Joh. 7,38).

Aber nicht nur die *Bibel* betont die Bedeutung unseres Leibes, auch die menschliche *Wissenschaft* weiß ihn zu würdigen. Neben der Medizin und der Psychologie versucht die Physiognomik die wunderbaren Zusammenhänge von Leib, Seele und Geist zu ergründen, indem sie aus der äußeren Erscheinung eines Menschen, insbesondere aus dem Gesichtsausdruck, auf die geistigen Eigenschaften, kurz auf den Charakter des Menschen schließen will. Wissenschaftlich formuliert: *Die Physiognomik* versteht den ganzen körperhaften Ausdruck eines Menschen als eine Gestaltgebung seiner Seele und seines Geistes[44].

Auch *unsere Redewendungen* räumen dem Leib hohe Bedeutung ein, wenn sie über den äußeren Eindruck, den ein Mensch macht, von einer *sympathischen* Erscheinung, bei einzelnen Merkmalen vom *energischen* Kinn, vom *stolzen* Gang, von der hohen *Denker*stirn eines Menschen sprechen, vom »leuchtenden Auge« oder einem »tötenden Blick«. Das geflügelte Wort *»so wie er leibt und lebt«* bekundet die Aktualität des Leibes im Blick auf

[44] In wissenschaftlichem Ernst hat Ludwig Klages die Beziehungen von leiblicher Gebärde und seelischem Gebaren aufgedeckt, und Kretschmers berühmtes Buch vom Körperbau und Charakter hat beide einander zugeordnet. Werke von Ludwig Klages sind: Die Grundlagen der Charakterkunde – Ausdrucksbewegung und Gestaltungskraft – Grundlegung der Wissenschaft vom Ausdruck – Handschrift und Charakter – Ernst Kretschmer, Körperbau und Charakter, 23./24. Aufl., Berlin 1961.

die Geist-Seele des Menschen. *Ludwig Eckstein* spricht von der *»Sprache der menschlichen Leibeserscheinung«*, der Gelehrte bezeugt immer wieder, wie wichtig die äußere Erscheinung des Menschen in bezug auf sein Inneres ist.

Nicht nur die Bibel also, sondern auch die Wissenschaft und darüber hinaus auch die Sprache unterstreichen und bestätigen die uralte biblische Wahrheit, *daß der Leib als solcher*, nämlich sein ganzes Dasein und Sosein, und zwar »ohne Worte«, durchblicken läßt, wie Geist und Seele im Menschen beschaffen sind.

So ist der Mensch ein als Leib, Seele und Geist geformtes Wesen. Leib, Seele und Geist sind unauflöslich miteinander und ineinander verbunden.

Und der Leib des Menschen ist mehr als nur Körper, sondern durchseelter und geistig gestalteter »Leib«.

Diese Tatsache von der *Ganzheitlichkeit des Menschen* nach Prof. W. Philipp, Marburg: »Die im AT und NT mit Fleisch, Gebeine, Leib, Seele, Geist, Herz, Verstand, Gewissen wiedergegebenen Begriffe bezeichnen stets die Lebendigkeit des ganzen Menschen, die Persongestalt oder Gestaltperson, die Gabe des von Gott gewährten *ganzheitlichen* Lebens. Von Augenblick zu Augenblick gewährt Gott – noch – das Wunder der irdischen Lebendigkeit, das wir mit den Begriffen Geist-Seele-Leib tangential randen, dessen Wirklichkeit aber *transkategorial* ist. Sie ist nur *doxologisch* auszusagen. Lies Ps. 104,29–31. In der fließenden biblischen Terminologie können jeweils bestimmte Äußerungen der ganzheitlichen Lebendigkeit besonders im Blickfeld stehen (Lebendigkeit als Sünde und Vergänglichkeit, als Denken, Fühlen, Wollen, als Loben, Preisen, Anbeten des Namens Gottes), wobei jeweils einmal der *Leib* (oder Fleisch) oder die *Seele* oder der *Geist als das besondere sich betätigende Organ genannt wird*, jedoch ist jede größere Gottnähe eines Lebensteiles (d.h. Geist oder Seele oder Leib) grundsätzlich ausgeschlossen.

Wir dürfen also auf keinen Fall meinen, daß der *Menschenleib* als solcher ›ein im Grunde *dämonisches Eigenleben*‹ führe. Der Gegensatz von ›Leib‹ oder Fleisch‹ einerseits und Geist andrerseits meint keinen Leib-Seele-Dualismus in dem *mißbräuchlichen*

Sinne insofern, daß der Leib (Fleisch) *immer nur als das Sündige,* Verwerfliche, Verderbliche angesehen werden muß, – sondern die biblische Ausdrucksweise ›Leib‹ (Fleisch) und ›Geist‹ meint *zwei* mögliche *Existenzweisen des ganzen Menschen,* der sich entweder ›nach *unten*‹ orientieren kann und sich der Gestalt der Welt ›angestalten‹ kann – oder sich als ganzer ›*nach oben hin*‹ öffnen kann, um seine wunderhaft gewährte Lebendigkeit als Zwiesprache mit Gott dankend und lobend zu leben.«[45]

Prof. *Emil Brunner:* »Der Inbegriff der Erlösung besteht nicht darin, daß es genug sei, wenn die einzelne Seele nur ›in den Himmel kommt' und der *Leib* als Unerlöster dahinter bleibe. Es entspräche durchaus nicht der Loyalität (dem Gerechtigkeitsempfinden) Gottes gegen seine Schöpfung, wenn der Mensch gleichsam seinen schweren, niedrigen Teil, d.h. den Leib, abstreife, ihn im Stiche ließe, um sich mit der ›kostbaren Seele‹ in die Ewigkeit zu flüchten. Als ob der *Leib,* nicht auch Schöpfung wäre, *und* als ob man den Leib allein für das Böse verantwortlich machen dürfte. Der Mensch ist eine *Ganzheit,* nämlich Geist, Seele und Leib. Die Schöpfung Gottes ist eine *Einheit,* das Geistige und das Natürliche gehören zusammen. Zusammen sind sie von Gott ›losgebrochen‹, zusammen müssen sie erlöst werden, soll es überhaupt Erlösung

[45] Nach dem falsch gesehenen Leib-Seele-Dualismus der Scholastik zieht es den Leib immer »nach unten«, die Seelensubstanz als solche immer »nach oben«. Dieser aus der Spätantike stammenden Perversion (Widersinnigkeit) hat Immanuel Kant (1724–1804) seine Lehre vom »Radikalen Bösen« entgegengesetzt (1792). Die Neigung und Lust zum Bösen steckt nicht in der Leiblichkeit des Menschen, sondern in der lebendigen Person des ganzen Menschen, und sie wird gerade in den feinsten Ausprägungen seiner ganzheitlichen Lebendigkeit, in Geist und Wille, am deutlichsten spürbar. Die Entrüstung der Klassiker überstieg jedes »klassische Maß«. Schiller urteilte angesichts des »empörenden« Grundsatzes, daß Kant »das morsche Gebäude der Dummheit« habe flicken wollen, und Goethe ließ sich zu dem furchtbaren Wort hinreißen, Kant habe »seinen philosophischen Mantel freventlich mit den Schandflecken des radikalen Bösen beschlabbert«. – Wie sich auch sonst Immanuel Kants differenziertes Verhältnis zum Christentum darstellt, in der Lehre vom »Radikalen Bösen« vertritt er echt biblische Anthropologie (Lehre vom Menschen) und nimmt den Glauben des Paulus, wie das reformatorische Verständnis der Konkupiszenz (böse Begehrlichkeit) und der Erbsünde, d.h. der angeborenen Neigung des Menschen zum Bösen, sei es zur Unwahrhaftigkeit, zum Hochmut, zum Egoismus, zur Eigensinnigkeit usw. usw. auf. (Nach W. Philipp in »Die Absolutheit des Christentums«, S. 139.)

geben. Zusammen sollen Leib und Seele wieder zu Gott zurückkehren.«[46]

Auch dem *Leibe* kommen die Früchte Seines göttlichen Erlösungswerkes zugute. – Warum hätte sonst der Herr, um nur eines von vielem zu nennen, Fleisch und Blut an sich genommen? Warum ist ER nicht als ein Geist über die Erde gegangen? – Wozu hätte ER sonst so viele Wunder der Heilung gerade am Leibe getan, wozu so manchen Toten auferweckt? Wozu wäre ER selbst aus dem Grabe *leiblich* auferstanden? Weshalb hätte ER selbst mit verklärtem Leibe sich zur Rechten seines himmlichen Vaters gesetzt? Er wird »der Erstling der Entschlafenen« genannt (1. Kor. 15,20). Wie die Erstlingsgarben die nachfolgende ganze Ernte ankünden, so kündet Christi *leibliche* Auferstehung unsere eigene leibliche an. Sie ist deren Anfang. Dem Anfang muß der Fortgang folgen! Christus heißt aber nicht nur der Erstling, sondern auch »der Erstgeborene aus den Toten« (Kol. 1,18; Offb. Joh. 1,5). Ein »Erstgeborener« kann nur genannt werden, wenn es auch Nachgeborene gibt. So ist der Heiland mit Seiner leiblichen Auferstehung nicht nur der Erste, sondern auch der Bürge unserer leiblichen Auferstehung.

In all diesen Tatsachen liegt die untrügliche Zusage, daß der Herr auch unsern nichtigen Leib verklären wird, »daß er ähnlich werde Seinem verklärten Leibe« (Phil. 3,21).

Otto Haendler: »Die christliche Antwort auf das Problem des Todes ist dadurch gekennzeichnet, daß nach ihr der Tod grundsätzlich nicht isoliert, d.h. nicht allein als solcher gesehen werden kann. Denn er ist der Übergang in eine neue Existenzweise derart, daß das Leben vor und nach dem Tode in unmittelbarer und existentiell entscheidender Beziehung zueinander stehen. Derselbe Mensch, der stirbt, tritt als er selbst in die neue Existenz. In beiden Seinsabschnitten ist dabei aber die wesentliche Linie die, daß der *gleiche Mensch vor Gott steht sowohl vor wie nach dem Tod.* Damit ist zugleich der Inhalt der jenseitigen Existenz bestimmt: Sie

[46] Emil Brunner, Der Mittler. 4. Aufl., 1947, S. 512.

ist ein Sein vor Gott in ewiger Anbetung Seiner Herrlichkeit, damit aber die Erfüllung aller Seinsmöglichkeit überhaupt.«[47]

So bleibt es dabei: Die nüchterne Beobachtung und mit ihr der biblische Glaube lehren die Unsterblichkeit des ganzen Menschen nach Leib und Seele und Geist.

C. Der Mensch im Außergewöhnlichen

Während wir soeben mit aller Deutlichkeit gesagt haben, daß der Mensch im Blick auf Leib, Seele und Geist eine unzertrennliche Einheit, ein Ganzes ist, müssen wir jetzt sagen, und zwar in siebenfacher Beziehung: *Die Geist-Seele ist souverän und unabhängig vom Leibe.*

1. *Wir sprechen von der Existenz des schöpferischen, sittlichen und religiösen Bewußtseins*[48].

Was heißt das?

[47] Otto Haendler, Das Leib-Seele-Problem in theologischer Sicht in »Erkenntnis und Glaube«, 1954, Heft 12, S. 44f.

[48] Das Bewußtsein ist ein nicht weiter erklärbarer und definierbarer, sondern nur erlebbarer Grundbestand des Seelenlebens.

Wesen und Leben der Seele gehen aber nicht allein im Bewußtsein auf, sondern die Geist-Seele des Menschen hat auch eine *unbewußte* Seite. – Die seelische Natur des Menschen besteht demnach aus zwei Bereichen, aus dem *Bewußtsein* und dem *Unterbewußtsein* oder dem Unbewußten.

Nur wie eine dünne Schicht über einer unmeßbaren Tiefe breitet sich das bewußte Leben des Menschen über seinem unbewußten aus. Einem tiefen Keller ist das Unbewußte vergleichbar, der sich unter dem hellen, von dem bewußten Ich bewohnten Hause wölbt. In diesem Kellergeschoß des Unbewußten aber ruhen und regen sich die eigentlichen mächtigen und elementaren Kräfte, die Triebe und Affekte, die den dunklen tragenden Untergrund unseres bewußten Daseins ausmachen. Hier befindet sich jenes mächtige Trieb- und Räderwerk, das oft unser Leben bewegt. Aus diesem Unbewußten heraus steigen aber auch die großen Verwirrungen und Verstörungen auf, die zu jener Zerrissenheit führen, an der wir krank sind. Sie rühren davon, daß dem Ich des Menschen, seiner Persönlichkeit, die Steuerung dieser unbewußten Seelenkräfte weithin entglitten ist. Diese Kräfte des Unbewußten bedrängen ihn in Form von Leidenschaften, Affekten, Süchten und Bindungen, die ihn aus der Bahn werfen und die Ordnung seines Lebens von Grund auf zu stören vermögen. (Vgl. hierzu das Buch: Eduard Thurneysen, *Die Lehre von der Seelsorge.* Zollikon 1957, S. 24ff.)

Wir wissen, daß der Materialismus eine selbständige Geist-Seele leugnet.

Die Geist-Seele, so sagt der Unglaube, ist mit dem Leibe zusammen entstanden und geht auch mit ihm wieder zugrunde. Das Gehirn scheidet die Gedanken aus wie die Nieren das Harnwasser.

Gegen solch eine Irrlehre ist folgendes als Tatsache zu stellen:

a) Der nachweisbare Tatbestand des *schöpferischen Bewußtseins*. Viele Gedanken, besonders Begriffe und Ideen, logische Schlüsse und Urteile, Kombinationen und Apperzeptionen (d.h. die bewußte Wahrnehmung), ferner das Phantasie-Vermögen des Menschen usw. – all dies entsteht oft und weithin unabhängig von den äußeren Sinnesreizen als Eingebung oder Inspiration oder Intuition. Wir denken bei diesem Tatbestand des schöpferischen Bewußtseins z.B. auch an das Schaffen des Bildhauers, der in seinem Inneren das fertige Bild bereits vor sich sieht und nicht erst auf Grund äußerer Beobachtungen den Marmorblock oder Holzblock bearbeitet, sondern auf Grund der inneren Offenbarung oder Inspiration am Material baut und wirkt. Wir denken weiter an das Komponieren des Musikers – als Beispiele seien die großen Tonmeister Bach und Händel genannt. Wir denken an die Erfindungen im Bereich der Technik, an die schaffende Phantasie usw. usw. Alle diese Dinge, Erfindungen und Dichtungen, Dramen und Opernwerke sind weithin ohne »Eingebungen« nicht denkbar.

b) Die Tatsache des *sittlichen Bewußtseins* beweist weiterhin die Unabhängigkeit der Geist-Seele vom Leib. Es sind hier zu nennen die Verantwortlichkeit, das Gewissen, das Pflichtgefühl usw.

c) Die Tatsache des *religiösen Bewußtseins* bekundet ebenfalls das Selbständigsein der Geist-Seele im Blick auf den Leib. Alle Menschen wissen von dem Dasein eines Höheren, eines Göttlichen usw. Dieses Wissen – allen Menschen gemeinsam – ist nicht Absonderung des Gehirns, so wie die Niere das Harnwasser abgesondert hat, sondern etwas, was dem Menschen allein ureigen ist. Religion haben nur die Menschen, nicht die Tiere, obwohl deren Nieren wie die der Menschen arbeiten.

2. *Die Geist-Seele des Menschen kann bei teilweiser Zerstörung des menschlichen Gehirns oder eines Sinneswerkzeuges das geistige Leben des so Betroffenen als völlig normal weiter »laufen« lassen.*

Es sei hier zunächst einmal das Wunder der organischen Stellvertretung zu nennen. Darunter ist ein zweifaches zu verstehen.

a) Wenn durch Kriegsverwundungen oder andere Ursachen irgendein Teilchen des *Gehirns* verletzt oder gar zerstört worden ist, dann können gesunde Partikelchen des Gehirns die Funktionen des beschädigten Gehirnteilchens übernehmen, ohne daß ein solcher Mensch geistig und seelisch »beschränkt« wäre. Die Berichte der Hirnverletztenheime und Hirnverletztenschulen bestätigen dies. Überhaupt ist diese »vikarisierende Tätigkeit« der menschlichen Organe eine wunderbare Tatsache. Für die eine erkrankte Niere springt die andere, die gesunde Niere ein. Wenn ein Teil der Lunge arbeitsunfähig geworden ist, bewältigen die gesund gebliebenen Partien die Arbeit. Sind in der Leber ausgedehnte Bezirke zugrunde gegangen, so vergrößern sich die zurückgebliebenen Leberläppchen durch Vermehrung ihrer Zellen, so daß trotz der Schädigung keine Funktionsstörung eintritt und Galle in unverminderter Menge abgesondert wird, usw. usw. Wer kann dies alles erklären?

b) Bei Verletzungen eines *Sinneswerkzeuges,* z.B. wenn das Auge erblindet ist, aber der entsprechende Gehirnteil weiterhin gesund verbleibt, dann springen andere Sinneswerkzeuge als solche stellvertretend für das zerstörte Auge ein. Wir wissen, daß z.B. bei Blinden der Tastsinn sich besonders verstärkt und verfeinert. In Ausnahmefällen stellte man sogar eine dreifache Tastempfindlichkeit gegenüber den Sehenden fest. Besondere Beachtung hat der Fernsinn der Blinden gefunden, d.h. der Blinde erlebt und erfühlt den Raum. Daß der Blinde Raum erlebt, beweist am besten die Eigenorientierung Blinder in fremden Straßen und Orten. Es fiel weiterhin auf, daß Blinde ruhige und geräuschlose Gegenstände, die sich in der Nähe ihres Kopfes befinden, wahrnehmen können, ohne sie zu berühren. Als Sitz dieser Empfindungen wird gewöhnlich die Stirn angenommen. Eine solche »Stirnempfindung«

ist auf ein Zusammenwirken von Gehör und Druckempfindung zurückzuführen.

Es gibt sogar Blinde, deren Tastempfinden so fein und differenziert ausgebildet ist, daß es Auge und Ohr völlig ersetzt. Das bekannteste Beispiel dafür ist die amerikanische Schriftstellerin *Helen Keller,* geb. 1880. Durch eine Krankheit wurde sie in früher Kindheit, 19 Monate alt, blind und taubstumm.

Vom 7. Lebensjahr an bekam sie Unterricht. Von 1900–1904 studierte sie an der Universität und promovierte zum Dr. phil. Sie verständigte sich durch das Auflegen der Finger auf die Lippen des Sprechenden und durch die Blindenschrift. Ihr Tastgefühl empfand die Worte des Sprechenden so deutlich wie einer, der hören kann. Sie wurde Inspektorin der Blinden- und Taubstummen-Institute in den Vereinigten Staaten von Nordamerika. »Mit Hilfe des Tastgefühls ist sie imstande, Gegenstände wirklich und ganz plastisch zu ›sehen‹ und richtig zu beschreiben. Sie hört z.B. eine ganze Beethoven-Sonate oder ein anderes großes musikalisches Kunstwerk in seinen sämtlichen Feinheiten und Einzelheiten, indem sie die Finger auf das Klavier oder die Orgel oder an die Kehle einer Sängerin leicht hinlegt, worüber sie dann in ihren Schriften ihre treffenden Musikkritiken schreibt.«

Es handelt sich bei Helen Keller um einen einzigartigen Fall von *Überkompensierung* (übermäßiger Ausgleichung) *zerstörter Organe.* Auge und Ohr sind zwar erkrankt, aber die Seh- und Gehörzentren des Gehirns blieben erhalten; diese inneren Sinneszentren stehen bei ihr offenbar – im Gegensatz zu anderen Menschen – in direkter Verbindung mit den Tastorganen.

Beethoven wurde bekanntlich mit 30 Jahren völlig taub, er hat von seinen eigenen späteren Werken nie mehr einen Ton gehört. Und trotzdem blieb er der große Meister der Musik. Er hörte die Musik aufs genaueste mit Hilfe des »inneren Ohres«, und zwar Ton um Ton und Akkord um Akkord.

Genug – Wunder über Wunder. *Die Geist-Seele hat sich in Freiheit losgelöst vom eigentlichen Organ und hat durch ein völlig anderes Organ, das mit dem ursprünglichen nichts zu tun hat, die gleichen Wahrnehmungen vorgenommen.*

3. Die Geist-Seele des Menschen kann in Unabhängigkeit vom Leibe bei einem kranken und elend dahinsiechenden Leibe unter Umständen Größtes vollbringen.

Es gibt in der Geschichte hervorragende Beispiele, wo Menschen unter größten leiblichen Mühsalen und Gebrechen Unglaubliches gewirkt haben, ohne daß die natürliche Willenskraft für die Erklärung dieser Tatsache ausreichen würde. Tausend und abertausend könnten hier angeführt werden. An dieser Stelle seien nur wenige Beispiele genannt.

Wir denken an *Paulus*. Er spürte es täglich, oft unter peinvollen Schmerzen, wie hinderlich für seine Missionsarbeit die eigene körperliche Schwachheit war. In 2. Kor. 10,10 heißt es von ihm: »Denn seine Briefe, sagt man, sind wuchtig und kraftvoll, aber sein persönliches Auftreten ist schwächlich, und reden kann er gar nicht« (nach Menge übersetzt). Wir denken an die Strapazen seiner Reisen, an die erschütternden Momente der Verfolgung, die er unablässig erduldete. Man kämpft nicht mit den Löwen, wie er in Ephesus, man liegt nicht eine Nacht hindurch mit blutig geschlagenem Rücken, die Füße in einem Eisenklotz fest eingeklemmt, auf dem eiskalten schmutzigen Steinfußboden des Gefängnisses, man vergießt nicht immer wieder unter grausamen Stockhieben und Mißhandlungen buchstäblich sein Blut, ohne daß die Organe des an sich schon kranken Leibes dadurch weiter zermürbt würden.

Und was berichtet Paulus? »Ich bin oft in Todesqualen gewesen; von den Juden habe ich fünfmal empfangen vierzig Geißelhiebe weniger eins; ich bin dreimal ausgepeitscht, einmal gesteinigt. Dreimal habe ich Schiffbruch erlitten, Tag und Nacht habe ich auf dem tiefen Meer als Schiffbrüchiger zugebracht, herumgetrieben von den wilden Wogen des Meeres; ich bin in Gefahr gewesen durch die Flüsse, in Gefahr durch die Mörder, in Gefahr unter den Juden, in Gefahr unter den Heiden, in Gefahr in den Städten, in Gefahr in der Wüste, in Gefahr auf dem Meer, in Gefahr unter falschen Brüdern« (2. Kor. 11,23–26).

Zu all diesen äußeren Schreckensnöten kamen fortwährend noch innere Kämpfe hinzu, Anfechtungen, die ihn in des Todes

Staub legten: »Denn wir wollen euch nicht verhalten, liebe Brüder, unsere Trübsal, die uns in Asien widerfahren ist, da wir über die Maßen beschwert waren, also daß wir auch am Leben verzagten und bei uns beschlossen hatten, wir müßten sterben.«

Und dennoch hat Paulus Gewaltiges vollbracht trotz seines jammervollen kranken Leibes, trotz der fortgesetzten, weit über die Grenzen auch eines gesunden Leibes hinausgehenden Strapazen. Der Geist wirkte mächtig in Paulus, damit das Riesen-Unternehmen vollführt würde: den Jesusnamen den Heiden und Königen und dem Volke Israel zu bringen (Apostelgeschichte 9,15).

Über *Dostojewski* wird berichtet[49]:

»Im Armenhaus geboren, mit kaum vierundzwanzig Jahren berühmt durch sein erstes Werk ›Arme Leute‹, wegen Teilnahme an einem Studentenkreis, der den Sozialismus studierte, auf das Schafott geführt, im letzten Augenblick zu Gefängnis in Sibirien begnadigt, vier Jahre Zwangsarbeit; als die Ketten abgeschmiedet werden, ein kranker Mensch, der an Epilepsie leidet, noch fünf Jahre Soldat in Sibirien, und ein armer, von allen Freunden verlassener Mann irrt mittellos und heimatlos von Land zu Land, durch Deutschland, durch Frankreich, durch Italien.

Aber alle diese Bitternisse einer wahrhaft tragischen Lebensgeschichte vermögen Dostojewski, den großen russischen Dichter, nicht zu zerbrechen. Er wird nicht müde. Immer bleibt in seinen Werken sein großes Thema die Überwindung der Hemmungen, der Kampf um die Wahrheit, daß der Mensch sich erkenne als der, der er von Gott ist.«

Über *Fritz Reuter* lesen wir[50]:

»Sein Leben lang hat der plattdeutsche Dichter Fritz Reuter, dessen Werke so viel Frohmut ausstrahlen, eine unsagbare Not mit seinem schweren körperlichen Leiden gehabt, das ihm sieben Jahre Festungshaft eingebracht haben. Nicht bloß leibliche Qualen waren es, die er durchzustehen hatte, wenn die durch Tage anhaltenden Anfälle, die periodisch wiederkehrten, ihn überwältigten.

[49] André Gide, Dostojewski, Aufsätze und Vorträge Bd. I. München.

[50] Adolf Wilbrandt in »Sämtliche Werke von Fritz Reuter« Bd. 1, Wismar o.J.

Auch sein Gemüt wurde aufs tiefste erschüttert, so daß er jedesmal des sicheren Glaubens war, sterben zu müssen. Und doch! Das Beste, was der vielgeprüfte Mann geschrieben, entstand in und nach solchen Leidenstagen und -nächten! –

Es war auch in einer solchen Nacht, als er seiner Frau, die ihn mit unendlicher Liebe, Sorge und Geduld durch 23 Jahre gepflegt hat, seine Grabinschrift diktierte:

Der Anfang, das Ende, o Herr, sie sind Dein,
Die Spanne dazwischen, das Leben war mein,
Und irrt ich im Dunkeln und fand mich nicht aus,
Bei Dir, Herr, ist Klarheit, und licht ist Dein Haus!

Über *Karl Studd*[51]:

»Eines der größten Wunder war wohl, daß Missionar *Karl Studd,* dieser kranke Mann, trotz Asthma, Malariarückfallfieber, Ruhr, Fieberfrost und Gallensteinen täglich achtzehn Stunden arbeiten konnte! Noch mehr: während heute die Missionare, die in den Tropen wirken, nach drei bis vier Jahren oder früher Europaurlaub dringend benötigen, war der alternde Studd dreizehn Jahre lang in diesem mörderischen Klima ohne jede Unterbrechung tätig. Woher flossen diesem ›Wrack‹ solch ungewöhnliche Kräfte zu? Es war der Geist, den Gott ausrüstete mit Kraft und der darum siegen konnte über den schwachen Körper.«

4. *Die Geist-Seele des Menschen besitzt das unerklärliche Vermögen, zuweilen in der Sterbestunde, also in dem Zustand größter leiblicher Schwäche, unabhängig davon ihre geistig-seelischen Fähigkeiten zum Teil in erhöhtem, nie geahntem Maße zur Entfaltung zu bringen.*

Wissenschaftler und Ärzte sagen über die Sterbestunde des Menschen folgendes hinsichtlich der fünf Sinneswerkzeuge aus:

Unter den fünf Sinnen (Hören, Sehen, Riechen, Schmecken, Fühlen), schwindet der *Gesichtssinn* zuerst.

Das Auge des Sterbenden sieht ein Flimmern! Die fernsten Ge-

[51] Aus Werner Ninck, Greift Gott ins Leben ein? Weitere Beispiele finden sich bei Alfred Roth, Der Schatz in irdischen Gefäßen. Neumünster 1927.

genstände sind kaum zu sehen, während die nächsten Dinge verschleiert zu sein scheinen. Diesen Schleier versuchen die Finger des Sterbenden wegzuschieben. Diese Bewegungen äußern sich als Zupfen an der Bettdecke. Dieses Zupfen kann man mit Recht als ein Anzeichen des nahen Todes ansehen. Der erblindete *Johann Sebastian Bach*, der 65jährig starb, wurde jedoch kurz vor seinem Abscheiden sehend.

Während das Auge mehr und mehr die Sehkraft verliert, hört das *Ohr* noch klar und deutlich. Es steht einwandfrei fest, daß das Gehör bis zuletzt arbeitet. Der Sterbende kann die Stimmen der Weinenden hören und tröstende Worte kann der Sterbende sehr gut aufnehmen. Daher ist es eine sehr wichtige Christen- und Liebespflicht, den Sterbenden Trostworte der Heiligen Schrift zuzurufen. Alle unrechten Worte müssen unbedingt ferngehalten werden, auch im Flüsterton darf nichts Schmerzliches gesagt werden. Sogar bei Tauben ist es möglich, daß kurz vor dem Tode durch das Wiederaufflackern der Hörnerven das Ohr des Sterbenden so fein hört wie nie zuvor! Das geschah z.B. bei Beethoven. Oft fehlt nur die Kraft, zu antworten. Bewegungen der Lippen verraten aber, daß der Sterbende verstanden hat. Darum können sich Umstehende nicht sorgfältig genug in acht nehmen mit allem, was sie sagen. Es ist häßlich, in Gegenwart des Scheidenden Bemerkungen über ihn zu äußern.

Von *Ludwig Hofackers* Sterbestunde, der 30jährig am 18. November 1828 in Rielingshausen (Württemberg) heimging, wird folgendes berichtet:

Während sein Bruder den Segen über den Sterbenden sprach, rief der Sterbende dem Bruder zu: »Lauter!« Der sterbende Ludwig Hofacker betete den Vers mit: »Wenn mir am allerbängsten wird um das Herze sein . . .« Als der betende Bruder aus Versehen sagte: ». . . kraft Deiner Todespein«, sprach der Sterbende: »Nein, kraft Deiner Angst und Pein.« Man hörte nach einer Weile noch dreimal über die erbleichenden Lippen die Worte: »Heiland! – Heiland! – Heiland!« Da stand sein Atem still[52].

[52] A. Knapp, Ludwig Hofackers Leben, 1. Aufl. 1883.

Es könnten weiterhin viele wunderbare Beispiele dafür angegeben werden, wie in der Sterbestunde geistesgestörte *Menschen,* die weder sprechen noch sonst sich irgendwie äußern konnten, dann auf einmal deutlich und laut und vernehmlich die Mitteilung machten, daß sie alle Predigten in den sonntäglichen Gottesdiensten verstanden hätten – nur nicht in der Lage gewesen wären, dieses Verstehen zum Ausdruck zu bringen. Mit großer Dankbarkeit sagten sie, wie sie innerlich durch das Wort Gottes in Andacht und Predigt gesegnet worden seien. Der Verfasser dieser Schrift hat solche Wunder persönlich mit erleben dürfen, und zwar in Nienstedt am Harz.

D. Le Seur berichtet das gleiche in einer seiner Schriften, wie aus den Anstalten Hephata in Treysa der dortige Direktor von dem Sterben eines der schwächsten, armseligsten Kinder folgendes erzählt:

»Etwa zwanzig Jahre lang wurde in unserer Anstalt ein Mädchen namens Käthe gepflegt. Es war von Geburt an geistesgestört und hatte nie ein Wort sprechen gelernt. Stumpf vegetierte Käthe dahin. Abwechselnd stierte sie bewegungslos stundenlang vor sich hin oder befand sich in zappelnder Bewegung. Sie aß und trank, sie schlief, stieß auch einmal einen Schrei aus. Andere Lebensregungen hatten wir an ihr in den langen Jahren nie wahrgenommen. An allem, was in ihrer Umgebung vor sich ging, schien sie nicht den geringsten Anteil zu nehmen. Auch körperlich wurde das Mädchen immer elender. Ein Bein mußte ihr abgenommen werden, und das Siechtum wurde immer stärker. Schon längst wünschten wir, daß Gott dem armseligen Leben ein Ende mache. Da rief mich eines Morgens unser Doktor an und bat mich, mit ihm gleich einmal zu Käthe zu gehen, die im Sterben liege. Als wir in die Nähe des Sterbezimmers kamen, fragten wir uns, wer wohl gar Käthe in ihrem Zimmer die Sterbelieder dort singe. Als wir dann ins Zimmer traten, trauten wir unseren Augen und Ohren nicht. Die von Geburt an völlig verblödete Käthe, die nie ein Wort gesprochen hatte, sang sich selbst die Sterbelieder. Vor allen Dingen sang sie immer wieder: Wo findet sie Seele die Heimat, die Ruh . . . Etwa eine halbe Stunde lang sang sie mit selig verklärtem Gesicht und ging dann sanft und still heim. Nur in tiefster Bewegung konnten wir das Sterben dieses Mädchens miterleben.

Wie viele Fragen gab uns diese Sterbestunde auf! Käthe hatte also nur scheinbar an alledem, was in der Umgebung vor sich ging, nicht teilgenommen. In Wirklichkeit hatte sie aber gar manches aufgenommen. Denn woher hatte sie Text und Melodie des Liedes richtig verstanden und wandte ihn in der entscheidenden Stunde ihres Lebens richtig an? Das war uns schon ein Wunder, daß die bis dahin völlig stumme Käthe plötzlich klar und deutlich Worte des Liedes wiedergeben konnte. Herr Dr. W. erklärte immer wieder: »Medizinisch stehe ich vor einem Rätsel. Durch zahlreiche Hirnhautentzündungen sind derartig schlimme anatomische Veränderungen in der Hirnrinde eingetreten, daß es völlig unbegreiflich ist, wie das sterbende Mädchen plötzlich *klar und deutlich mit Verständnis singen kann.*«

5. Die Geist-Seele des Menschen bleibt wesensmäßig die gleiche, obwohl der menschliche Körper alle sieben Jahre sich völlig verändert und neu gestaltet.

Unsere Naturwissenschaftler sagen folgendes: Wir sind spätestens alle sieben Jahre körperlich ein völlig »Neues« geworden, also z.B. in 56 Lebensjahren haben wir uns achtmal von Grund auf leiblich verändert, denn jeder Bestandteil unseres Körpers, den man stofflich erfassen kann, ist als solcher dann nicht mehr vorhanden. – Trotzdem lebt dieser Mensch weiter, trotzdem weiß er um seine frühe Vergangenheit, ja gerade in seinem hohen Alter weiß er oft am genauesten und schärfsten, was in der frühesten Kindheit das Gedächtnis aufgenommen und festgehalten hat.

Diese erstaunliche Tatsache zwingt uns, und das bekunden auch die ernsthaft forschenden Gelehrten, daß Geist und Seele nicht an das Gehirn, d.h. also nicht an den Leib gebunden sind.

Prof. Dr. *W. Philipp*, Marburg, drückt diese Tatsache der siebenjährigen Veränderung wissenschaftlich so aus[53]: Die organi-

[53] Wolfgang Philipp, Die Absolutheit des Christentums und die Summe der Anthropologie. Heidelberg 1959, S. 137.

sierende Kraft einer einheitlichen Lebendigkeit (gemeint ist der lebende Mensch) läßt den Staub der Erde, Atome und Molekeln (gemeint ist die Verdauungstätigkeit der aufgenommenen Lebensmittel) unaufhörlich durch sich hindurchgehen (»Fließgleichgewicht«). Vom gegenwärtigen Augenblick ab sind in wenig Jahren alle »materiellen« Bausteine des Menschen-»Körpers« verschwunden. Auch die wichtigsten Verbände unseres Nervensystems setzen sich molekular um, und die Bausteine des härtesten Knochenschmelzes, des Apatites, gleiten in einer Fließzeit von nur 18 Tagen durch unsere Lebendigkeit hindurch. Dennoch bleibt das Kontinuum (die Fortdauer) der Persönlichkeit in der Einheit ihrer einmaligen, unwiederholbaren Lebendigkeit.

6. Auch losgelöst vom materiellen (stofflichen, sichtbaren) Leibe kann sich die Geist-Seele des Menschen auf völlig überraschende Weise als die gleiche betätigen.

Für diese Tatsache ist folgender Bericht zu werten: Ärzte und Gelehrte kennen verschiedene Fälle und haben diese Fälle wissenschaftlich untersucht, wo bei Leichen-Sektionen große Teile, ja, sogar das ganze menschliche Gehirn einfach nicht mehr vorhanden gewesen waren, ohne daß die geringste geistige Störung bei dem früher lebenden Besitzer eines solchen zerstörten Gehirns zu beobachten gewesen wäre.

Prof. Dr. *Schmick* sagt hierzu in seinem Buch: *»Die Unsterblichkeit der Seele«:* »Die Doktoren Neumann, Bonet und Romberg sprechen übereinstimmend von einer Beobachtung sehr auffallender Natur. Sie fanden beim Sezieren solcher, die im Leben durchaus keine krankhaften Erscheinungen des Denkens gezeigt hatten, die Gehirnsubstanz stellenweise gleich faulem Holze von Wurmgängen durchzogen. Wenn Geistesklarheit bei einer zerstörten Gehirnhälfte zu der Annahme zwingt, die andere gesunde Hemisphäre (Hälfte) habe für sie vikariiert (habe die kranke Gehirnhälfte vertreten) und alle Dienste allein übernommen, so hält eine solche Erklärung nicht Stich in Fällen wie die, welche Friedrich, Zimmermann, Burdach, Schröder, Ennemoser, Benecke und Hufeland konstatieren. In diesen Fällen nämlich fand sich das Gehirn bei der Obduktion (Leichenöffnung) gänzlich zerstört, und doch war das Bewußtsein bis zum letzten Augenblick klar geblieben, resp. dicht vor dem Tode zu voller Klarheit wieder erwacht. –

Benecke erzählte uns Studenten im Kolleg als feststehendes Faktum, man habe bei der Sektion von dem Gehirn des genialen Architekten *K. F. Schinkel* zu Berlin, welcher doch mit nahezu vollem Bewußtsein gestorben, nur mehr die Häute, übrigens aber den Schädel völlig leer gefunden. *Hufeland* berichtet, wie alle Ärzte wissen, daß er bei der Öffnung eines Schädels, dessen Besitzer bis auf den letzten Tag vor seinem Tode bei Bewußtsein geblieben war, das Behältnis des Gehirns leer wie eine Büchse angetroffen habe . . . Durch alle diese Züge zusammen charakterisiert sich das Gehirn nicht als ein selbständiges Organ, sondern vielmehr als *Basis* für das Eingreifen einer von der Materie *völlig verschiedenen Wesenheit.* – Der Mensch als Gattung wie als Individuum (Einzelwesen) ist zu groß zugeschnitten für die Schranken der Erdenexistenz, damit die ihm je später, je schärfer fühlbare Einengung ihn unablässig erinnere und bestimme, in diesem seinem Erdendasein einen bloßen Anfangsteil seines bewußten Bestehens zu erkennen. Somit erscheint der Unsterblichkeitsglaube als Naturereignis wohl begründet.« Soweit Professor Dr. Schmick.

7. *Die Geist-Seele des Menschen besitzt unter besonderen Umständen die einzigartige Fähigkeit, ohne Hilfe der Sinneswerkzeuge über Begebenheiten und Menschen Kenntnisse zu erhalten, die räumlich und zeitlich weit entfernt sind.*

Wir treffen hierbei auf das fast unübersehbare Gebiet des sogenannten Fernfühlens, -sehens, der Ahnungen, der Eingebungen, der inneren Stimmen, der Visionen (Gesichte), der Träume usw. usw.

Es ist in diesem Buch nicht der Ort, auf diese Dinge im einzelnen einzugehen. Grundsätzliches möchten wir aber insoweit sagen, als diese ungewöhnlichen Dinge unsere »Hinweise auf das Leben nach dem Sterben im Blick auf die Schöpfungsart des Menschen« erhärten und vervollständigen.

Grundlegend sei gleich zu Beginn der Betrachtung dieser übernormalen Geist-Seele-Möglichkeiten und -Äußerungen ein für allemal gesagt, *daß diese Dinge niemals herbeigezwungen werden dürfen.* Das wäre sehr gefährlich, denn es gäbe dem Bösen Einlaß in unser Leben. Wir leben in einer gefährlichen Welt, die, auf das Ganze gesehen, nichts mit Gott und Seinem Wort zu tun haben will. Das Dämonische hat darum weitesten Spielraum bekommen. Dazu kommt noch folgendes: Die Zeichen der Zeit drängen uns zu der Überzeugung, daß wir in der apokalyptischen Zeit leben und darum doppelt und dreifach Vorsicht geboten ist. Darum: »Prüfet die Geister, ob sie von Gott sind« (1. Joh. 4,1) oder nicht! Mit andern Worten: Ob sie von Gott wegführen oder zu Ihm hinführen! – In Zweifelsfällen rufe man einen erfahrenen Seelsorger um Rat und Hilfe an! –

Andrerseits darf man aber auch nicht in das Gegenteil abgleiten und meinen, alle die genannten Dinge seien ohne Ausnahme vom Teufel[54]! –

Aus der Überfülle der Beispiele wollen wir nun einige herausgreifen. *Es werden bewußt nur solche Erlebnisse gebracht, die von Christus-Gläubigen berichtet worden sind.*

Vom Fernfühlen

Darunter versteht man die Tatsache, daß bei Lebensgefahr oder einer anderen Aufregung der Gemütsdruck, der *auf einer Menschenseele* liegt, die vielleicht Hunderte von Kilometern entfernt Freude, Schrecken, Gefahr erlebt oder erleidet, sich einer anderen mitteilt, welche durch Verwandtschaft, Freundschaft oder gemeinsame Arbeit mit jenem Menschen verbunden ist.

E. R. aus N. berichtet dem Schreiber dieses Buches ein Erlebnis ihres *Fernfühlens.*

»Als ich verlobt war, kam eines Abends ein derartiges Weinen und Schluchzen über mich, welches meinen ganzen Körper erschütterte. Mir wurde sofort klar, meinem Verlobten muß etwas

[54] Vgl. hierzu Erich Schick, Boten des Unsichtbaren. Von der Führung durch verborgene Erlebnisse. 4. Aufl., Hamburg 1956, S. 23ff; – H. Martensen-Larsen, An der Pforte des Todes. Eine Wanderung zwischen zwei Welten. Mit Einf. v. Karl Heim. 5. Aufl., Hamburg 1955, S. 43ff; – Julius Roeßle, Blicke ins Jenseits. 28. Tsd. Konstanz 1940; – Gustav Stutzer, Geheimnisse des Seelenlebens, Braunschweig 1922; – Wilhelm Horkel, Botschaft von Drüben. Stuttgart o.J.

zugestoßen sein. Sofort fragte ich brieflich bei meinem Verlobten an, was an diesem Abend um die und die Zeit sich bei ihm zugetragen hätte. Seine Antwort war verblüffend. Um dieselbe Zeit saß er auf seinem Bettrand und hatte eine sehr schwere Nierenkolik, die ihm sehr viel Schmerzen verursachte und der Anfang einer langwierigen Krankheit wurde.«

Weil die berichtende Person E. R. eine an Jesus Christus gläubige Person ist, verstand sie dieses Erlebnis als ein besonderes Zeichen zu treuer Fürbitte für ihren Verlobten.

Vom Fernsehen[55]

Es wird berichtet, daß manchmal *Sterbefälle* von geliebten Menschen, die in weiter Ferne weilten, plötzlich von einem Familien-Angehörigen wirklich gesehen worden sind, wobei sich die Tatsache herausstellte, daß Tag und Stunde des Todes mit dem Seh-Erlebnis genau übereinstimmten. – Der englische Physiker und Mathematiker *Oliver Lodge* († 1940) hat als Präsident einer großen Londoner Gesellschaft (die ihre wissenschaftlichen Ergebnisse über das Fernsehen in 26 Bänden zusammengefaßt hat), am 13. September 1913 folgendes gesagt: »Der menschliche Geist ist selbständig und in seiner Wirksamkeit zeitweilig nicht an die körperlichen Sinne gebunden.« Die aus 3000 Mitgliedern aller Fakultäten bestehende Versammlung erhob keinen Widerspruch, sondern stimmte ihm zu.

Von Ahnungen

Kurt Liebig hat folgendes Erlebnis festgehalten: »Als mein Sohn drei Jahre alt war, nahmen wir ihn eines Sonntags von Reutlingen zum Besuch zu einer Familie in Betzingen mit. Auf dem Wege dorthin mußten wir die Eisenbahnlinie nach Tübingen überschreiten. Als meine Frau drei Tage später zur Teilnahme an einer Bibelstunde fortgegangen war und den Dreijährigen unter Obhut einer Hausgehilfin daheim ließ, machte sich der Bub heimlich fort. Im Hause, wo die Bibelstunde gehalten werden sollte, erfuhr meine

[55] In der Bibel gibt es nur sehr wenig Beispiele für das Fernsehen. Elisa sagte dem Gehasi, wo er (Gehasi) nach der Abreise des Naeman gewesen sei (2. Kön. 5,26); Hesekiel, fern von Jerusalem in Babylon, sah die Greuel im Tempel der heiligen Stadt (Hes. 8).

Frau, daß diese wegen Erkrankung der Wohnungsinhaberin ausfallen müsse, und wollte nun auf direktem Wege nach Reutlingen heimgehen. Sie empfand aber in sich den unwiderstehlichen Drang, nicht nach Reutlingen, sondern nach Betzingen zu gehen. Sie sagte sich zwar, daß dies Unsinn sei, da wir erst vor drei Tagen in Betzingen gewesen seien. Sie fühlte sich jedoch so stark zum Einschlagen dieses Weges gedrängt, daß sie schließlich nachgab. Auf dem Bahnübergang angekommen, entdeckte sie mit Schrekken, daß dort der Dreijährige mit einem Reifen auf den Schienen Eisenbahn spielte, ohne vom Bahnwärter oder sonst einem Menschen bemerkt zu werden. Der nächste Zug hätte ihn töten können, wenn seine Mutter nicht rechtzeitig dorthin ›gedrängt‹ worden wäre« (in »Unsere Wirklichkeit zwei Welten« 1961).

Von dem Straßburger Theologen *Rudolf Salzmann* wird folgendes berichtet: Er wurde 1793 als Aristokrat verfolgt und floh ins Innere Frankreichs, wo ihn ein katholischer Dorfpfarrer freundlich aufnahm. Hier fühlte er sich ziemlich sicher, konnte man doch den Protestanten Salzmann am allerwenigsten in einem katholischen Pfarrhause vermuten! Doch nach einigen Wochen überkam ihn eine Ahnung, als sei sein Aufenthaltsort verraten worden. Er bat den Pfarrer um eine Empfehlung an einen seiner Freunde, die ihm derselbe bereitwillig gab, obwohl er mit seiner schnellen Abreise gar nicht einverstanden war. Am andern Morgen um 6 Uhr sollte Salzmann das Frühstück erhalten und sogleich nachher aufbrechen. Allein zwischen 2 und 3 Uhr nachts überfiel ihn eine große Bangigkeit, verbunden mit einem unwiderstehlichen Drang, sofort ohne Frühstück in aller Eile zu fliehen. Er kleidete sich an, nahm von dem erstaunten Pfarrer Abschied und ging. Bald nach seiner Abreise wurde das gastliche Pfarrhaus von Gendarmen umstellt und nach dem Flüchtling durchsucht; dieser war inzwischen glücklich bei dem befreundeten Geistlichen angelangt.

Wann »Ahnungen« gefährlich werden können und in den Bann des Dämonischen hineinziehen können, darüber schreibt ausführlich *Jung-Stilling*[56] in einem Brief an Lavater vom 18. Juni 1797:

[56] Briefe Jung-Stillings an seine Freunde. Berlin 1905.

»Kenntest Du die Beschaffenheit der Geisterwelt so genau, wie ich sie kenne und vielfältig kennen zu lernen Gelegenheit gehabt habe, zittern und beten würdest Du und herzlich Gott danken, daß Er Dich vor dem Fallen bewahrt hat.

Ich bin mit äußerst seltenen und wichtigen Faktis aus dem Geisterreich, . . . allein mich bindet die Verschwiegenheit. – Ich kann Dir also nur die Resultate meiner Erfahrungen mitteilen, auf deren Gewißheit und Wahrheit Du Dich fest verlassen kannst.

So wie die Organisation des Schmetterlings in der Raupe tief verborgen liegt, so liegt auch die Organisation des verklärten Körpers und seiner Empfindungsorgane in unserer gegenwärtigen Existenz unentwickelt und tief verborgen.

Eines von den Empfindungsorganen für jene Welt ist das Ahnungsorgan oder -vermögen. Hierunter verstehe ich abwesende und zukünftige Dinge, wenn sie mit uns in Rapport (Berührung) geraten, mehr oder weniger deutlich, bald durch, bald ohne Bilder zu erkennen und zu erfahren. Dies ist auch das Organ, durch welches wir, sobald es entwickelt ist, mit der Geisterwelt in Rapport kommen.

Nach den Gesetzen der Natur und der Ordnung Gottes soll dieses Organ nie in diesem Leben entwickelt werden; ebensowenig als die Raupe einen Schmetterlingsflügel bekommen soll. Indessen, da der Mensch ein freies Wesen ist, und manches in ihm vorgeht, das wider Gottes Ordnung ist, so geschieht's auch gar oft, daß er sein Ahnungsvermögen hier schon entwickelt . . . Aber jede Entwicklung desselben ist widernatürlich, eine wahre Krankheit und Gott in keinem Fall gefällig. Ein großer Teil der Wahrsager in der Bibel, besonders diejenigen, von denen gesagt wird, daß sie einen Wahrsagergeist hatten, kommen unter diese Kategorie. Auch die Besessenen im Evangelium waren Leute, deren Ahnungsvermögen entwickelt war, und dessen sich dann böse Geister zum Organ ihrer Bosheit bedienten. In der Polizei des Reiches Gottes ist der Gebrauch dieses entwickelten Ahnungsgefühls durchaus verboten, mithin auch der Umgang mit Geistern, denn dieser ist im gegenwärtigen Leben nur durch jenes möglich.«

Von Eingebungen

Nur ein Beispiel sei erwähnt für die Tatsache der Eingebung. Bekannt ist folgendes:

Als *Georg Friedrich Händel* sein Oratorium »Der Messias« zu Ende führen wollte, ermattete die Eingebung des Komponisten. In einem Traum aber wurde ihm jener unvergleichliche Schlußchor geschenkt, den er sogleich nach dem Erwachen niederzuschreiben begann und der zu den Höhepunkten der Kirchenmusik zählt (in Arnold Schering, Vorwort zu dessen Messias-Ausgabe).

Es ist eine sehr bekannte Tatsache, daß Künstler wie Bildhauer oder Komponisten oder Maler oder Schriftsteller oder Dichter ihr Werk im voraus in ihrem Inneren fix und fertig »eingegeben« vor sich stehen sehen. Der Geist-Seele ist es als eine Offenbarung oder Inspiration oder »Erleuchtung« geschenkt worden.

Von deutlich wahrnehmbaren Stimmen

Es werden Stimmen gehört, sowohl gute als auch böse Stimmen. Von dem Hören einer guten Stimme möge folgendes Beispiel erzählen:

Die bekannte *Beata Sturm* in Stuttgart (gest. 1730) war oft von Selbstmordgedanken angefochten. Einst hatte sie schon ein Messer in der Hand, da wurde ihr, wie sie meinte, »von jemand« eilends ins Ohr gesagt: »Du sollst nicht töten! Hast du dir das Leben selbst gegeben? Also kannst du es dir auch nicht selber nehmen!«

Ein anderes Beispiel: Aus dem Ersten Weltkrieg erzählte Dekan *Wurm* von Reutlingen (der spätere Bischof von Württemberg) in der »*Süddeutschen Zeitung*« Nr. 227 vom 19. August 1917 von einem jungen württembergischen Soldaten, der einer Anstalt für männliche Diakonie angehörte und darum »Bruder« genannt wurde: Er sei wegen seiner Frömmigkeit im Felde viel gehänselt und wegen seiner Dienstfertigkeit viel in Anspruch genommen worden; bisweilen wurde seine Güte von einzelnen Kameraden auch mißbraucht. Als Soldat hielt er sich sehr tapfer und kam glücklich durch viele Gefahren. Immer mehr wurde er geachtet und auch von Kameraden aufgesucht, die sich an seinem Gottvertrauen und seinem Bibelverständnis zu stärken suchten. Einmal war er bei einer Erkundung drei Tage abwesend, so daß man ihn für verloren hielt; er kehrte aber mit einer sehr wichtigen Meldung zurück, für die er mit dem Eisernen Kreuz 1. Klasse belohnt wurde. Besonders eindrücklich wurde seinen Kameraden ein Erlebnis bei einem nächtlichen Patrouillengang. Sie befanden sich in einem finsteren Walde, man sah keinen Schritt vor sich. Plötzlich stockte der Schritt des »Bruders«; er forderte seine Leute auf, stehenzubleiben und zu beten. Währenddessen leuchteten einige helle Punkte auf; die Wolken hatten sich verzogen, und die Sterne spiegelten sich in einem dunklen Gewässer unmittelbar vor ihren Füßen. Dort hätten sie unfehlbar ihren Untergang gefunden, wenn nicht der »Bruder« durch eine innere Stimme am Weitergehen gehindert worden wäre. – Am Heiligen Abend 1917 traf ihn die tödliche Kugel, als er einen jämmerlich schreienden Verwundeten holte und in den Graben bringen wollte.

Von Visionen[57]

Nur ein Beispiel: *Adelberdt Graf von der Recke von Volmerstein* berichtet über die Gründung von Düsseltal[58]: »Als die Rettungsanstalt zu Overdyk bei Bochum durch den immer zunehmenden Andrang sittlich verwahrloster Kinder im Jahre 1821 überfüllt war, trat das Bedürfnis der Erweiterung der Anstalt hervor. – Die täglich wachsende Zahl der Aufnahme und Hilfe suchenden, bettelnden und verlassenen Kinder aus allen durch den Krieg verarmten Gegenden der Rheinprovinz und Westfalens trieb mich immer mehr zu der Bitte: ›Herr, hilf; zeige Du mir selbst einen Ort, wo ich das Werk zu Deiner Ehre weitertreiben soll!‹

Als ich eines Vormittags auch so betend vor dem Herrn lag, sah ich auf einmal eine mir ganz unbekannte Gegend mit allerlei Gebäuden so deutlich, daß ich sie hätte zeichnen können.

Als ich noch so in der Betrachtung des mir gezeigten Ortes vertieft war, klopfte es an meiner Stubentür. Ich sprang auf, entriegelte die Tür, und es trat Herr v. S. herein, der im Feldzuge von

[57] Visionen, Gesichte und Stimmen in der Bibel u.a.: 4. Mose 23 und 24; Richter 4,6; 1. Sam. 3;9; 1. Sam. 10; Hesekiel 40ff. Im NT z.B. Apg. 16,9; 10,9–16; Offb. des Joh.

[58] K. Schöpff u. W. Vogel, Ein Menschenfreund. Adelbert Graf von der Recke von Volmerstein. 1922, S. 100f.

1815 unter mir gestanden und jetzt Geschäfte betrieb, die ihn viel zu reisen nötigten.

Nach kurzer Begrüßung sagte ich ihm: ›Lieber S., Sie sind ja im ganzen Lande bekannt; sagen Sie mir doch, wo liegt der Ort? Und so beschrieb ich ihm, was ich gesehen hatte. Herr von S. sagte gleich: ›Das ist Speckemönchen, es hat auch noch einen anderen Namen, aber den weiß ich nicht; das ist so die Volksbezeichnung, es liegt nahe bei Düsseldorf!‹ Als ich Düsseldorf hörte, also eine ganz katholische Gegend, erschrak ich nicht wenig, denn wohlbedacht hatte ich bei meiner Rundreise alle katholischen Gegenden vermieden. Und nun sollte ich doch mitten in einem katholischen Lande, bei einer streng katholischen Stadt, meine Werkstätte aufschlagen?

Das war eine neue Glaubensprobe; doch der Herr hatte mir ja selbst den Ort, wo seine Ehre wohnen sollte, zu deutlich gezeigt, als daß ich noch Bedenken tragen dürfte, um anders als getrost und freudig auf ihn sehend hinzugehen.

Ich fragte den Regierungsrat S., den ich von der Kriegszeit her kannte und für einen in der Gegend Kundigen hielt: ›Wo liegt wohl Speckemönchen?‹, antwortete er: ›Ach, das heißt Düsseltal, das liegt eine halbe Stunde vor der Stadt. Ja, das wäre ein herrlicher Ort zu einer Rettungsanstalt, und zudem will es der Kaufmann H., dem es angehört, gern verkaufen. Kommen Sie, ich will gleich anspannen lassen und Sie hinfahren, da können Sie es selber sehen!‹ So sprach er, ohne daß ich gesagt hatte, daß ich ein Lokal suchte.

Als ich nun Düsseltal, das ich gleichsam in der Vogelperspektive gesehen hatte, mit seinem Torgebäude und seinen langen, hohen Mauern sah, erkannte ich es als das, was mir der Herr im Bilde gezeigt hatte.

Von Träumen

Auch die »Träume« sind ein Beweis für die Selbständigkeit der Geist-Seele-Existenz des Menschen und damit weiterhin auch ein Hinweis auf das Dasein einer unsichtbaren Welt und Wirklichkeit. – Wohl wissen wir aus vielfacher Erfahrung von solchen Träumen, die nur gedankenmäßiges Wiedererleben vergangener Tageseindrücke sind, andererseits enthalten aber auch die Träume manchmal Wichtiges und sind oft Wegweisung für die Zukunft. Auch die Bibel weiß von solchen wegweisenden Träumen zu berichten[59].

Greifen wir im Blick auf die außerbiblischen Träume aus der Überfülle des Gebotenen nur zwei heraus.

Kurfürst Friedrich der Weise war von Kindheit an ein strenger Katholik. Das Auftreten Luthers gegen den Ablaßhandel fand nicht seinen Beistand. Da hatte der Kurfürst einen merkwürdigen Traum.

»Es träumte mir« – so erzählte er, und diese Erzählung wurde urkundlich festgehalten – »wie der allmächtige Gott einen Mönch zu mir schickte. Der hatte bei sich als Gefährten den Apostel Paulus. Paulus befahl im Traum: Du, Kurfürst, sollst dem Mönch gestatten, daß er etwas an meine Schloßkapelle in Wittenberg schreiben soll. Gleich nach dieser Anweisung des Paulus fängt der Mönch an zu schreiben und macht so große Schrift, daß ich sie hier in Schweinitz lesen konnte. In demselben Augenblick erwachte ich und hielt meinen Arm in die Höhe, war ganz erschrocken.«

Friedrich der Weise hat diesen Traum als göttliche Weisung erkannt, ist dem Traum gehorsam gefolgt und Protestant geworden[60].

Der württembergische Pfarrer *Christian Gottlieb Blumhardt*, später Missionsinspektor in Basel, erhielt durch Vermittlung eines Traumes die Kosten seines Magisterexamens, welche sich damals auf 200 Gulden beliefen. Einige Tage vor dem Examen fragte nämlich ein älterer Professor am Schlusse seiner Vorlesung, ob nicht ein Student da sei, der sich Blumauer oder ähnlich schreibe. Als Blumhardt sich meldete, forderte ihn der Professor auf, ihn nach Hause zu begleiten. Dort fragte er ihn: »Nicht wahr, Sie brauchen Geld?« Als Blumhardt mit der Sprache nicht recht heraus wollte, entnahm der Professor einem Schranke ein Päckchen, das er ihm mit den Worten überreichte: »Dieses Geld, mein lieber Herr

[59] Vgl. Jakobs Traum 1. Mose 28, Pharaos Traum 1. Mose 41, Nebukadnezars Traum Daniel 2,1–14 und 4,2–16 usw.
Im Matthäus-Evangelium (Kap. 1,20; 2,12–23 erfährt Joseph im Traum, was er tun soll.

[60] Wilhelm Horkel, Unsere Träume. Stuttgart o.J., S. 44ff.

Blumhardt, muß ich Ihnen zustellen, und zwar infolge eines Traumes, den ich in der vorigen Nacht hatte. Sie sehen, daß dem Herrn immer Mittel und Wege zu Gebote stehen. Ich freue mich, daß ER mich diesmal zu seinem Werkzeug erkoren hat für seine Absichten.«

Es waren genau 200 Gulden[61].

Pfarrer F. Herbst gibt in seiner Schrift *»Die Welt des Geheimnisvollen«* eine Anleitung, um diejenigen Träume zu erkennen, in denen Gott mit uns redet. Herbst schreibt:

»Wenn du einen Traum hast, der dich hinweist auf Tod, Gericht und Ewigkeit, der dich warnt vor der Hölle, der dich mahnt zur Bekehrung, der dich tröstet in Anfechtungen, in welchen dir ein guter Rat gegeben wird, oder der dich auf eine Stelle der Heiligen Schrift hinweist, die für dich gerade wichtig ist, oder dich erinnert, für diese oder jene Person zu beten, so darfst du gewiß sein, daß dieser Traum für dich eine Stimme Gottes war. Auf solche achte – andere aber schlage dir wieder aus dem Sinn.«

Diesen Rat, den Pastor F. Herbst uns für den echten Traum gibt, möchten wir auch als eine grundsätzliche Anweisung für all die oben genannten Dinge ansehen: Soweit sie uns unserm Gott und Heiland näherbringen und uns Ihn und Sein Wort in unserer Lebensführung aufschließen. Alles andere ist vom Übel und gefährlich!

So ist der Mensch das Wesen, das, wie kein Wesen neben ihm in der Welt sein Sein erfüllen, aber auch verfehlen kann. In der Welt- und Völkergeschichte baut der Mensch mit Hilfe seines Geistes die geschichtlichen Kulturen in ihrer Mannigfaltigkeit auf und vernichtet sie wieder, wenn er es für gut heißt. Segen stiftet er in der Welt und Unheil und Friedlosigkeit zugleich. – Souverän schaltet und waltet der Geist des Menschen so, als ob er wie Gott wäre.

Aber darüber hinaus kann die Geist-Seele des Menschen noch viel mehr: Sie kann auf unerklärliche Weise schon hier auf Erden unter Umständen die Grenzen von Zeit und Raum durchbrechen.

[61] Paul Dorsch, Die Verbindung mit unserer ewigen Heimat. Stuttgart 1921, S. 17.

Die Geist-Seele des Menschen kann sehen, was das menschliche Auge als solches nicht sehen kann.

Die Geist-Seele des Menschen kann von einem Fernfühlen als Freude oder Schrecken berichten, wo diese Dinge Tausende von Kilometern entfernt von Nahestehenden erlebt werden.

Die Geist-Seele des Menschen kann unter Umständen vorausahnen, was zukünftig ist.

Die Geist-Seele des Menschen kann Visionen und wegweisende Träume erleben, kann innere Stimmen hören, kann Eingebungen geschenkt bekommen . . .

Wir brechen ab und fragen uns: Was wollen uns all diese Phänomene sagen im Blick auf unser Buchthema *»Vom Leben nach dem Sterben«?*

Die geschilderten Vorkommnisse zeigen uns geheimnisvolle Kräfte in der Geist-Seele des Menschen am Werk, die die Grenzen von Raum und Zeit sprengen und hinüberweisen in ein anderes Dasein, in eine zweite, außersinnliche Wirklichkeit.

Nimmt man den richtigen Standpunkt zu all diesen unfaßbaren Dingen, d.h. vom Worte Gottes her prüfend, ein, so kann von diesen Phänomenen aus nicht nur Licht auf den Menschen, sondern auch auf das göttliche Wirken fallen. – Wenn z.B. ein gläubiger Christ durch ein plötzlich aufgetretenes Fernfühlen sich für die Not eines geliebten Menschen zu ernster, anhaltender Fürbitte innerlich aufgefordert fühlt, so nimmt er ein solches Erleben als einen Wink seines Herrn dankbar und ergeben an!

Fällt kein Haar von unserem Haupte ohne Sein Wissen, so sind auch die Ahnungen und Eingebungen, die Visionen und echten Träume, die inneren Stimmen, das Fernfühlen u.a. an Ihm vorbeigegangen, ehe sie uns trafen. Wir sehen ein, daß wir unseren Glaubensbesitz nicht zurücklassen oder zerschlagen müssen, wenn wir diese Dinge kindlich-gläubig aus Seiner Hand nehmen dürfen, um sie als einen freundlichen oder warnenden Wink von oben dann in die Tat des Gebetes und der Fürbitte, des Dankes und der Anbetung umzusetzen.

»Dein ewge Treu und Gnade, o Vater, weiß und sieht,
was gut sei oder schade dem sterblichen Geblüt;
und was du dann erlesen, das treibst du, starker Held,
und bringst zu Stand und Wesen, was deinem Rat gefällt.

Weg hast du allerwegen, an Mitteln fehlt dir's nicht;
dein Tun ist lauter Segen, dein Gang ist lauter Licht;
dein Werk kann niemand hindern, dein Arbeit darf nicht ruhn,
wenn du, was deinen Kindern ersprießlich ist, willst tun.«

Hinweise auf das Leben nach dem Sterben angesichts erlebter Erfahrungen aus der unsichtbaren Welt

Schon die Erfahrungen des täglichen Lebens beweisen, daß es außerhalb der mit dem Auge, dem Ohr, dem Gefühl, dem Geschmack und dem Geruch erfaßbaren Welt Dinge gibt, die wir nicht mit unseren fünf Sinnen wahrnehmen können.

Es gibt darum keinen törichteren Satz als diesen: »Nur was ich sehe, das gibt es, und was ich nicht sehe, das existiert nicht.« Wie manchmal habe ich solch dreimal Kluge dann gefragt: »Haben Sie schon einmal Ihren Verstand gesehen?« Antwort war: »Nein!« – »Gut, dann muß ich Ihnen sagen, Sie haben gar keinen Verstand, denn nur was man sieht, das gibt es ja nach Ihrer Meinung wirklich.«

Wir wollen uns deshalb nicht weiter mit diesem törichten Satz »Nur was ich sehe, das glaube ich« beschäftigen, sondern wollen in die positive Betrachtung über die Wirklichkeit der zwei Welten (sichtbar und unsichtbar) vorstoßen.

A. Von den zwei Wirklichkeiten, welche in engem Zusammenhang zueinander stehen

1. *Es gibt eine mit den Sinnen wahrnehmbare Welt, und es gibt eine mit den Sinnen nicht wahrnehmbare Welt, d.h. eine sichtbare Welt und eine unsichtbare Welt.*

Dies ist nicht nur Aussage der Bibel, sondern auch Ergebnis nüchterner wissenschaftlicher Forschung. Es ist hier nicht unsere Aufgabe, wissenschaftliche Ergebnisse vor uns auszubreiten. Aber das sei als Tatbestand herausgestellt: Auch die Forschung hat einwandfrei erwiesen, daß Erfahrungen, die den Bereich unserer fünf Sinne übersteigen, dennoch Erfahrungen sind. Sie müssen aus einem Jenseits dieser materiellen, d.h. dieser irdischen und stofflichen, Welt stammen und sind zu allen Zeiten in einer solchen Überfülle von Beispielen gesammelt worden, daß ein Nichtbeachten dieser Dinge unwissenschaftlich und unsachlich wäre.

Wilhelm von Humboldt in seinen *»Briefen an eine Freundin«: »Der Tod ist . . . bloß ein Zwischenereignis, ein Übergang aus einer Form des endlichen Wesens in die andere.«* Wo der Tod also nicht mehr nur »der König der Schrecken« ist, kann er in der Tat jetzt schon als die Wiege der Ewigkeit, als *»unser eigentlicher zweiter Geburtstag«* verstanden werden (K. J. Weber), ja *». . . als ein Bad nur. Aber drüben am anderen Ufer liegt uns bereitet ein neues Gewand«* (E. Geibel).

Walter Künneth in *»Leben aus Christus«* (Tübingen 1947): »Es gibt eine Welt unsichtbarer geistiger Kräfte und Mächte, es existieren geheime Zusammenhänge und Wirkungen, verborgene Kraftmitteilungen, die mächtiger, gewaltiger weiter wirken als die Ursachen und Kräfte, die wir in dieser sichtbaren Welt feststellen können.«

2. *Es gibt einen engen Zusammenhang zwischen der sinnlich faßbaren Welt und der außersinnlichen Welt.* Es gibt ein enges Hinüber und Herüber zwischen Diesseits und Jenseits.

Nur ein Beispiel sei erwähnt.

Wilhelm Horkel in: *»Botschaft von drüben«*[62] von einem Soldaten folgendes:

»Wir befanden uns mit einer Kampfgruppe auf dem Rückzug in Rußland. Dabei waren wir in ein unwegsames Sumpfgelände geraten. Wir waren auf eine Art Insel gelangt, von der aus wir nicht weiterkommen konnten, da sich kein Weg finden ließ, der durch den Sumpf hindurchgeführt hätte. Die Russen hatten uns inzwischen entdeckt, und ihre Flieger bewarfen uns unaufhörlich mit Bomben. Die Lage war völlig aussichtslos, und wir sahen den Tod

[62] 3. Aufl., Hamburg 1960, S. 71.

vor Augen. Nun befand sich bei unserer Truppe ein Soldat, der den Spitznamen ›der Fromme‹ trug. Der Führer unserer Kampfgruppe sagte zu ihm in spöttischem Tone: ›Jetzt ist nichts mehr zu machen, wir sind alle verloren, jetzt können Sie aber ruhig beten!‹ Die Kameraden lachten, aber der Fromme ließ sich durch das Lachen nicht stören, ging einige Schritte abseits, kniete an einem Gebüsch nieder und begann zu beten. Da trat plötzlich ein Feldgrauer zu ihm, den er nicht kannte, und sagte: ›Ich werde euch herausführen, ich kenne die Wege hier!‹ Der Fromme ging zum Hauptmann und sagte ihm, der Feldgraue wolle sie alle aus dem Sumpf herausführen. Die andern Soldaten waren inzwischen verstummt und stille geworden, und alle folgten dem unbekannten Feldgrauen. Er brachte uns auf sicheren Wegen bis dahin, wo wir wieder festen Boden unter den Füßen hatten. Dort angekommen, wollte der Hauptmann den Unbekannten sprechen, aber dieser war spurlos verschwunden. Über diesen Vorfall wurde ein offizieller Bericht an die vorgesetzte Dienststelle aufgesetzt. Der Erfolg war, daß uns allen aufs strengste verboten wurde, über dieses Vorkommnis jemals zu sprechen.«

B. Von der unsichtbaren Wirklichkeit, in welcher unsere Toten leben. Von den Engeln und Dämonen

1. Die Toten leben. Unsere Heimgegangenen sind nicht bewußtlos Schlafende oder nach Leib, Seele und Geist völlig Vernichtete, sondern *die geistige Menschenseele existiert nach der Ablegung des irdischen Leibes weiter, sei es in erlöstem oder unerlöstem Zustande.*

Wir beschränken uns auf zwei Beispiele. Zunächst eines aus der älteren Zeit: Der württembergische Magister *Schölkopf,* der im Jahre 1777 als Hallischer Missionar nach Ostindien ging, hatte mit seinem vertrauten Freunde Emendörfer verabredet, daß der, welcher zuerst sterbe, dem anderen erscheinen solle. Noch im selben

Jahre lag der Freund in einer Nacht schlaflos; da ging die Türe auf, eine weißgekleidete Gestalt trat ein und sprach die Worte: »Ich bin dein Freund Schölkopf; ich fühle mich unaussprechlich selig, aber unsere Verabredung hat mir viele Seufzer ausgepreßt!« Nach einem halben Jahre kam aus Indien die Anzeige, daß Schölkopf um jene Zeit in Madras gestorben sei. – Dieses Erlebnis zeigt noch beiläufig, daß eine derartige Verabredung uns Sterblichen nicht zusteht, ja, daß sie eine Vermessenheit ist[63].

Ein Beispiel aus neuerer Zeit, und zwar aus dem Leben des Verfassers. – Ich muß gleich zu Beginn mit aller Deutlichkeit zum Ausdruck bringen, daß ich in keiner Weise irgendwie medial begabt bin. Ich bin diesen Dingen gegenüber viel zu kritisch gesonnen. Und dennoch kann ich davon berichten, daß ich bei vollem Bewußtsein, im wachen Zustand des Nachts in der Stunde der Schlaflosigkeit sowohl meinen 1939 heimgegangenen Vater als auch meine 1943 heimgerufene Mutter und meine 1961 an Herzinfarkt ganz plötzlich verstorbene Schwester – einen jeden für sich, und zwar erst nach langer Zeit des Abgerufenseins, ganz wunderbar verklärt gesehen habe. Auf ihren Gesichtern, die nicht die geringste Spur von Alter und Krankheit, von Todesschmerz und Herzweh zeigten, stand der strahlende Glanz einer überirdischen Welt. Die Gesichtszüge zeigten tiefen Frieden und vollkommene Ruhe und eine nicht wiederzugebende Glückseligkeit. Sie winkten mir freundlich und feierlich zu!

Die lieben Heimgegangenen waren ganze anders und doch genau dieselben. Unvergeßlich wird mir diese Begegnung bleiben. –

Hinsichtlich dieses Erlebnisses gebe ich *Erich Schick* recht, wenn er schreibt: »Es sind nur Augenblicke, und oftmals unscheinbare Augenblicke, in denen jene Begegnungen ungewollt geschehen und die ewige Welt in uns aufleuchten lassen . . .«[64]

[63] Der oben genannte Johann Friedrich Emendörfer (1751–1813) ist ein Schüler Bengels und Oetingers gewesen. Er gab 1804 heraus »Betrachtungen auf alle Tage des Jahres zum Wachstum in der Gnade und Erkenntnis Jesu Christi«. Neue Auflage 1873. Obiger Bericht von Schölkopf ist notiert nach A. Stern »Das Jenseits«. 10. Aufl., 1936, S. 106f.

[64] E. Schick, Boten des Unsichtbaren. 4. Aufl., Hamburg 1956.

2. Mit dieser eben genannten Tatsache des bewußten Fortlebens nach dem Sterben steht weiterhin fest, daß auch in der unsichtbaren Welt der Mensch als solcher nicht für sich allein da ist, sondern daß es einen Bereich der Engel gibt und einen der Dämonen, eine Region der seligen Geister und eine der unseligen Geister. Diese verschiedenen Wirklichkeiten sind tatsächlich da, und sie verschwinden nicht dadurch, daß sie sowohl durch christuslose Menschen als auch durch kritische Theologen entmythologisiert, d.h. als erledigt angesehen werden.

Wir wollen zunächst aus dem wunderbaren Bereich der *Engelwelt und Engeldienste* berichten.

Luther preist das Helferamt der Engelscharen in Psalm 34: »Wir meinen in unserem Kleinglauben, daß die Engel nicht nach uns fragen noch sich unser annehmen, sondern droben im Himmel sehr langweilig und sehr müßig seien und allerlei Kurzweil miteinander treiben. Wir meinen, sie seien ganz weit weg und hätten nichts mit uns zu tun, obwohl wir doch sehen, daß durch ihren Schutz und Dienst alles, was wir haben, erhalten und beschützt wird, und die Menschen oft greulich umkommen, wo sie vom Dienst der Engel nichts wissen wollen.

Wir sind also dessen gewiß, daß die heiligen Engel fort und fort bei uns sind. – Wenn uns aber dennoch irgendein Unfall begegnet, dann geschieht das aus einem besonderen Rat Gottes, der uns zwar verborgen ist, aber trotzdem gut ist. So sollen sich die Kinder Gottes trösten. Sie wissen nämlich, daß sie die heiligen Engel zu Hütern haben, daß sie aber noch viel Widerwärtiges hier leiden müssen, obwohl sie im Heerlager der heiligen Engel Gottes sind. Wie steht doch in Psalm 34? ›Der Engel des Herrn lagert sich um die her, so Ihn fürchten, und hilft ihnen aus.‹«

Bei diesen Engeldiensten wollen wir unterscheiden zwischen
a) sichtbaren Engelerscheinungen und
b) unsichtbaren Engelerscheinungen.

a) Von sichtbaren Engelerscheinungen

Zunächst ein Beispiel aus älterer Zeit.

Von dem Stuttgarter Hofprediger *Hedinger* wird folgendes erzählt:

Er war, weil er den Herzog von Württemberg freimütig um seines Lebenswandels willen gestraft hatte, zu einer »geheimen Audienz« befohlen worden. Nach ernstlichem Gebet machte sich Hedinger auf den Weg. Als er dort ankam, fuhr ihn der Herzog an: »Warum kommt Er nicht allein?« Hedinger antwortete: »Durchlaucht, ich bin allein!« Der Fürst aber blickte immer auf des Predigers rechte Seite und sagte: »Nein, Er ist nicht allein!« Da entgegnete ihm der Knecht Gottes: »Durchlaucht, ich bin wahrhaftig allein gekommen; sollte es aber dem großen Gott gefallen haben, in dieser Stunde einen Engel neben mich zu stellen, so weiß ich es nicht.« Tief erschüttert ließ ihn der Herzog wieder gehen, ohne ihm ein Leid anzutun[65].

Andere Beispiele: Im vorigen Jahrhundert wirkte in Elberfeld ein Christuszeuge namens *Hörnemann.* Eines Abends spät kommt er von einer Bibelstunde in Sonnborn zurück. Damals war die Gegend zwischen Sonnborn und Elberfeld noch einsam und unbebaut. In einem Busch versteckt, wartete ein Feind des Evangeliums auf Hörnemann mit der Absicht, ihn umzubringen. Aber er konnte die böse Tat nicht ausführen, weil Hörnemann nicht allein war, sondern einen Begleiter hatte. Später hat der Mann seine Absicht bekannt und Vergebung gesucht. Hörnemann erinnerte sich jenes Abends gut, aber er wußte nichts von seinem Begleiter. »Ich war ganz allein«, sagte er.

Genau dasselbe wird von Pastor *Engels* in Nümbrecht erzählt, nur mit dem Unterschied, daß zwei Männer in jener Nacht seine Begleiter waren und der Bösewicht deshalb ebenfalls seine Absicht nicht ausführen konnte. Auch Engels hatte von den Begleitern nichts bemerkt. (Erzählt von *Heinrich Zanke,* Waldbröl.)

[65] »Hedinger und der württemberg. Hof« in »Blätter f. württemberg. Kirchengeschichte« 1936; – zu empfehlen ist: Albert Knapp, Altwürttemberg. Charaktere, 1870.

Missionar *van Asselt* von der Rheinischen Mission war von 1856 bis 1876 auf Sumatra bei den Batak, anfangs ohne deren Sprache zu verstehen.

Eines Tages saß van Asselt auf der Bank vor seinem Haus, als ein Mann aus jenem feindlichen Stamm zu ihm kam, unter dem er zuerst gelebt hatte. Dieser brachte die Bitte vor, der Tuan (Lehrer) möge ihm doch die Wächter zeigen, die er nachts zum Schutz um sein Haus stellte. Vergebens versicherte der Missionar, daß er keine Wächter habe. Der Batak wollte es nicht glauben und bat, ob er das Haus durchsuchen dürfe. Er durchstöberte alle Winkel und die Betten, ohne etwas zu entdecken, und erzählte nun folgendes: »Als du zuerst zu uns kamst, Tuan, beschlossen wir, dich und deine Frau zu töten. Wenn wir aber nachts an dein Haus kamen, stand eine doppelte Reihe von Wächtern da mit blinkenden Waffen. Wir gingen dann zu einem Meuchelmörder (unter den Bataks gab es damals eine besondere Zunft von Meuchelmördern, die gegen Lohn jeden umbrachten); dieser schalt uns Feiglinge und sagte: ›Ich fürchte keinen Gott und keinen Teufel; ich werde durch die Wächter durchdringen.‹ So kamen wir am Abend zusammen. Wir hielten uns zurück und ließen ihn allein gehen. Aber nach kurzer Zeit kam er zurückgelaufen: ›Nein, ich wage es nicht; zwei Reihen Männer stehen da, und ihre Waffen leuchten wie Feuer.‹ Da gaben wir es auf, dich zu töten. Aber nun sage, Tuan, wo sind die Wächter; hast du sie gesehen?« – »Nein, ich habe sie nie gesehen; meine Frau auch nicht«, sagte der Missionar. »Aber wir haben sie doch alle gesehen; wie kommt das?« – »Da« – erzählt der Missionar – »ging ich hinein und holte aus unserem Hause die Bibel, hielt sie ihm aufgeschlagen vor und sagte: ›Siehe, dies Buch ist das Wort unseres großen Gottes, in dem Er uns verheißt, daß Er uns behüten will; diesem Wort glauben wir fest; darum brauchen wir die Wächter nicht zu sehen; ihr aber glaubt nicht; darum muß euch der große Gott die Wächter zeigen, damit ihr auch glauben lernt.‹«[66] »Engel sind dienstbare Geister, ausgesandt zum Dienst derer, die ererben sollen die Seligkeit« (Hebr. 1,14).

[66] Richard Schmitz, Engeldienste. Witten 1960, S. 32ff.

b) Von unsichtbaren Engelerscheinungen

Hierzu gehört auch das unübersehbare Kapitel der wunderbaren Gebetserhörungen, welche unauslöschlich und unvergeßlich sich dem dadurch Beglückten eingeprägt haben.

Eine Gebetserhörung bei *Jung Stilling:* Im Frühling 1776, als er sich noch als Arzt in Elberfeld betätigte, geriet er in arge Bedrängnis, da er oft arme Augenpatienten ohne Entgelt bei sich aufnahm. Nun sollte er rückständige Miete bezahlen und sagte, ohne das Geld in Händen zu haben – denn er vertraute allezeit auf die schon so oft erfahrene Durchhilfe seines himmlischen Vaters –, die Begleichung auf einen bestimmten Zeitpunkt zu. So bat er denn Gott auch in dieser schweren Lage wieder um seinen Beistand. Schon nahte der letzte Tag der Frist heran, und nirgends zeigte sich auch nur die leiseste Hoffnung auf Geld oder irgendeinen Ausweg. Aber seine Glaubenszuversicht und Treue sollten auch diesmal nicht enttäuscht werden. Am Morgen jenes Tages nämlich erschien der Briefträger und überbrachte 115 Reichstaler in Gold, womit die Not gestillt war. Wer aber war dieser »Rettungsengel«? Kein anderer als Johann Wolfgang Goethe! Dieser hatte zwei Jahre vorher Stillings Handschrift zur »Lebensbeschreibung« (1. Teil) mit sich genommen und war davon so ergriffen, daß er sie ohne dessen Wissen in Druck gegeben hatte. Und diese Geldsendung war nun die Vergütung für das Buch. Warum hat es den Verfasser gerade in der Zeit höchster Not erreicht? Warum gerade am letzten Tag? Der Zufall hätte es ihm doch auch einen Tag vor- oder nachher in die Hände spielen können[67]!

Wir lesen über den alternden Missionar *Karl Studd,* wie ihm ohne eigenes Zutun, ja gegen menschliches Planen, von Gott ein Gebiß geschenkt wurde: Er hatte viel Beschwerden mit seinen Zähnen, von denen schon die meisten ausgefallen waren, so daß er sich längere Zeit von Wassersuppen nähren mußte. Man legte ihm deshalb nahe, heimzufahren und sich einer Zahnbehandlung zu unterziehen. Aber er antwortete: »Wenn Gott mir neue Zähne schenken will, so kann er sie mir ebenso leicht hierher senden.«

[67] Jung-Stillings Lebensgeschichte, herausg. v. J. N. Grollmann. Stuttgart 1835.

Und nun höre und staune man! Wenige Monate später bot der Zahnarzt Buck dem Heimatkomitee seine Dienste in Innerafrika an. Aber dieses wies ihn als zehn Jahre zu alt zurück. Da ging er auf eigene Faust hin, indem er seine Praxis verkaufte und aus dem Erlös die Reise bestritt. Er ließ sich zuerst an der Kongomündung nieder, um das Geld für die Weiterfahrt zu verdienen. Unterwegs ins Innere begegnete er Herrn und Frau Grubb-Studd in einem Eingeborenenboot. Nachdem sie zusammen gebetet hatten, eröffnete ihnen Buck: »Gott hat mich nicht nur nach Afrika gesandt, um das Evangelium zu predigen, sondern auch um Studd ein Gebiß zu bringen. Ich habe alles Nötige bei mir, um es anzufertigen und einzusetzen.« »Unvorstellbar!« staunt der alte Missionar Studd. »Gott schickt einen Zahnarzt in das Innere Afrikas, um nach den Zähnen seines Kindes, das nicht heimreisen kann, zu sehen! Welches wird das nächste Wunder sein, das Gott an mir tut?«

Der Arbeiterdichter *Fritz Woike* erzählt in seinem Buch *»Wegspuren«*[68], er habe als junger Mann in einem schlesischen Städtchen eine größere Geldsumme zur Post tragen müssen. Dunkel, Regen und Sturm machten den Weg beschwerlich. Plötzlich war es ihm, als habe er einen Zwanzig-Mark-Schein verloren, prüfte nach – tatsächlich fehlte er. Woike rannte zurück; es war fast aussichtslos, den Schein irgendwo zu finden. Er betete um Hilfe. Da, mitten im eiligen, ängstlichen Laufen stürzte er zu Boden, weil er einen ungeschickten Schritt gemacht und den Fuß am Knöchel schmerzen fühlte. Die Knickung aber mußte sein: Im Augenblick des Fallens griff die Hand nicht die schmutzige Erde, sondern – den Zwanzig-Mark-Schein! »Ich stand schweigend und mit hilflosem Staunen vor meinem Gott, der mein schwaches Gebet erhört hatte. Er war im Dunkel gelegen, als hätte ihn kein Sturm verweht. Als ich dann den Schein am Postschalter abgab, war es mir, als begehe ich ein Unrecht, einen solchen Schein wegzugeben.«

Von den Engeln Satans

Am Schluß dieses Abschnittes ein kurzes Wort auch über die Engel Satans.

[68] 6. Aufl., Kassel 1956.

Den Engeln Gottes stehen die Engel Satans gegenüber. – *Erich Schick* schreibt in seinem Buch »*Die Botschaft der Engel im Neuen Testament*«[69] wie folgt: »So sehr nun vom Teufel als einem persönlichen Geisteswesen von furchtbarer Majestät geredet wird, so sehr werden wir darauf hingewiesen, daß ihm ein ›Reich‹ zu Gebote steht, und zwar ein Reich von strenger Einheit, von Über- und Unterordnung. So sagt Jesus zu seinen Anklägern, um ihnen den Widersinn des Verdachtes, er treibe die Teufel durch Beelzebub, der Teufel Obersten, aus, nachzuweisen: ›So denn ein Satan den andern austreibt, so muß er mit sich selbst uneins sein. Wie kann dann sein Reich bestehen?‹ (Matth. 12,26). Übrigens liegt schon in dem biblischen Sprachgebrauch, der von dem Wort ›Teufel‹ die Mehrzahl bildet, der Hinweis auf jene finstere Engelwelt, die in ihrer Weise auch ein Stufenreich von Wesen bildet, das ein dunkles Gegenbild ist zu der lichten Hierarchie der ›Menge der himmlischen Heerscharen‹.«

C. Von dem unbefugten und verbotenen Umgang mit der unsichtbaren Welt

Wir leben – wie wir schon früher berichtet haben, in einer sündigen, tief gefallenen Welt. Wir haben mit . . . den teuflischen Gewalten, mit den bösen Geisterwesen unter dem Himmel zu kämpfen (Eph. 6,12).

Die Erfahrungen aus der unsichtbaren Welt können darum auch teuflische Mitteilungen und Erlebnisse sein.

Auch hier könnten wieder Tausende von Beispielen gebracht werden.

Entsetzliche Erfahrungen mit der teuflischen Welt hat Pfarrer *Johann Christoph Blumhardt* gemacht während seines zweijährigen Kampfes um die Befreiung einer von Dämonen und unseligen Geistern besessenen Gottliebin Dittus[70].

[69] Ausgabe von 1940, S. 212.

[70] Joh. Chr. Blumhardt, Der Geisterkampf in Möttlingen. Die Krankheitsgeschichte der Gottliebin Dittus. 2. Aufl., Basel 1957.

Auch *Johannes Seitz* (1839–1922) muß während seiner seelsorgerlichen Tätigkeit über unsaubere Geister und Dämonen berichten. Seit 1898 leitete er in Teichwolframsdorf ein Erholungsheim. Über die furchtbare Wirkung von Dämonie und Zauberei hat er in seinem Buche »*Erinnerungen und Erfahrungen*« 1922 geschrieben.

Professor *D. Dr. Adolf Köberle* (Tübingen) sagt: »Trotz aller hier gebotenen Vorsicht werden wir für die Möglichkeit offenbleiben müssen, daß es viel Unruhe in der nachtodlichen Welt gibt und daß diese Unruhe sich bis hinein in unsere Erdenwelt kundtun kann.«[71]

Wilh. Horkel sagt in »*Botschaft von drüben*« Seite 84: Die auch in neuester Zeit bekannt gewordenen Erfahrungsbeispiele zeigen hinreichend, daß wir mit dem Hereinwirken ungreifbarer Kräfte und seelenbannender Mächte aus dem Bereich der Abgeschiedenen rechnen müssen, auch wenn sie sich nicht zu klaren, mit dem hellwachen Tagesverstand aufnehmbaren Aussagen, Befehlen, Warnungen, Weisungen irgendwelcher Art ausweiten und präzisieren lassen.

[71] A. Köberle, Menschliche Fragen und göttliche Antworten. Wuppertal 1962.

Hinweise auf das Leben nach dem Sterben angesichts des Todes

Einleitung

Da wir im folgenden manchmal auf die drei Bücher von dem dänischen Propst Martensen-Larsen: »An der Pforte des Todes«[72], »Ein Schimmer durch den Vorhang« und »Am Gestade der Ewigkeit« zu sprechen kommen, so möchten wir hier aus *Karl Heims* Vorwort zur deutschen Ausgabe dieses Werkes zitieren:

»Martensen-Larsen führt uns von Anfang an nicht Gedanken, sondern Tatsachen und Erfahrungen vor Augen. Er führt uns zunächst auf Grund unserer Kenntnis der Seelenkräfte an der Hand unwiderleglicher Tatsachen über den Materialismus hinaus.

Dann zeigt Martensen-Larsen an einer überreichen Fülle von sorgfältig ausgesuchten und geordneten Erfahrungstatsachen, die beim Tode von Menschen beobachtet worden sind, daß nach allem, was wir sehen können, das Sterben kein Erlöschen der Individualität ist, kein Aufgehen ins All, kein »Lethetrinken« d.h. Vergessenheitstrank, sondern daß Sterben der Übergang in ein neues persönliches Sein ist, bei dem alles darauf ankommt, ob wir den Weg zu Christus gefunden haben oder nicht. So weist uns dieses Buch von Martensen-Larsen durch die eindringliche Gewalt der erfahrenen Tatsachen darauf hin, daß es noch etwas Realeres gibt als die ganze sichtbare Welt, um deren Besitz wir kämpfen, nämlich das andere Dasein, dem wir entgegengehen, und das uns schon jetzt als unentrinnbare Wirklichkeit von allen Seiten umgibt.«

Nachfolgend wollen wir ein Dreifaches zeigen:

A) *Angesichts des Todes erfolgt oft ein blitzartiger Blick nach rückwärts und oft eine Schau nach vorn.*

[72] Martensen-Larsen, H., An der Pforte des Todes. 5. Aufl., Hamburg 1955.

B) *Angesichts des Todes ist solch eine Schau nach vorn oft gefüllt mit überirdischer Freude und Herrlichkeit.*

C) *Angesichts des Todes wird oft auch bei Christusgläubigen nichts Besonderes erlebt – im Gegenteil schwerste Anfechtungen werden durchlitten.*

A. Angesichts des Todes erfolgt oft ein blitzartiger Blick nach rückwärts und oft eine Schau nach vorn

1. Es ist eine immer wieder erlebbare Tatsache, daß bei Menschen, die plötzlich dem Tode ausgeliefert waren, blitzartig das ganze verflossene Leben vor dem inneren Auge der Seele abrollte.

Als ein Beispiel von Tausenden sei der Bericht eines deutschen Soldaten aus dem Ersten Weltkrieg angeführt[73]:

Der deutsche Soldat schreibt:

»Ich lag vor Verdun. Die Nacht war kalt. In dem tiefen, nassen Schützengraben saßen wir aneinandergedrängt, Mann bei Mann, grenzenlos einsam, klappernd vor Kälte, nicht ein einziger Gedanke, der uns erwärmen konnte, wir warteten, steif und still ... Drüben auf der anderen Seite wird es unruhig, große, flammende, gelbe Vögel scheinen in den dunklen Nachthimmel aufzufliegen. Mein Nebenmann springt auf mit einem Schrei; da ist etwas, das donnert und poltert, das schlägt und stößt und kratzt und rauscht ... Die schwarzen Erdmassen beginnen über mich zu rutschen ... unwillkürlich hebe ich im Nu meinen Spaten in die Höhe und bohre ihn in wilder Angst vor mir ein. Ich hocke mich nieder, und mit Hilfe von Arm und Spaten gelingt es mir, eine kleine Öffnung auszuhöhlen in dem schwarzen Berg, der über mich gefallen ist. Steif und starr wache ich über dieser kleinen Öffnung, alle Glieder sind festgenagelt ... begraben ... begraben ... Die Öffnung wird enger und enger, die Mauer schließt sich, mein Rücken biegt sich langsam unter dem fürchterlichen Druck der Erdmassen,

[73] Zitiert nach Martensen-Larsen, An der Pforte des Todes. Hamburg 1955.

meine Glieder krampfen sich . . . alles in mir ist wie in Stücke gerissen . . . ich bin drauf und dran, den Verstand zu verlieren . . . Bild auf Bild zieht in rasender Hast durch mein Gehirn, alles aus der Vergangenheit ist da . . . Vater, Mutter . . . ich bin ein kleiner Junge, vor mir sehe ich die sonnenbeschienene Schulstube, ich sage auf: ›Ich glaube an Gott den Vater‹ und weiter: ›Ich glaube an Jesus Christus‹ . . . und dann: ›Niedergefallen zur Hölle‹ – die Arme erschlaffen, alles wird still, da ist ein Gedanke, der macht mich so still: ›Niedergefahren zur Hölle – Niedergefahren . . .‹ Daß sie mich dann ausgruben, daß ich zurückkam ins Leben, was hat das zu sagen? Ich hätte sterben können ohne Angst.«

Martensen-Larsen, der diesen Bericht wiedergegeben hat, schreibt dazu:

»Hier sehen wir, wie einer das Evangelium ergreift und wie es ihm neu lebendig wird. Das Wort vom guten Hirten, der mitgeht durch das finstere Tal, gelernt im Kindergottesdienst, wird hier zur erlebbaren Wahrheit. Ob nicht dieser Bericht dem einen oder anderen Christen ein Ansporn sein könnte, doch weiterhin treu in dem Kindergottesdienst oder der Jungschar, der Jungmädchenarbeit zu verharren? Es ist und bleibt auch hier jede Verkündigung ›Saat auf Hoffnung‹, die vielleicht erst in der Todesstunde aufgeht!« Und Martensen-Larsen schreibt dann weiter (Seite 90):

Ein zweites Beispiel:

Ein von einer Pistolen-Kugel getroffener junger Mann erzählt folgendes: »Ich merkte, daß ich getroffen sei und schwer verwundet war. Ich fiel in Ohnmacht, *aber je mehr mein Bewußtsein schwand, um so klarer wurde mein Geist und mein Gewissen.* Wie das Leuchten eines Blitzes in einer finsteren Nacht, so zog mein ganzes Leben an meinem geistigen Auge vorüber, und ich mußte die betrübliche Erfahrung machen, daß da nichts war, worüber ich mich freuen konnte. Hingegen standen meine schlechten Handlungen vor mir mit einer erschreckenden Deutlichkeit und in einer unheimlichen Größe. Ich war so elend in meinem Gewissen und litt solche moralische Qualen, wie ich es nicht für möglich gehalten hätte. Nie hätte ich geglaubt, daß man in so kurzer Zeit moralisch so viel leiden könnte. Nur etwa eine Minute war ich ohne Bewußtsein; diese aber hat mich zu einem anderen gemacht, im Verhältnis zu meinem bisherigen Leben. Ich bin in allem ein anderer Mensch geworden. Meine Bekannten sagen, ich hätte meine Energie verloren. Laß sie nur sagen, ich weiß es besser. Den tiefsten Schmerz empfand ich darüber, daß ich das Böse, was ich getan hatte, nicht mehr zum Guten wenden konnte. Mein ganzes Bestreben geht nun dahin, so zu leben, daß ich zum Schluß meines Lebens nicht noch einmal so fürchterliche Augenblicke durchmachen muß. Alles Böse, was wir hier tun, rächt sich auch hier auf Erden und unvermeidlich in der Todesstunde. Ich bin sehr glücklich darüber und meinem Gott dankbar, daß er mir Gelegenheit gab, noch etwas Gutes in meinem Leben zu tun und mitzuhelfen und zu arbeiten an dem Wohlergehen der anderen.« Und Martensen-Larsen schreibt dazu (S. 92): »›*Je mehr ich das Bewußtsein verlor, um so klarer wurde mein Geist, mein Gewissen*‹ – je mehr die äußere Welt verschwand, um so mehr entrollte sich die innere!«

Aus welchem Grunde werden diese Lebensbilder gerade vor dem Tode und außerdem noch so genau in all den Einzelheiten, von welchen man vieles vergessen geglaubt hatte, aufgerollt? Und welche Kräfte und Gegebenheiten sind dabei wirksam?

Diese Frage behandelt *Bergson*[74] in einer Abhandlung über Gehirn und Geist-Seele. Nach seiner Auffassung ist es nicht eine bestimmte Kraft, welche diese Erinnerungen hervorbringt, sondern im Gegenteil der Umstand, daß ein »Hindernis« in der Todesstunde beseitigt ist.

Dieses Hindernis aber ist das Gehirn. Die Erinnerungsbilder sind zwar immer vorhanden, aber nicht in unserem Gehirn, sondern in unserer Geist-Seele. Die Menge der Erinnerungsbilder darf aber nicht hervorkommen, denn das Gehirn hält sie zurück und läßt nur diejenigen Erinnerungsbilder ins Tagesbewußtsein hineinschlüpfen, die gerade gebraucht werden.

Es gibt Beweise genug dafür, daß die Vergangenheit, sogar in den kleinsten Einzelheiten, aufbewahrt wird. Es gibt faktisch kein Vergessen. Unsere Vergangenheit steht uns beständig zur Verfü-

[74] Henri Bergson, 1859–1941.

gung, wir brauchen uns nur ›umzuwenden‹, um sie zu sehen. Das Sonderbare ist nur, daß wir uns nicht ›umwenden‹ können, und zwar aus dem Grunde, weil es unsere Aufgabe ist, zu handeln und nicht immer in der Vergangenheit der Erinnerungsbilder uns aufzuhalten.

Wir können uns gerade darum nicht ›umwenden‹, weil es das Amt unseres Gehirns ist, die Fülle der Erinnerungen zu verhüllen und in jedem Augenblick nur soviel davon durchscheinen zu lassen, als zur Beleuchtung der gegenwärtigen Situation notwendig ist. Das Gehirn ruft die Erinnerung, deren wir gerade im Augenblick bedürfen, auf die Weise hervor, daß es die übrigen im Dunkeln läßt, während es eine oder einige bestimmte Erinnerungen ans Tageslicht zieht. Wenn nun die Konzentration dem Leben gegenüber einen Augenblick erschlafft, dann erschlaffen auch die »Zügel des Gehirns«. Die Seele kann sich dann in solch stillen Momenten ›umsehen‹ und einen großen Teil der Vergangenheit überschauen. Das Aufrollen der Vergangenheit in Form eines Panoramas wird also veranlaßt durch einen besonderen Ruhepunkt des Lebens. Solch ein besonderer und radikaler Ruhepunkt kann dann eintreten, wenn das Leben plötzlich durch den sicheren Tod bedroht wird. Jetzt in der Todesstunde legt das Gehirn gewissermaßen seinen Dirigentenstock nieder. Das bedeutet aber keineswegs, daß es nun aus ist mit den Erinnerungen. Nein, es bedeutet gerade das Gegenteil! Wenn das Gehirn den Taktstock niederlegt, drängen sich die Erinnerungen in voller Wucht und Fülle erst richtig hervor. Mag das Gehirn seine Funktionen einstellen, mag es sich auflösen oder in Staub zerfallen, die Geist-Seele bleibt bestehen, und beim Tode nimmt sie ihre Erinnerung mit, und diese breiten sich nun aus wie ein Meer voller Wellen.

2. *Die Geist-Seele des Sterbenden kann auch Blicke nach vorn tun, und zwar Blicke über das irdische Leben hinaus. Diese Schau des Sterbenden nach »vorn« kann entweder voller Angst und Entsetzen sein, oder voller Freude und Seligkeit.*

Darüber zunächst einige Beispiele.

Wilhelm Horkel schreibt:

»Daß mancher Sterbende die Nähe des Höllenfürsten körperlich spürt als die greifbare Gegenwart einer dunklen Gestalt, können die Seelsorger auch unsrer jüngsten Zeit aus so manchen Begebnissen erhärten, die jeden Hinweis an angstgeborene Wahnvorstellungen in der Sterbestunde ausschließen.«[75]

Der Dichter *Rainer Maria Rilke* lag im Sterben. Rilke, der die Engel einmal »schrecklich« nannte, hat aus der Bewußtlosigkeit heraus noch einmal aufwachend gefragt: ». . . aber die Hölle?« Es waren seine letzten Worte. Was mag er zuvor gesehen haben?

Über *Voltaires* Tod (1694–1779) wird folgendes berichtet: »Voltaires Ende war so grauenhaft, daß auch seine intimsten Freunde es nicht bei ihm aushielten. Er fluchte ihnen und klagte sie an, ihn in dies Elend gebracht zu haben. Abwechselnd hörte man ihn Gott lästern und dann wieder Ihn anrufen. Dem Arzt bot er sein halbes Vermögen an, wenn er ihm sein Leben noch um sechs Monate verlängern könne. Und als dieser ihm erklärte: ›Sie können keine sechs Wochen mehr leben‹, schrie Voltaire, ›dann werde ich zur Hölle fahren, und Sie mit.‹ Bald darauf gab der Unglückliche seinen Geist auf.«[76]

Paul Dorsch erzählt[77]:

»In der Gemeinde (welcher Paul Dorsch 1866–90 angehörte) lebte u.a. eine einfache Frau, die bei Prof. Dr. *David Friedrich Strauß* in Ludwigsburg einst im Dienst stand und auch seinem Sterben (8. Februar 1874) beiwohnte. Sie versicherte, es sei ein schweres Sterben gewesen; ganz zuletzt habe der Mann, durch dessen Schriften so viele im Glauben an Jesus Christus wankend gemacht worden sind, öfters gerufen: ›Jesus, Jesus!‹

Strauß hatte seinen Sohn für den Konfirmationsunterricht bei einem Geistlichen angemeldet, der wohl sein ehemaliger Studiengenosse, aber von evangelisch-gläubiger Richtung war: Stadtdekan Mehl († 1862). Auf Mehls verwunderte Frage, weshalb er gerade ihm dieses Vertrauen schenke, antwortete der Professor: ›Ich wünsche, daß mein Sohn glücklicher werde als ich.‹«

[75] Wilhelm Horkel, Botschaft von drüben. 3. Aufl., Hamburg 1960, S. 77.
[76] Julius Roeßle, Blicke ins Jenseits. 28. Tsd. Konstanz 1940, S. 229.
[77] Paul Dorsch, Die Verbindung mit unserer ewigen Heimat. Stuttgart 1921, S. 188f.

B. Angesichts des Todes ist solch eine Schau nach vorn oft gefüllt mit überirdischer Freude und Herrlichkeit

1. Manche gläubig sterbenden Christen haben einen Blick in die jenseitige Herrlichkeit tun dürfen.

Die Herrlichkeit eines solchen Blickes nach vorwärts, aufwärts und heimwärts, wie er sich gerade an Sterbebetten gläubiger Christen kundtut, bietet eine solche Fülle von Freude und Trost, daß darüber allein ganze Bücher geschrieben werden könnten. Nur einige Beispiele seien jetzt angeführt:

Der Verfasser denkt in diesen Augenblicken an den Heimgang seines Vaters. Es war der 15. Januar 1939. In großem Frieden rüstete sich Vater zur Heimfahrt.

Obwohl Atemnot und Herznot quälten, war dennoch innerlich der Tod entmachtet. Wie freute sich Vater, bald seinen Heiland sehen zu dürfen! Einen Psalm nach dem anderen sagte er auswendig auf, und laut und langsam wiederholte er Psalm 103 immer und immer wieder: »Lobe den Herrn, meine Seele, und vergiß nicht, was ER dir Gutes getan.« Dann in die Hände leise klatschend, obwohl die Schwachheit schon sehr groß war, zitierte Vater die Worte: »ER wird mich doch zu Seinem Preis aufnehmen in das Paradeis, des klatsch ich in die Hände.« So ist er mit glückseliger Freude hinübergegangen zur großen Ewigkeit. In solcher Stunde ist der Tod entmächtigt; Leben und unvergängliches Wesen ist ans Licht gebracht durch Jesus Christus.

Ähnlich ist's beim Heimgang meiner Mutter gewesen.

Johann Arndt, heimgegangen am 11. Mai 1621, 66jährig, – betete am letzten Abend seines Lebens mit besonderer Innigkeit, wobei er seine Augen geschlossen hielt. Plötzlich tat er seine Augen auf und sagte freudig: »Wir sahen seine Herrlichkeit, eine Herrlichkeit als des eingeborenen Sohnes vom Vater, voller Gnade und Wahrheit.« Als seine Frau ihn fragte, wann er diese Herrlichkeit gesehen habe, erwiderte er: »Eben jetzt habe ich sie gesehen. Welch eine Herrlichkeit ist dies, die kein Auge gesehen und kein

Ohr gehört hat und in keines Menschen Herz gekommen ist! Diese Herrlichkeit habe ich gesehen.« – Das waren seine letzten Worte.

Als *August Hermann Francke,* heimgegangen am 8. November 1727, 64jährig, der Gründer des Hallischen Waisenhauses, auf dem Sterbebette lag, hörten seine um ihn versammelten Angehörigen eine kostbar tönende Musik. Es war, als wenn die herrlichsten Instrumente mit einer hellen Stimme abwechselten und als erklängen die Töne draußen an den Fenstern des Zimmers. Freudig leuchtete das Antlitz des Sterbenden, denn auch er vernahm diese Töne und sagte zu den Umstehenden, daß nun, da seine Zunge Gottes Lob hier auf Erden nicht mehr singen könne, der Engel Musik begonnen habe. Er fühle diese himmlische Erquickung, nach der er sich so oft gesehnt habe. Mittags um 12 Uhr, am 8. November 1727, folgte er still dem Zug der himmlischen Jubelklänge.

K. F. Steinkopf, heimgegangen am 29. Mai 1859, 86jährig.

Die letzten Worte von K. F. Steinkopf (Deutscher Prediger an der Savoy-Kirche in London und Mitbegründer der Britischen und ausländischen Bibelgesellschaft) waren: »Herrlichkeit, Herrlichkeit. Eine ganz neue Schöpfung!«

Martin Kähler, Professor der Theologie, heimgegangen am 7. September 1912, 77jährig.

»In den letzten Stunden seines irdischen Lebens verlangte Martin Kähler ausdrücklich nach den großen Lob- und Dankesliedern des Gesangbuches. Man las ihm vor: ›Sollt ich meinem Gott nicht singen . . .‹ und ›Lobe den Herren . . .‹ Zuletzt bat er: ›Lies doch etwas ganz Großes, etwas, was das Ganze umfaßt.‹ Man las ihm Tersteegens ›Majestät, wir fallen nieder . . .‹ Da leuchteten seine Augen auf, als sähen sie etwas von jener Majestät Gottes, von der soeben im Lied gesungen wurde. ›Das ist ER! Da ist ER!‹ Tersteegens Ehrfurcht vor der Majestät Gottes hatte Martin Kählers Sterbestunde durchstrahlt.«[78]

Das wenig bekannte Lied heißt:

O Majestät, wir fallen nieder.
Zwar du bedarfst nicht unsrer Lieder,

[78] Martin Kähler, Theologe und Christ. Herausg. v. Anna Kähler. Berlin 1926, S. 282.

uns ziemt und nützt dein Lob viel mehr.
Zu deinem Lob sind wir geboren,
so teu'r erkauft, so hoch erkoren,
o selig, wer dir gibt die Ehr.
Zu deinem Lobe nur
ist alle Kreatur,
selges Wesen!
Wir uns dir nahn
und beten an:
In Geist und Wahrheit sei's getan.
Die Seraphim und Cherubinen
dir Tag und Nacht mit Ehrfurcht dienen,
der Engel Scharen ohne Zahl.
Die höchsten Geister, die dich kennen,
dich heilig, heilig, heilig nennen,
sie fallen nieder allzumal.
Ihr Seligsein bist du,
dir jauchzet alles zu:
Amen! Amen!
Auch wir sind dein
und stimmen ein:
Du, Gott, bist unser Gott allein.

Mathilda Wrede, heimgegangen am 25. Dezember 1928, 64jährig.

»... Als Weihnachten herankam, sagte Mathilda Wrede mit großer Bestimmtheit: ›Ich fühle, daß ich den Christtag in den ewigen Welten feiern werde ...‹ Dann schaut ihr Blick wieder sehr ernst wie in weite Fernen, und sie fügt hinzu: ›Man kann sich gar nicht vorstellen, wie es an der Grenze des Lebens ist, bis man selbst davorsteht. So wunderbar und so gewaltig ist es. Und siehst du, ich habe auch so merkwürdige Augen bekommen. Ich sehe von der andern Seite her wunderbares Licht entgegenstrahlen, und ich schaue weite, weite Gefilde – weite Gefilde und viel Licht! Nur Licht!‹

›Kommt das Licht näher?‹ fragt die Freundin, die neben ihr sitzt.

Mathilda Wrede lächelt ihr strahlendes Lächeln und antwortet:

›Nein, denn es ist ja da!‹

Und dann fuhr sie voller Freude fort: ›Heute nacht gehe ich über die Grenze . . .‹ – ›O wie freue ich mich! Bedenke, daß ich ewig leben werde – ich, die alte Mathilda Wrede, leben in Ewigkeit!‹ sagte sie jubelnd zu ihrer Freundin. Nun ist es mit Mathildas Kraft zu Ende. Sie ist furchtbar müde, und die Atemnot nimmt immer mehr zu. Aber ›in all ihrer Not ist keine wirkliche Not‹, denn der Engel Gottes ist ihr nahe. In der Nacht streckt sie ihrer Freundin die Arme entgegen und sagt mit jubelnder Stimme: ›Glaubst du, daß es auf der Welt noch einen sooo glücklichen Menschen gibt, wie ich es bin? Glaubst du das? Ist das nicht wunderbar? Glaubst du das, daß irgend jemand so glücklich sein kann wie ich?‹

Die Freundin antwortet: ›Nein, ich glaube nicht, daß es hier auf Erden einen glücklicheren Menschen gibt, als du es bist!‹ Dann löschte Mathilda mit ihren letzten Kräften selbst das elektrische Licht aus und legte still ihr müdes Haupt nieder. – Als die Freundin am nächsten Morgen, dem Weihnachtsmorgen, an ihr Lager trat, war sie entschlafen. – In der Christnacht, der stillen Heiligen Nacht, war sie selbst still über die große Grenze gegangen, wie sie es vorausgeahnt hatte.

Am Begräbnistag, dem 29. Dezember, sang der Chor der Heilsarmee das Lied: ›Mein Heiland, den ich liebe!‹, wo es heißt:

Dereinst wird mein strahlendes Auge Dich finden,
Den Goldkranz werde ich um die Stirne mir winden
Und singen in jubelnder, bebender Freude:
Nie hab ich geliebt Dich, mein Jesus, wie heute.«[79]

2. *Manche gläubig sterbende Christen werden in ihrer letzten Stunde sogar gewürdigt, den Heiland selber sehen zu dürfen. Das ist dann etwas ganz besonders Wunderbares.* – Auch hierzu könnten viele Beispiele angeführt werden!

Wir führen zwei Berichte an:

Der Wissenschaftler Professor Dr. *G. H. v. Schubert* in Erlangen hatte im Sommer 1859 eine schwere Krankheit überstanden,

[79] Ing. Maria Sick, Mathilda Wrede. Ein Engel der Gefangenen. 28. Aufl., Stuttgart 1962.

von der er sich langsam erholte. Eines Morgens sagte der fast 80jährige mit freudestrahlendem Gesicht im Lehnstuhl sitzend: »Heute nacht habe ich im Traum unaussprechliche Worte gehört. Welche Seligkeit wartet unser bei dem Herrn! Oh, wär ich doch schon dort!« In seinem letzten Lebensjahr, 1860, fragte er, welcher Tag heute sei. Als er hörte: »Der 1. Juni«, sagte er: »Gott Lob, jetzt nur noch 4 Wochen!« Am Sonntag, dem 1. Juli, kam sein Ende heran. Im Krankenzimmer wurde, wie gewöhnlich, die Hausandacht gehalten. Man las die Epistel des Sonntags vom ängstlichen Harren der Kreatur (Röm. 8) und sang sein Lieblingslied: »Herzlich lieb hab' ich Dich, o Herr!« Kurz darauf sagte einer seiner Freunde: »Jetzt wirst du deinen Heiland bald sehen!« Leise erwiderte der Sterbende: »Ja, ich sehe Ihn schon. – Gnade, Frieden, Segen über euch alle! – Schön, schön, ah, ah!«

Eduard Mörike, heimgegangen am 4. Juni 1875, 71 jährig, rief kurz vor seinem Tode laut aus: »Kyrie eleison! Du bleibst meine Stütze, meine Säule, Du, o Christus. Dich sehe ich!«

3. Ebenso wie Christus dem gläubig Sterbenden erscheinen kann, können auch die Engel Gottes dem in die ewige Heimat eilenden Kind Gottes sich zeigen. Auch hier gibt es Beispiele genug!

Als *Franz von Assisi* 1225 auf dem Sterbebette lag und die Ärzte ihn nach damaligem Brauch sehr unsanft und schonungslos mit Brennen und Schneiden behandelten, um ihn dem Tode noch zu entreißen, bat er einen befreundeten Klosterbruder, der sich auf das Saitenspiel verstand, er möge ihm durch seine Kunst die Qual lindern helfen. Jener aber meinte, er habe der Welt entsagt und darum wolle er sich auch mit einer solch weltlichen Kunst nicht mehr abgeben.

Als Franz am andern Morgen erwachte, erzählte er freudestrahlend seinen Freunden: Gott selbst habe ihm seinen Wunsch erfüllt. In der Nacht sei ein Engel an sein Lager getreten und habe ihm Melodien von überirdischer Schönheit vorgespielt, wie sie menschliches Können niemals hervorzubringen vermöchte. Diese Klänge hätten ihn über seine Schmerzen hinausgehoben; sie seien so schön gewesen, daß er das Gefühl gehabt habe: noch ein Bogenstrich, und dann ist deine Seele in ihrer Heimat, bei Gott.

Magdalena Luther († 20. September 1542) wurde in ihrer letzten Krankheit durch ein Traumgesicht ihrer Mutter Käthe darüber beruhigt, daß Kinder Gottes auf der letzten Reise himmlische Begleitung haben. Jene schaute am 19. September zwei himmlische Gestalten, welche sagten, sie seien gesandt, um ihr Lenchen zur Hochzeit zu führen. Melanchthon, dem die Mutter den Traum erzählte, erschrak sehr und sagte: »Die jungen Gesellen sind die Engel, die werden kommen und Lenchen ins Himmelreich zur ewigen Hochzeit führen.«

Für das Erlebnis eines Blickes in die Ewigkeit gibt auch *Paul Jaeger* das Beispiel eines sterbenden Soldaten, zu dem er im September 1914 gerufen wurde. Jaeger schreibt[80]:

»Wie im Anblick von etwas wunderbar Schönem hob er die Hände und ließ sie auf dem Bette niedersinken. Die kurze Erquikkung des Umziehens war längst vorüber. Das konnte der Grund seiner nach Worten suchenden, überströmenden Freude nicht sein. Bald sprach er es selber aus: ›Herrlich – wie ist der Himmel herrlich! – wie wundervoll!‹ Auf eine kurze Frage nach seinem Ergehen kam die Antwort: ›Nur ein wenig Durst, aber sonst ist alles so wundervoll!‹ – und als er wieder und wieder im glücklichsten Tone mitten im Krampfe ›herrlich, herrlich!‹ gerufen hatte, fragte ich ihn leise, ob er etwas sehe. ›Freilich‹, sagte er, ›einen Engel über mir! Wie schön ist das!‹ So ist es schwächer werdend weitergegangen, bis er ganz frei wurde.

4. Vorausgegangene Familien-Angehörige zeigen sich oft in der Sterbestunde ihrer Lieben.

Wie oft sind der schon heimgegangene Vater oder die Mutter, der Bruder oder die Schwester, die Gattin oder der Gatte dem Sterbenden entgegengekommen. Und wie groß ist jedesmal die Freude des Wiedersehens gewesen. Viele sind mit dem Ausruf »Mutter« gestorben. Und wenn bei solch einem Ruf eine Verklärung über

[80] Paul Jaeger, Ich glaube keinen Tod. 13. Aufl., Heilbronn 1957, S. 28f.

das blasse Gesicht des Sterbenden gegangen ist, dann war's die Freude über das Wiedersehen mit der schon drüben weilenden Mutter.

Und wenn eine sterbende Gattin die Hände ausstreckt und ruft: »Nun komme ich, mein lieber Hermann«, dann ist's ebenfalls die Seligkeit des Wiedersehens.

Ein fünfjähriges Mädchen verlor ihren Vater. Er starb jung an Zuckerkrankheit. Als das kleine Mädchen zehn Jahre alt war, brach die Zuckerkrankheit auch bei ihr aus, und es ging schnell bergab. Als ihre Mutter eines Tages an ihrem Bett saß und glaubte, ihr Kind wäre tot, richtete die Kleine sich plötzlich im Bett hoch, streckte die Arme aus und rief laut mit jubelnder Freude: »Nun komme ich, mein lieber Vater!« Als sie das gesagt hatte, hauchte sie ihr Leben aus. Die Mutter zweifelte nicht daran, daß das Kind seinen Vater gesehen und wiedererkannt hatte.

5. Berichte über Sterbende, die Herrliches sahen, ohne durch Worte dies zum Ausdruck zu bringen.

Auch ohne daß ein Wort gesprochen wird, kann die innere Freude hervorbrechen und sich durch die Bewegung des Körpers zeigen. Die Arme strecken sich dem neuen Tag entgegen und aus den Augen strahlt die große Freude. Gerade das Strahlen der Augen ist etwas Wunderbares.

Martensen-Larsen[81] schreibt: »Eines der schönsten Zeugnisse darüber, welche Fülle von himmlischem Licht aus einem Menschenauge strahlen kann, fand ich in dem Brief eines Sudan-Missionars, der 1913 seine Frau im Innern Afrikas verlor, zwei Tage, nachdem sie einem Knaben das Leben geschenkt hatte. Sie bekam Malaria, die sich aufs Gehirn warf, und außerdem Dysenterie. Sie starb eines Abends um 10 Uhr, wurde am nächsten Vormittag begraben, und am folgenden Tage wurde der Brief geschrieben. Zuerst berichtet der Missionar, wie er am Morgen des Todestages seine Frau in bewußtlosem Zustand fand und von schwerer Sorge ergriffen wurde. Danach geht er über zur Schilde-

[81] An der Pforte des Todes, S. 150.

rung ihrer Todesstunde: ›Im Augenblick des Todes verschwand die Mattigkeit der Bewußtlosigkeit aus ihrem Blick, die steife Ausdruckslosigkeit verwandelte sich in ein Lächeln. Dann öffnete sie die Augen und schaute empor. Noch nie in meinem Leben hatte ich etwas geahnt von einer solchen Fülle von Reinheit und Heiligkeit, wie sie aus diesem Blick strahlte. Ich durfte Zeuge sein, wie ihre Seele den Körper verließ, um dem himmlischen Bräutigam zu begegnen, und das war wunderbar schön. Es war einer der seligsten Augenblicke meines Lebens, den ich um nichts in der Welt missen möchte. Denn was sich sah, gehörte der Ewigkeit an. Und ich weiß, daß sie lebt, denn ich habe ihre Seele gesehen. Es war mir, als ob diese Fülle von Reinheit aus ihren Augen herausstrahlte. Sie breitete die Arme aus, und ich konnte sehen, daß ihre Seele selig war, denn es war mir, als befände ich mich auf dem Berg der Verklärung. Es dauerte nur einen Augenblick. Was ich hier schreibe, ist weder Einbildung noch Übertreibung, es sind wohlerwogene Worte.‹«

Stanley Jones berichtet in seinem Buch »*Christus am runden Tisch*« folgendes: »Der glücklichste Mensch, den ich je gesehen habe, war eine sterbende Frau. Die Ärzte hatten gesagt, sie könne keine einzige Stunde mehr leben, aber sie lebte doch noch mehrere Tage lang und strahlte vor triumphierender, geistiger Freude. Ich kniete an ihrem Bette nieder, um für sie zu beten, aber ich konnte es nicht; auf meine Lippen wollte kein Gebet kommen, denn es gab ja nichts, was man für sie hätte erbitten können. Sie hatte alles, einschließlich des Todes. Ich konnte nur in schweigender Anbetung vor diesem Wunder niederknien. Wohl konnte ich nicht für sie beten, aber sie konnte für mich beten. Sie legte mir ihre Hände aufs Haupt, als ich dort kniete, und betete, daß Gott mir helfen möchte, sein Evangelium zu verkündigen.

Mit stiller Freude durchschritt sie dann das Tor des Todes.«

Von einem Bischof, der wegen seines Glaubens zum Tode durch Erschießung verurteilt worden war, erzählt man: »Als er an die Wand gestellt wurde und das Kommando zum Feuern ertönte, rief er: ›Lebt wohl ihr Toten, ich gehe zu den Lebendigen!‹«

6. Erlebnisse von sterbenden Kindern, welche die Seligkeit der Nähe ihres Heilandes erfahren durften.

Professor *Franz Delitzsch* schildert das Sterben seines fünfjährigen Kindes[82]:

»Um 1.30 Uhr sank sein liebes Köpfchen zurück in die Kissen, und die Augen schienen gebrochen. Da faltete es plötzlich seine Händchen, erhob den Kopf und schlug die Augen weit auf. In stiller Verwunderung schaute es so ungefähr zehn Minuten lang nach oben. Es lag etwas unsagbar Verklärtes über seinem Gesicht, die Augen strahlten, und das ganze Gesicht war wie von einem Lichtglanz umflossen. Voll Staunen und mit Ausrufen der Verwunderung standen wir im Kreis um sein Bett. Obgleich manche von uns schon an Hunderten von Sterbebetten gestanden hatten, hatte keiner doch schon etwas Derartiges erlebt. Es war der Glanz der Ewigkeit, der durch Gottes Gnade an unseren sündigen, sterblichen Augen vorbeizog.«

Ludwig Richter schreibt über den Heimgang seiner Tochter Marie, die in den zwanziger Jahren ihres Lebens heimging, folgendes[83]:

»Das Wort des Herrn ›Ich bin die Auferstehung und das Leben, wer an Mich glaubt, der wird leben, ob er gleich stürbe‹, und was wir sonst Ähnliches miteinander innig und ruhig besprachen, erfüllte ihre Seele mit der seligsten Freude. Entzückt ihre Arme ausbreitend, rief sie: ›O Gott! Wie freue ich mich, wie glücklich bin ich! Ich werde bald meinen Heiland sehen!‹ Ihre Augen leuchteten dabei in einem wunderbaren Glanze, der nicht mehr von dieser Welt schien.«

[82] Franz Delitzsch, System der biblischen Psychologie. Leipzig 1861.

[83] Adrian Ludwig Richter, Lebenserinnerungen eines deutschen Malers. Hrsg. v. M. Fleischhack. Konstanz 1958. – Erinnert sei in diesem Zusammenhang an die Schrift Friedrich von Bodelschwinghs: Vom Leben und Sterben vier seliger Kinder. 28. Aufl., Bethel 1960.

C. Angesichts des Todes wird oft auch bei Christusgläubigen nichts Besonderes erlebt – im Gegenteil, schwerste Anfechtungen werden durchlitten

1. Es gibt manche Christusgläubige, die in der Todesstunde nichts Besonderes nach außen hin erleben.

Dr. Martin Luther, heimgegangen am 18. Februar 1546, 63jährig.

»Die Herzschwäche hält an. Man reicht ihm Arzneien, reibt ihn mit warmen Tüchern. Ehe er anfängt, stiller zu werden, spricht er noch zu den Umstehenden: ›Ich fahr dahin in Fried' und Freud. Gott segne euch alle.‹ Danach wieder ruft er lateinisch die Sterbeworte unseres Heilandes, wohl dreimal spricht er's eilend hintereinander: ›Vater, in Deine Hände befehle ich meinen Geist. Du hast mich erlöset, Herr, Du treuer Gott!‹

Bald geht der Atem stiller; das Befinden wird ruhiger; sein treuer Freund Jonas ruft ihm die Frage ins Ohr: ›Ehrwürdiger Vater, wollt Ihr auf Christum und die Lehre, wie Ihr sie gepredigt, beständig sterben?‹ Man hört ein letztes, verhauchendes ›Ja!‹ – dann aber wendet er sich zur Seite – sanft und friedlich tut er den letzten Atemzug – es ist frühmorgens 3 Uhr – Donnerstag, der 18. Februar 1546.«[84]

Philipp Melanchthon, heimgegangen am 19. April 1560, 63jährig.

An seinem Todestage sagte er früh 2 Uhr dem Arzte, daß ihm groß vorgekommen sei der Spruch Römer 8: »Ist Gott für uns, wer mag wider uns sein?« Er ließ sich dann besondere Schriftstellen vorlesen, und als er die Worte vernahm: Ev. Joh. 1,12 »So viele Ihn aber aufnahmen, denen gab ER Macht, Gottes Kinder zu werden, die an Seien Namen glauben«, rief er mit erhobenen Augen und Händen: »Dies Wort steht immerdar vor meiner Seele!« Dann wiederholte er öfter das Gebet Christi: »auf daß sie alle eins seien, gleichwie Du, Vater, in Mir und Ich in Dir.«

[84] Nach P. Ernst Jentsch in: »Die Kirche«.

Als ihm wenige Augenblicke vor seinem Tode die Frage vorgelegt wurde, ob er noch etwas wünsche zu seiner Erleichterung, erwiderte er: »Nichts als den Himmel.« Dann schlief er ohne die geringste Bewegung sanft und still ein und ging, wie es in einem alten Berichte heißt, heim zu seinem lieben Herrn Christo, den er stets mit Herz und Mund gelobet und gepreiset hat, und bei dem er nun hat ewige Freude und Herrlichkeit samt allen Auserwählten.

Gerhard Tersteegen, heimgegangen am 3. April 1769, 72jährig.

»Im Jahre 1769 befiel ihn, fast 72 Jahre alt, die Wassersucht, wodurch ihm große Atemnot und Angst bereitet wurde. Aber bei all diesem schweren Leiden war er ganz ergeben in Gottes Willen und äußerte kein Wort der Ungeduld. Den Umstehenden war seine kindliche Zuversicht zu Gott, der ihn durch Leiden vollenden wollte, ein großer Trost. Wachte er aus kurzem, unruhigem Schlummer auf, so seufzten seine Lippen wohl: ›O Gott, o Jesu, süßer Jesu.‹ Immer kamen neue Freunde, die den Sterbenden noch einmal zu sehen wünschten. Die letzten Worte, die man von ihm vernahm, waren an sich selbst gerichtet: ›Du armer, unansehnlicher Lazarus! Und doch schämen sich die heiligen Engel nicht, dich aufzupacken.‹ Dann schlummerte er ein. Und in diesem Schlummer nahm ihn der Herr sanft hinüber in die Ewigkeit. Am 3. April, morgens 2 Uhr, stand sein Herz still. Die Umstehenden meinten, eine Menge Engel um sich zu haben, die seine Seele mit Freuden aufnahmen und in das ewige Reich der Wonne, Friede und Herrlichkeit triumphierend einführten. Groß war allerorten der Eindruck, den Tersteegens gläubiges Sterben auf seinen weiten Freundeskreis machte. Tausende trauerten um den Freund, den sie verloren, doch es war eine Trauer unter vielem Danken für alles, was Tersteegen ihrem Leben und ihrer Seele gewesen.

Jung Stilling schrieb, daß nur wenig Menschen seit der Apostel Zeit in gleicher Einfalt und Kraft des Geistes Christi wie Tersteegen für das Reich des Herrn Menschen-Seelen geworben hätten.«[85]

[85] Zitiert nach Hermann Budde, Leben und Sterben begnadeter Gotteskinder. 1925, S. 32–35.

Adolph Monod, heimgegangen am 6. April 1856, 54 Jahre alt. Von seinen letzten Worten seien folgende wiedergegeben:

»Jetzt am Ende meiner Laufbahn fange ich an aufzuwachen, denn nun nahe ich mich der Stätte der ewigen Anbetung, wo das Leben ein immerwährendes Gebet sein wird.«

Die letzten Tage waren für ihn erfüllt von einem langen und schweren Todeskampf. Aber jede Minute Ruhe, die ihm sein Leiden vergönnte, benutzte er, um entweder seine Seele im Gebet zu Gott zu erheben oder die Güte des Herrn zu preisen und sich und den Seinen durch die Erklärung einer Schriftstelle Trost und Kraft zufließen zu lassen: »Der Herr überschüttet mich mit den Schätzen der brüderlichen Liebe. Jetzt, wo ich mehr als je zuvor meine Unwürdigkeit empfinde, umgibt mich die Liebe Gottes und der Menschen in ungeahnter Fülle; mein letzter Atemzug darf nur in Lob und Dank ausströmen.« »Lamm Gottes, dich beten wir an, in dir wollen wir sterben und leben, mit dir leiden und zur Herrlichkeit eingehen.«[86]

Hermann Bezzel, heimgegangen am 8. Juni 1917, 56jährig. In seiner letzten Stunde äußerte er:

»Ich kann im Blick auf mein Leben nun sagen: ich habe Ihm unaussprechlich viel zu danken. Warum ER in der Hälfte meiner Jahre abbricht, weiß ich nicht, aber es ist Sein Erbarmen. Er hat mich sehr gnädig geführt.« Eines seiner letzten Worte lautete: »Heim! Laßt zu meinem Herrn mich ziehn!«

An seinem Grabe ist auf seinen ausdrücklichen Wunsch das Hohepriesterliche Gebet Christi Ev. Joh. Kap. 17 verlesen worden.

Samuel Keller, bekannter Evangelist, heimgegangen am 14. November 1925, 69jährig. Gott hat ihm durch die Krankheitsnot und die letzten Tage in der Medizinischen Klinik in Freiburg hindurchgeholfen. An seinem Sterbebett las ihm seine Frau Ewigkeitslieder vor:

»Morgenglanz der Ewigkeit«, »Schönster Herr Jesu« und die Worte, die er selbst verfaßt und seinem Sohn ins Grab nachgerufen hatte:

[86] A. Monod, Letzte Worte an seine Freunde, 1931.

»Abends will ich still mich legen,
wie ins Bett, in deine Hand.
Deck mich zu mit Deinem Segen,
weck mich auf im Vaterland.«

Diese Worte sprach er in freudiger Heilsgewißheit. So ist er heimgegangen[87].

2. *Es gibt manche Christusgläubige, die in der Sterbestunde durch schwerste Anfechtungen hindurchgehen.*

Einige Beispiele seien genannt:

Von *John Knox,* dem großen schottischen Reformator, wird über seine Sterbestunde folgendes berichtet:

»An seinem letzten Tage, am 24. November 1572, ließ er sich noch von seiner treuen Gattin das 15. Kapitel im 1. Briefe an die Korinther vorlesen und rief darnach aus: ›Ist das nicht ein herrliches Kapitel? Oh, welch' einen süßen und erquickenden Trost hat der Herr mir allezeit durch dieses Kapitel gegeben!‹ Nachmittags 5 Uhr bat er seine Frau wieder: ›Komm, meine Liebe, lies mir noch einmal vor, was das Fundament meines Glaubens ist und den Anker meiner Hoffnungen hält!‹ Sie las ihm das 17. Kap. des Joh. Hierauf fiel er in einen Schlummer. Gegen 11 Uhr abends seufzte er tief: ›Nie hat der Satan mich so heftig angefallen, als in diesem Schlummer; eine Verzweiflung an der Gnade Gottes hat er in mir anfachen wollen. Aber Gott sei gedankt, der mir Kraft genug gab, auch diesen sehr feurigen Pfeil des Bösewichts auszulöschen in den Worten der Schrift: Was hast du, das du nicht empfangen hast? Nicht ich, sondern seine Gnade in mir! – So ist auch dieser Kampf siegreich bestanden, und ich bin gewiß, daß ich nun in kurzer Zeit ohne Seelenangst aus diesem Leben in die selige Unsterblichkeit eingehen werde!‹ Dann seufzte er tief auf: ›Nun ist ER gekommen!‹ Darnach verließ ihn die Sprache. Noch einmal seufzte er tief und ging heim.«

Der Professor und Pastor *Gottfried Arnold,* »einer der frömmsten und tiefsinnigsten Liederdichter unserer Kirche« (nach

[87] H. Ollesch, Der letzte Weg. Witten 1955.

Knapp), sagte, als er 1714 im Alter von erst 48 Jahren auf seinem Sterbebette lag, zu seiner Frau: »Wie wohl, wie wohl, ach wie wohl ist mir! – Siehst du nicht die Engel? – Ach wie schön!« – Nachdem er eine Erquickung zu sich genommen, sprach er: »Ich esse Gott in jedem Bissen Brots.« – Aber so hoch er zu Gott emporgezogen war, in so tiefe schwere Glaubensanfechtung geriet er noch. Er wurde nach »Gethsemane« geführt, und seine Gattin mußte ihm noch auf die Knie helfen, da er nicht rücklings liegend beten wollte, und so sprach er: »Vater, ist's möglich, so gehe dieser Kelch von mir! Doch nicht wie ich will, sondern wie Du willst.« Einige Stunden vor seinem Ende, da jedermann ihn schon für entschlafen hielt, richtete er sich in seinem Bette noch einmal ganz allein auf und rief mit lauter Stimme: »Frisch auf, frisch auf! Die Wagen her und fort.« Darauf ward er ganz stille und verschied sanft unter dem Gebet und Gesang einiger treuer Freunde[88].

Heinrich Wilhelm Rinck, Pastor der ev. luth. Gemeinde in Elberfeld, schreibt[89]:

»Bei manchen Kindern Gottes geht es allerdings vor ihrem Abscheiden noch durch Dunkel des innern Gerichts, oft sehr tiefe Dunkel hindurch; aber das Ende selbst ist immer Herrlichkeit, auch wenn vor Menschen-Augen nicht viel davon offenbar wird.

So war *Ludwig Hofacker* (der mächtigste Erweckungsprediger der württembergischen Kirche, der kaum 30jährig 1828 starb) in seiner letzten beschwerlichen Krankheit oft dem Verzagen nah; aber er versank darin nicht, denn der Herr hielt ihn. Öfter stammelte er, überwältigt von seinen Leiden: ›Es ist genug, Herr; so nimm nun meine Seele.‹ Und als in den letzten 24 Stunden die Beängstigungen der Brust stets höher und höher stiegen, bat er die ihn Umgebenden mehrmals, sie sollten den Herrn um seine baldige Erlösung anflehen. Aber später trat bei ihm die Ruhe wieder ein. Bei völlig klarem Bewußtsein, freudig und innig teilnehmend, ja mitsprechend bei dem Gebete und Abschiedssegen der Seinigen, entschlief er sanft und im Frieden Gottes; wie Knapp sagt, als ein

[88] A. Stern, Das Jenseits.
[89] H. W. Rinck, Vom Zustand nach dem Tod. Basel 1855, S. 18.

Mann, auf welchen vor vielen andern das Wort anzuwenden ist: Dieser ist gekommen aus großer Trübsal und hat sein Kleid gewaschen und helle gemacht im Blute des Lammes. Sein letztes Wort war der Name dessen, den seine ganze Seele liebte und den sein scheidender Geist wie einen schon bei ihm Stehenden umfing.«

Beata Sturm, »die württembergische Tabea, die auf ihrem letzten Lager große Freudigkeit und ganze Zuversicht hatte, wurde noch in der letzten Nacht vor ihrem Abscheiden in ein mehrstündiges, für Menschengedanken unerwartet schweres Gericht geführt. Als ihr alter geistlicher Freund Rieger sie am andern Morgen besuchte, sagte sie ihm: ›Wie ernstlich hat sich heute nacht unser Gott noch gegen mich erwiesen; wie hat er mich so genau durchsucht! Ach, wie gut ist es, daß alles auf lauter Gnade und Barmherzigkeit ankommt. Ich habe kämpfen müssen, bis die Morgenröte anbrach, habe aber auch mit Jakob den Segen davongetragen durch meinen Heiland Jesum Christum.‹ Mit schwerer Zunge gab sie dem Freunde noch segnende Grüße an ihre Freunde mit, und bald verstummte der Mund, der so manches segnende Wort gesprochen, und sie war sanft entschlafen.«[90]

Rinck selber hat ein schweres Sterben gehabt. Von ihm steht am Anfang seines oben genannten Buches geschrieben (Seite XXIII):

»Der Herr hat ihn auch im Ofen der Trübsal bewährt. Das letzte Jahr seiner irdischen Wallfahrt wurde er von schweren Unterleibsleiden heimgesucht, unter denen die Kräfte des Leibes und der Seele schnell schwanden. Er hätte gern hier auf Erden noch länger für den Herrn wirken und vor allem noch länger predigen mögen; es war ihm anfangs ein schwer zu ertragender Gedanke, in guten Mannesjahren aus einer reich gesegneten Tätigkeit für immer austreten zu müssen; und als dann eine Zeitlang auch die fühlbare Nähe des Herrn ihm entzogen wurde, hat er vor innerer Angst gebebt und zum Herrn geseufzt. Der treue Gott hat ihn aber ganz stille, ganz ergeben und so recht kindlich gemacht und hat ihm Seine erquickende Nähe reichlich zuteil werden lassen, so daß, als er den Willen seines Gottes erkannt hatte, er wiederholt seinen

[90] H. W. Rinck, a.a.O., S. 18.

Angehörigen und Freunden zurief: ›Haltet mich nicht länger auf!‹ So ist er am 18. Januar 1881 (59jährig) zu seinem Herrn eingegangen, den er so herzlich geliebt und nach dem er sich so inbrünstig gesehnt hat.«

Die nach einer reichen Liebestätigkeit am 1. April 1859 im 63. Jahr von längerem Leiden erlöste *Amalie Sieveking* war auf ihrem Sterbebett nach schweren Kämpfen noch durch das Vorlesen des 42. Psalmes getröstet worden: »Wie der Hirsch schreiet nach frischem Wasser, so schreiet meine Seele, Gott, nach dir . . .« Darauf faltete sie die Hände und sprach: »Mein Herr, mein Herr!« Mit diesen Worten hauchte sie die Seele aus.

Von *Elisabeth Freys* schwerem Heimgang wird berichtet (sie starb am 13. 10. 1845, 65jährig):

»Ein Leben voll Aufregung und Mühen in der Reichsgottesarbeit hatte an den Lebenskräften gezehrt, und die Schatten des Abends drohten hereinzubrechen. Sie hatte das 64. Lebensjahr überschritten, als sich ein schweres Nervenleiden einstellte. Sie mußte durch große Trübsale gehen, aber selbst in ihren schwersten Prüfungen konnte sie sagen: ›Mein Heiland ist mein Licht, mein Leben, meine Freude und die Hoffnung meiner ewigen Herrlichkeit.‹ Immer dunkler wurde ihr das Tal, durch das sie gehen mußte, aber sie klammerte sich an Christus. Es kamen Tage großer Leiden. Sie sprach zu den Umstehenden: ›Möge keins von euch berufen sein, durch diesen Feuerofen zu gehen, und doch ist mein Leiden gemildert durch Sein Erbarmen und Seine Gnade! Oh, diese Fülle der Gnade!‹ Ein andermal: ›Betet für mich! – es ist ein schwerer Kampf, doch ich bin bei Ihm.‹ Ihre letzten Worte waren: ›O mein lieber Herr, hilf mir und erhalte deine Magd!‹ Es kamen noch Stunden der Bewußtlosigkeit, und in der Morgenfrühe des Sonntags, des 13. Oktober 1845, 65jährig, als die Sonne leuchtend aus dem Meere hervortauchte, wo hinaus die Fenster des Gemaches gingen, erlosch ihr das irdische Licht. Sie schaute den König in Seiner Schöne und das Land, das ferne liegt.«

Der Schreiber dieses Buches hat des öfteren an Sterbebetten gesegneter Knechte Gottes gestanden und hat mit ihnen zusammen ihre schweren und dunklen Anfechtungen miterlebt und mitgerungen und mitgebetet, bis nach der Finsternis der Zweifel und Glaubensnöte die helle Sonne »Jesus Christus« hereingebrochen ist und der Sterbende still und ruhig hinübergehen durfte zur großen, schönen Ewigkeit!

»Der Tod ist ein glorreiches Ereignis für den, der zu Jesus geht.« Gewiß, auch über Gotteskinder breiten sich dunkle Schatten im Sterben! Sam. Keller pflegte zu sagen:

»Gott bringt Seine Kinder manchmal im Dunkeln zu Bett.«

3. Von diesem Leuchten und starken Getrostsein trotz grausamer Todesmarter und Hinrichtung noch einige Beispiele aus der jüngsten Vergangenheit.

Heinrich Graf von Lehndorff-Steinort (hingerichtet am 4. September 1944).

»Am Vorabend seiner Hinrichtung im Jahre 1944 schrieb er mit gefesselten Händen an seine Frau: ›Bestimmt stellt man sich, ohne selbst so etwas erlebt zu haben, alles viel schlimmer vor, als es ist, wenn die Dinge Tatsache geworden sind und es ein Ausweichen nicht mehr gibt. Allein die Hilfe von Gott, um die ich Ihn immer gebeten und die Er mir in reichem Maße gegeben hat, haben mich alle Belastungen in einer Weise überstehen lassen, wie ich es vorher nie für möglich gehalten hätte. Es vollzieht sich eine völlige Wandlung, wobei das bisherige Leben allmählich ganz versinkt und gänzlich neue Maßstäbe gelten.‹«[91]

Oberst *von Roenne* (hingerichtet am 12. Oktober 1944) schreibt an seine Mutter am 11. Oktober 1944:

»Ich selbst erwarte nun seit einer Woche von Tag zu Tag den Tod, jetzt z.B. für morgen. Und der Heiland hat in seiner grenzenlosen Gnade mich vollkommen von allem Grauen freigemacht. Ich bete und denke tagsüber ganz ruhig und fest ausschließlich an Ihn ... Ich gehe früh und betend zu Bett, schlafe ruhig und fest die ganze Nacht wie ein Kind, und wende mich, erwachend, gleich Ihm zu und bin dabei innerlich völlig frei und dazu – abgesehen

[91] Du hast mich heimgesucht bei Nacht. Hrsg. v. Helmut Gollwitzer. München 1959, S. 413.

von meinen Gedanken an meine kleine Schar – ein vollkommen glücklicher Mensch. Ja, ich weiß es, daß der Todesaugenblick zugleich der erste Augenblick in Seiner selgen Ruhe im Gottesfrieden ist. Diese Gedanken festhaltend, sehe ich seit Tagen der Abfahrt zu raschem Heimgang völlig ruhig und frei entgegen mit ganz stillen Gedanken und habe volle Zuversicht, daß das kurze, letzte Geschehen ebenso von Seiner unbeschreiblichen Gnade durchleuchtet sein wird.«[92]

An seine Frau schreibt Oberst *von Roenne* am letzten Lebenstage, dem 12. Oktober 1944, bereits an der Richtstätte auf einem Zettelchen:

»Gleich gehe ich nun heim zu unserem Herrn in voller Ruhe und Heilsgewißheit. Wenn du wüßtest, wie unvorstellbar treu Er mir in diesem Augenblick zur Seite steht, wärest auch du für dein ganz schweres Leben gewappnet und ruhig. Er wird dir Kraft zu allem geben.«

Helmuth J. Graf von Moltke schrieb am letzten Tag an seine Frau[93]:

»Mein liebes Herz, zunächst muß ich sagen, daß ganz offenbar die letzten 24 Stunden eines Lebens gar nicht anders sind als irgendwelche anderen. Ich hatte mir immer eingebildet, man fühle das nur als Schreck, daß man sich sagt: Nun geht die Sonne das letztemal für dich unter, nun geht die Uhr nur noch zweimal bis zwölf, nun gehst du das letztemal zu Bett. Von all dem ist keine Rede. Ob ich wohl ein wenig überkandidelt bin? Denn ich kann nicht leugnen, daß ich mich in geradezu gehobener Stimmung befinde. Ich bitte nur den Herrn im Himmel, daß er mich darin erhalten möge, denn für das Fleisch ist es sicher leichter, so zu sterben. Wie gnädig ist der Herr mir gewesen! Selbst auf die Gefahr hin, daß das hysterisch klingt: Ich bin so voll Dank, eigentlich ist für nichts anderes Platz.«

Aus dem Bericht eines Chinamissionars:

Ein chinesischer Christ stand (es sind erst einige Jahre her) vor

[92] A.a.O., S. 448.

[93] Helmuth J. Graf von Moltke, Letzte Briefe aus dem Gefängnis. Berlin o.J.

der Enthauptung. Der Henker teilte ihm mit: »Du hast noch fünf Minuten zu leben.« Jener Christ holte aus seinem Schrank – die Szene spielte in seinem Hause – sein bestes Gewand hervor und zog es an. Erstaunt wollte der Henker wissen, was das bedeute. Er hatte wohl noch nie einen Verurteilten getroffen, der auf die Nachricht von seinem baldigen Tode sich ein festliches Gewand umlegte. Welche Erklärung gab ihm jener chinesische Jünger Jesu? Er sagte: »In fünf Minuten fällt mein Haupt unter deinem Beil. Das ist aber kein Ende, dann fängt es für mich erst an. Dann bin ich bei Jesus. Denk dir, nur noch fünf Minuten, dann sehe ich meinen König! Das ist mein größtes Fest. Soll ich nicht im Festgewand mich darauf rüsten?«[94]

Wie der »Freudenspiegel« entstanden ist:

Im Juli 1597 brach über Unna in Westfalen die Pest herein, die innerhalb weniger Monate über 1400 Menschen dahinraffte. Während ringsum die Pest wütete, vertiefte sich der Pfarrer Philipp Nicolai (1556–1608) sinnend und betend Tag und Nacht in den Artikeln vom ewigen Leben. »Allen betrübten Christen zu seligem und lebendigem Trost«, schrieb er seine Gedanken nieder und dichtete die beiden Lieder: »Wachet auf, ruft uns die Stimme« und »Wie schön leuchtet der Morgenstern«.

So entstand der »Freudenspiegel des ewigen Lebens«, eines der besten Erbauungsbücher der evangelischen Christenheit. Während die Leute meistenteils mit verzagtem Gemüt und erschrockenem Herzen wie erstarrt und halbtot einhergingen, war Nicolai von Herzen getrost und konnte trösten mit dem Trost, der ihm geschenkt war. Er erlebte in jenen Monaten der Pest eine Zeit seligen Schauens hinüber in die Ewigkeit. Er sah, wie die gläubige Gemeinde voll Freude dem himmlischen Bräutigam Jesus Christus entgegeneilt und als seine Braut mit Ihm in den Freudensaal einzieht. In seinem Herzen aber wurde die Bitte laut: »Bleib nicht lange; Deiner wart' ich mit Verlangen.«

[94] Arno Pagel, 300000 und 300 u.a. Erzählungen. 2. Aufl., Kassel 1958.

Ergebnis: Obwohl der Tod noch nicht beseitigt ist, ist er für Christen doch entmachtet

Wir können nichts anderes tun, als was auch die Bibel tut: Sie nimmt den Tod ernst. Der Tod ist etwas durchaus Widernatürliches, durch die Sünde als Verderben und Strafe über die Menschheit und Schöpfung gekommen. Er war von Anfang an nicht da, ist nicht eine Schöpferordnung Gottes, sondern Folge der Sünde und Lohn der Sünde. »Der Lohn der Sünde«, so lesen wir Römer 6,23, »ist der Tod«, und in Jakobus 1,15: »Die Sünde aber, zur Vollendung gekommen, gebiert den Tod.«

Aber, so könnten wir fragen: Hat denn nicht Christus diese finstere Macht der Sünde, die im Tod ihre furchtbare Auswirkung gefunden hat, durch Seinen Tod auf Golgatha aufgehoben? *Hat ER uns denn nicht erlöst vom Tod und von der Gewalt des Teufels?* Es wird Hebr. 2,14 bezeugt, daß ER durch den Tod zunichte gemacht hat den, der des Todes Gewalt hat, das ist der Teufel, und hat erlöst diejenigen, die in ihrer Furcht vor dem Tode im ganzen Leben Sklaven des Todes werden mußten. Steht das nicht so in der Schrift, und lesen wir nicht auch 2. Tim. 1,10: »Er hat den Tod entmächtigt und Leben und unvergängliches Wesen ans Licht gebracht durch das Evangelium?« Ist das nicht so auf Golgatha geschehen?

Und in was für großen, gewaltigen Lobworten rühmt Paulus im Epheserbrief besonders die Großtat und Majestät der *Auferwekkung Jesu Christi,* durch welche doch über alle Maßen herrlich wiedergebracht ist, was durch Adams Sündenfall verlorengegangen war!

Wir können hierauf nur folgendes antworten:

Was uns durch das große Werk Christi erworben ist, kann noch nicht zur großen »äußeren sichtbaren« Erscheinung vor aller Welt kommen. Das neue Leben der Kinder Gottes ist noch »mit Christus verborgen in Gott« bis auf die Zeit, da Christus offenbar werde in Herrlichkeit. Das Reich Gottes kommt jetzt nicht mit »äußerlichen Gebärden«, d.h. so, daß es äußerlich und glanzvoll in die Bewunderung der Welt hineintritt. Es ist nun einmal die Art und Weise Gottes in der gegenwärtigen Gnadenhaushaltung, daß ER Seine Herrlichkeit verbirgt vor den Nichtglaubenden, daß ER aber Seine Herrlichkeit entfalten läßt in dem Glaubenden durch das Zeugnis der Wahrheit inwendig an den Herzen.

Das Reich Gottes ist noch nicht leiblich geworden. Es erstreckt sich in diesem Zeitalter nicht bis auf die Erneuerung des Leibes während dieses irdischen Lebens. Es ist ein Reich des Geistes inwendig in uns und wird erst mit der Wiederkunft des Heilandes sichtbar vor aller Welt aufgerichtet sein. Denn wir wandeln hier noch im Glauben und nicht im Schauen.

So ist zwar zwischen dem ersten und zweiten Kommen des Heilandes in dieser Zwischenzeit die Macht und Herrschaft des Todes nicht sichtbar vor aller Welt beseitigt. »Alle Menschen müssen sterben.«

Aber das ist das Große und das Neue: Die Macht und Bitterkeit des Todes ist gebrochen bei denen, die sich in diesem irdischen Leben der Lebensgewalt und Ewigkeitskraft des Lebensfürsten anvertraut und unterstellt haben. Und das sind die Kinder Gottes.

Für die, die in Christus Jesus sind, ist trotz des Sterbens der Tod in der Tat dem »Wesen nach« zunichte gemacht, wie wir 2. Tim. 1,10 lesen: »Er aber, der Herr, der auferstandene Herr, hat den Tod unwirksam gemacht (oder, man kann auch besser übersetzen), Er hat den Tod entmächtigt und ewiges Leben und Unvergänglichkeit, Unsterblichkeit an das Licht gebracht.« So tönt es im Triumph durch das ganze Neue Testament hindurch: »Der Tod ist entmächtigt, der Tod ist besiegt.« Auch der Tod, dieser entmächtigte Tod, muß dann den Kindern Gottes, wie alles andere, nur zu ihrem Besten dienen, nämlich zum Gewinn, wie Paulus es Phil. 1,23 sagt: »Sterben ist mir Gewinn.«

Vor Menschenaugen sieht freilich manchmal das Sterben der Gläubigen äußerlich auch traurig aus, weil Todes-Schwachheit und Schmerzen und Krebskrankheit und Arthritiselend auch die Kinder Gottes plagen. Es scheint, äußerlich betrachtet, da keinen Unterschied zu geben zwischen dem Sterben der Gottlosen und dem Sterben der Kinder Gottes. Und doch!

Es ist ein großer Unterschied zwischen dem Sterben derer, die den Herrn Jesus nicht wollen, und dem Sterben der Kinder Gottes. Es ist ein so großer Unterschied wie zwischen Himmel und Hölle. Bei den bewußt Gottlosen ist der Tod ein Versinken in die Finsternis, in das Element des Zornes Gottes. *Die Meinung, daß, wenn einer ohne besonderen Kampf stirbt, er dann selig gestorben sei, ist ein großer Irrtum.* Es kann einer unter schwersten Kämpfen seine Seele aushauchen, und er geht in die Herrlichkeit ein. Nicht der Ausgang entscheidet, sondern der Eingang.

Für die Kinder Gottes aber ist der Tod das Hineingeborenwerden in die Heimat der Seele dort oben im Licht. In Psalm 116,15 heißt es: *»Es ist köstlich in den Augen des Herrn der Tod Seiner Heiligen.«* Man bedenke: das, was der Sünde Lohn und Sold ist, nämlich der Tod, das ist durch Jesus Christus bei denen, die sich Ihm im Leben hingegeben haben, in etwas Köstliches verwandelt worden! Darum ist der Tod in den Augen des Herrn für Seine Heiligen etwas Köstliches, weil der Lebensfürst die Seinen jetzt zu Sich nehmen darf in die Herrlichkeit.

Alle in den vorangegangenen Abschnitten dargelegten Hinweise und Nachweise für das Fortleben des Menschen nach dem Tode haben ihren ganz bestimmten Wert. Sie versuchen, das Wissen um ein ewiges Leben anzubahnen. Sie wollen zeigen, daß auch von der verstandesmäßigen Beobachtung her und von der unvoreingenommenen Erfahrung aus mit dem Tatbestand einer unsichtbaren Welt und damit mit der Wirklichkeit eines Lebens nach dem Sterben gerechnet werden muß. Die uns umgebende sichtbare Welt ist nie und nimmer die einzige Welt, die unser Leben gestaltet und begrenzt. Es gibt in und über der sichtbaren Welt die unsichtbare Welt. Diese unsichtbare Welt durchdringt auch unsere mit den Sinnen erfaßbare Welt fort und fort. Die Gegebenheit und Wirklichkeit der unsichtbaren, der außersinnlichen Welt deuten auf ganz andersartige Seinsweisen hin, denen wir in jedem Bezug volle Wirklichkeit und jetzt schon spürbare Wirksamkeit zubilligen müssen.

Und Wilhelm Horkel folgert daraus: »Mein Tod ist darum niemals etwas Sinnloses, wie mein Leben nie etwas Sinnloses war; Ich bleibt Ich« – allerdings »im Übergang in ein neues persönliches Sein, bei dem alles darauf ankommt, wie es mit unserem Gewissen steht und ob wir den Weg zu Christus, dem Versöhner, gefunden haben« (Karl Heim).

Unser persönliches, unverwechselbares Einzel-Ich wird uns im Tode nicht abgenommen. Der Tod ist zwar der Räuber, der uns den Boden der diesseitigen Wirklichkeit unter den Füßen wegzieht. Aber er übergibt uns keineswegs dem Nichts, auch wenn wir es suchen wollten. Es gibt überhaupt kein Nichts, sondern nur Gott, der alles in allem erfüllt. Das Nichts, das Nichtige, kann immer nur ein Erzeugnis des menschlichen Falschdenkens und damit der Verzweiflung sein.

Nun können uns unsere Beobachtungen und Berichte verstandesgemäß und denkmäßig zwar den Tatbestand der unsichtbaren Welt einwandfrei nachweisen, aber Sinn und Deutung kann uns unser Denken, Beobachten und Erleben nicht vermitteln! Das kann nur der lebendige Glaube an den allmächtigen Gott tun. Und von diesem lebendigen Glauben an Gott kann niemand, auch der klügste und größte und beste Denker und gründlichste Wissenschaftler nicht, entbunden werden.

Wie aber kommt man zu einem solchen lebendigen Glauben? Nur dadurch, daß man sich dem lebendigen Gott öffnet. Nur, wenn du dem Sonnenlicht Eingang in dein Auge gestattest, kann das Sonnenlicht dir nicht nur das Dasein der Sonne zeigen, sondern auch die mit der Sonne verbundenen Wesensmerkmale wie Helligkeit und Wärme und Wohlsein und Klarheit schenken.

Nicht anders ist es auch mit dem Glauben an den lebendigen Gott.

Nur so weit, wie sich der Mensch in seinem Leben dem Göttlichen und Ewigen öffnet, wächst er in die Länge und Breite und Tiefe und Höhe göttlicher Herrlichkeiten hinein. Wird der Glaubensgehorsam, d.h. die Hingabe an Gott und das Achthaben auf Seine Gedanken in Seinem Wort (gemeint ist die Bibel) und das Praktizieren Seines Willens im Alltag des Lebens unter Inanspruchnahme Seiner göttlichen Kräfte, welche täglich erbeten werden dürfen, täglich geübt, dann wächst auch der innere Reichtum und die Freude an Gott und Seinen ewigen Dingen. Auch im dunkelsten Leid wird Jesus deine Freude sein und bleiben!

Gott verleiht Seinen Kindern Seinen Frieden; ER sorgt für sie in großen wie in kleinen Dingen; ER steht mit ihnen in einem Bund der Treue und Liebe. Keines von ihnen verliert ER aus Seinem Auge. Jedem einzelnen streckt ER fort und fort Seine schützenden und haltenden Vaterarme entgegen. ER offenbart ihnen Seines Herzens Gedanken; ER vertraut ihnen Seinen Rat und Seine Ewigkeitspläne an; ER läßt sie ungehindert vor Sich kommen bei Tag und bei Nacht. ER überschüttet sie mit innerer Herrlichkeit, die über sich hinaus auf die vollkommene verheißend hinweist. ER lebt ihr Leben in Freude und Leid mit durch.

Wäre es da nicht geradezu widersinnig zu meinen, das alles gelte für nur höchstens siebzig, achtzig Jahre, und danach verlösche der Mensch wie ein Licht, derselbe Mensch, der Gott so nahe stand, und dem Gott selber so nahe stand? Was wäre das für eine Liebe, die solch ein inniges Band der Herzen zerreißen ließe, wenn sie doch Macht hat, es festzuhalten für immer!

Der Mensch weiß, er hat das ewige Leben nicht aus sich selbst, auch nicht aus den Kräften dieser Welt. Sein ewiges Leben ist in sein Herz und Leben »von oben her«, von Gott her eingezogen und bleibt darin haften und macht sein kleines irdisches Leben reich und glücklich und füllt sein ganzes Denken und Handeln, sein ganzes Fühlen und Wollen immer mehr wunderbar aus. Mit keinem Ungläubigen möchte ein solcher Gewißheits-Mensch auch nur einen einzigen Augenblick tauschen.

2. Buch

Biblische Besinnung

Warum ist die Beschäftigung mit dem Leben nach dem Sterben so sehr wichtig?

1. *Weil das dankbare Denken an unsere heimgegangenen Lieben unsere Herzen für die Forschung in der Heiligen Schrift über das Schönste, was kommt, weit und offen macht.*

Leider schlägt die Trauer um die Toten manchmal einen falschen Weg ein. Man schaut immer nach rückwärts, statt vor- und aufwärts. Die Trauer um die Toten kann zu einem abgöttischen Kultus der Erinnerung oder zu einem fortwährenden Verharren im Schmerz werden.

Eine in den glücklichsten Verhältnissen lebende Frau hatte ihren Gatten und beide Töchter verloren. Sie wies jeglichen Trost hart ab. Auf die Tröstungen der Bibel antwortete sie nur: »Und wenn ich die ganze Bibel auswendig wüßte, meine Toten kommen nicht wieder.«

Nach Jahr und Tag erlaubte sie einer Verwandten, sie zu besuchen. Ihr zeigte sie das Zimmer der Erinnerung, in dem sie tagelang sitzen konnte. In kostbarem Rahmen hing an der Wand das Bild ihres Gatten. Zu beiden Seiten hingen die Bilder blondlockiger Kinderköpfchen. In anderen Rahmen waren eingefaßt: Haarlokken, getrocknete Blumen, ungeschickte Zeichnungen von kindlicher Hand, kurz: lauter Überreste eines Glücks, das nicht mehr da war und an das sie sich dennoch klammerte. Auf einem schwarzen Bande stand mit Silberschrift das Bibelwort: »Rahel beweint ihre Kinder und will sich nicht trösten lassen, denn es ist aus mit ihnen« (Matth. 2,18).

Die Liebe, weil sie aus GOTT ist, hat ihre Vollendung droben, wo GOTT ist. Die Toten, die in dem Herrn sterben, leben droben vor dem Herrn. Auch vor uns sollen sie neu lebendig werden; und die Gemeinschaft mit ihnen im Herrn soll hier schon ihren Anfang nehmen. Kein Band, das im Herrn geknüpft ist, wird jemals getrennt.

Außerdem – wir gehören ja nicht nur unserer eigenen Familie an, sondern einer viel größeren Gemeinschaft. Dort im Vaterhause nämlich sammelt die Vaterhand Gottes »*alle*« Seine Kinder. Da bleiben sie alle ewig ungetrennt, ewig in Liebe und Seligkeit vereinigt. Und wem gilt dort drüben das Lied der Heiligen, der wunderbare Klang der Harfen am gläsernen Meer und der Duft des Räucherwerks? »*DEM, Der auf dem Throne sitzt, unserm GOTT und dem Lamme*«, so hört Johannes im letzten Buch der Bibel die Seligen rufen. Der ewige GOTT hat das Größte mit uns vor: Die Seinen sollen bei IHM sein und Seine Herrlichkeit schauen und gleichgestaltet werden dem Ebenbild Seines Sohnes.

Bei IHM, dem dreimal heiligen GOTT, Vater, Sohn und Heiligen Geist, halten sich unsere Lieben auf.

Er gibt sie uns eigentlich bereits *jetzt* schon wieder. Denn genau wie sie dort *droben* in *Seiner Hand* sind, so sind wir hier *unten* in *Seiner Hand*. Es ist *dieselbe treue Gotteshand*, die *sie* und *uns* umfaßt, trägt und erquickt. Einst, wenn wir vor Gottes Thron einander wiederfinden, werden wir erfahren, was eigentlich »echtes Zusammengehören« heißt und was wahre, echte, vollkommene Liebe ist. Und diese Liebe fühlt sich unwiderstehlich in die Heilige Schrift hineingewiesen. Sie will ja nicht in Gefühlen hängen, sondern will festen Erkenntnisgrund des Wortes Gottes suchen und auch über das forschen, was »droben« ist.

Wem das »*liebende*« Gedenken schon längst zu einem »*gläubigen*« Gedenken geworden ist, dem wird es zu einem »*heiligenden*« Mahnen werden. Das ist das neue Band, das uns mit unseren Heimgegangenen zusammenbindet. Auf solche Weise kommen wir ihnen in Wahrheit näher.

Hier unten haben wir so manches an ihnen versäumt. Das ist ein bitterer Schmerz, wenn man am Grabe seufzen muß: Ich wollte, ich hätte meinen Toten mehr geliebt. Nun gilt es, zur wahrhaftigen Liebe durchzubrechen! Dann wird offenbar: »Die Liebe höret nimmer auf.« Sie feiert ihren Triumph, indem sie sich immer mehr durchleuchten läßt von der Liebe Christi.

Wie das Leben im Himmel im einzelnen sein wird, darüber mögen die Meinungen auseinandergehen. Das eine aber ist gewiß:

IHM, Der die Liebe in Vollkommenheit selber ist, Jesus Christus, gleichgestaltet.

2. *Weil das Sich-Befassen mit dem Schönsten, was kommt, uns stark macht in allem Leid und treu im fleißigen Berufsschaffen.*

A.

Lies die Stephanus-Geschichte, Apg. 6,8–7,59. Stephanus, ein Mann in der Blüte seiner Jahre, in voller Kraft und Freudigkeit des Wirkens, sieht sich plötzlich auf der Grenze zwischen Leben und Tod. Eine blindwütende Menge stürmt auf ihn ein. Sein Herz bleibt gesammelt und still. Sein Angesicht strahlt wie eines Engels Angesicht. Vor seinen Glaubensaugen tut sich der Himmel auf. Er sieht Jesus, vom himmlischen Thron aufgestanden, um dem treuen Knecht entgegenzugehen. Da weicht alles Zittern. *Im* Sterben geht dem Stephanus die Morgenröte wahren Lebens auf. Sein letztes Wort ist eine Fürbitte für seine Mörder. Und niedergeschmettert von Steinwürfen entschläft er so friedlich, wie ein sterbensmüdes Kind in den Armen der Mutter einschläft.

Was Stephanus im geöffneten Himmel sah, war nicht nur dem ersten Blutzeugen geschenkt worden. *Dem Glaubenden wird auch heute noch Ähnliches gegeben.* Dennoch ist hier etwas ganz Eigenartiges geschehen. Der HERR der Herrlichkeit hat sich Seinem Knechte Stephanus gezeigt. Die Herrlichkeit aus der Höhe hat ihn angestrahlt. »Er sah . . . siehe . . . ich sehe.«

Das geschah, weil der HERR an dem ersten Sterbenden Seiner Gemeinde klar und unzweideutig zeigen wollte, was ER, der zur Rechten Gottes Sitzende, für die Seinen *ist,* und wessen sie sich in der letzten Todesnot von IHM *versehen* dürfen. Die Grenzen des »*Glaubens*« und des »*Schauens*« stoßen hier in der Stephanus-Geschichte unmittelbar zusammen. Es ist nur ein »*Nu*«, so ist das Schauen da, und überschwenglicher, herrlicher, als wir es je erahnen und erhoffen können. Darum haben die Apostel nicht allein auf die *Bereitschaft zum Tode,* sondern vielmehr auf die *freudige Erwartung* der Herrlichkeit Christi gewiesen.

Solch freudiges Warten auf die himmlische Herrlichkeit setzt natürlich voraus, daß uns der Himmel kein unbekanntes Land ist, daß wir es vielmehr zu einer Übung des Glaubens gemacht haben, *öfter zum Himmel aufzublicken,* um dann schon von hier unten aus die Dinge dieser Welt von *oben* anzusehen, »daß uns werde klein das Kleine und das Große groß erscheine«.

Unmittelbar vor seinem Märtyrertod hatte Stephanus den Hohenpriestern das *Bild der Erzväter* vor Augen geführt. Von den Erzvätern heißt es in Hebr. 11,9: »Durch den Glauben wartete Abraham auf die Stadt, deren Baumeister und Schöpfer GOTT ist.« Und weil sie solche Gottgesinnte waren, »darum schämt GOTT Sich ihrer *nicht,* zu heißen *Ihr* GOTT, denn ER hat ihnen eine Stadt zubereitet.« Die Namen der Erzväter sind seitdem sogar in die göttliche Titulatur aufgenommen, wo der HERR spricht: *»Ich bin der GOTT Abrahams, Isaaks und Jakobs.«* So wie *ER* das Höchste *meinte* und *sie* das Höchste *erwarteten,* so hat ER sie auch das *Höchste* finden lassen, nämlich die Stadt Gottes, deren Schönheit und Herrlichkeit alles übersteigt, was je auf Erden ein Auge gesehen und ein Ohr gehört und ein Herz geahnt hat, darum auch mit keinem Worte und Bilde menschlicher Sprache und irdischer Vorstellung dargestellt werden kann.

B.

Weil manche Christen sich das Jenseits oft rein geistig und gestaltlos vorstellen, darum kann der Glaube an das ewige Leben wenig Einfluß und Wirkung auf unser irdisches Leben ausüben. Wir werden uns aus der unvollkommenen Wirklichkeit einer irdischen, vergänglichen Welt nur durch einen kräftigen überirdischen *Realismus himmlischer Tatbestände und Gegebenheiten erheben können,* genauso wie die Patriarchen des Alten Testaments es taten, um das kleine, kurze irdische Leben himmelwärts, heimatwärts, ewigkeitwärts zu gestalten.

Gerade aus dem Anschauen *himmlischer Wirklichkeiten* erwächst jenes Trachten nach dem, was droben ist, das die Apostel nicht dringend genug empfehlen können. Man fängt an, dem HERRN der Herrlichkeit *entgegenzudenken, entgegenzuleben.* Man lernt das Zeitliche überall auf das Ewige zu beziehen, den Himmel in das Erdenleben hereinzuziehen. Man tut alles, um auch im Irdischen als ein *treuer Haushalter vor dem HERRN erfunden zu werden.*

Man hört manchmal: Für die *Zukunft* leben, heißt, sich der *Gegenwart* entziehen, heißt, die Seele teilen zwischen hier und dort; man müsse sich in das Diesseits werfen, um mit Kraft zu wirken. *Solche Meinungen sind Irrtümer,* die durch die Erfahrungen fort und fort widerlegt sind. Wer sein Leben *nur* auf den Mächten dieser Zeit aufbaut, der hat auf Sand gebaut. Wer aber auf dem Felsenboden der Ewigkeit steht, der erlebt schon jetzt die Kräfte der Ewigkeit, die allen Stürmen der Widerwärtigkeiten gewachsen sind. *Die Hoffnung der Zukunft ist die Kraft der Gegenwart.*

Wer in diesem Sinne den Schwerpunkt des Lebens nach oben hin verlegt, dem erwächst ein gewaltiger Eifer, fortzufahren in Werken der Liebe. Es erwächst ihm ein freudiger Mut, zu den Arbeiten und Mühen des irdischen *Berufes* tapfer »Ja« zu sagen, und eine stille Geduld, die Anfechtungen und Leiden dieser Zeit gelassen und getrost zu tragen und »vor dem HERRN zu leben«, der droben die Stätte denen bereits bereitet hat, die im Irdischen treu erfunden werden. Lies Kol. 3,17.

Das ist der Segen des Sich-Beschäftigen mit dem Schönsten, was kommt.

Was sagt die Heilige Schrift Alten und Neuen Testaments über das Leben nach dem Sterben?

I. Der Glaube an das ewige Leben im Alten Testament

Im AT laufen im Blick auf das Leben nach dem Sterben *drei Aussagereihen* nebeneinander her.

Die *erste* Aussagereihe beschäftigt sich mit dem Tod als solchem.

Die *zweite* Aussagereihe bezeugt in oft ergreifender Form die Sehnsucht und die Gewißheit, daß einstmals für die Frommen ein ewiges Leben in der Gemeinschaft mit GOTT sein wird.

Die *dritte* Aussagereihe läßt so große und klare Hoffnungen über das ewige Leben aufleuchten, daß auch heute noch die Kinder Gottes darin ganz den Ausdruck ihres Sehnens und Hoffens finden.

1. Der Tod als der Abschluß des irdischen Lebens.

GOTT hatte diesen Abschluß gesetzt. Er muß respektiert werden. Ein »Isaak verschied und starb und ward versammelt zu seinen Stammesgenossen (= seinem Volk), alt und lebenssatt« (1. Mose 35,29). Und keine Frage wird laut: Was kommt nach dem Tode? Ein Jakob spricht: »Trauernd werde ich zu meinem Sohn ins Totenreich (Scheol) hinunterfahren« (1. Mose 37,35b). Kein Gedanke wird wach: Was erwartet mich dort?

In manchen Psalmen ist die Rede davon, daß die Toten Jahwe nicht loben (Psalm 6,6).

In Psalm 88,11–13 heißt es: »Wirst Du an den Toten Wunder tun? Können Schatten aufstehen, Dich preisen? Wird Deine

Gnade am Grab verkündet und Deine Treue im Abgrund? Werden Deine Wunder in der Finsternis kund, und Dein Heil im Lande des Vergessens?«

In Jesaja 38,18 und 19a lesen wir: »Denn nicht lobt Dich die Unterwelt (Scheol). Der Tod preist Dich nicht; die zur Grube hinunterfahren harren nicht auf Deine Treue. Der Lebende, und zwar nur der Lebende, der lobt Dich, wie ich es heute tue.« Die Toten sind geschieden vom Lobpreis der Gemeinde. Darin besteht ihr Totsein. An ihnen kann Gott nicht mehr handeln. Sie werden nicht mehr erreicht von der Verkündigung. Deshalb ist allein den Lebenden das Lob Gottes vorbehalten.

Wir sehen: *In Israel gab es keine Verharmlosung des Todes. Man nahm ihn ernst. Auch der Ewigkeitspsalm (Psalm 90) steht still vor der Vergänglichkeit des Menschen und vor der Ewigkeit Gottes.* Zwar ist GOTT der *»HERR«* auch über den Tod (2. Kön. 20,5f.) und das Totenreich (Ps. 139,8; Am. 9,2). Aber die Toten standen schon außerhalb des Gottesdienstes der alttestamentlichen Bundesgemeinde. Tote berühren machte unrein. Ebenso Gräber. Tod hieß also auf Grund dieser ersten Aussagenreihe Schmerz, Weh, Unreinheit. Deshalb reichte auch der Tod tief hinein in das Leben. Krankheit, Gefangenschaft und Feindesnot sind schon eine Art von Tod. Manche Beter des Alten Testaments fühlten sich schon im Totenreich (Scheol), während sie doch »nur« krank oder in Not waren. Ihre Genesung und Befreiung aus der Not feiern und preisen sie als eine *Errettung aus dem Tode:* »Ja, Du hast mein Leben vom Tode errettet, mein Auge vor Tränen bewahrt, meinen Fuß vor dem Falle« (Ps. 116,8).

2. Die Sehnsucht nach Fortleben und die Gewißheit ewigen Lebens in der Gemeinschaft mit GOTT.

Was war es denn für ein Gott, an den die Frommen des AT glaubten? War es nicht *der* GOTT, der mit den Menschen in ein inniges und nahes Verhältnis treten wollte, wie wir es besonders bei den Patriarchen wahrnahmen, und zwar ein Verhältnis, das der Tod nicht aufheben konnte? War es nicht der *lebendige* GOTT, so wie der Sänger in Psalm 42 ausruft: *»Meine Seele dürstet nach*

GOTT, nach dem lebendigen GOTT; wann werde ich dahin kommen, daß ich Gottes Angesicht schaue?«

Dieselbe Sehnsucht spricht das schöne Abendgebet Psalm 17 aus: *»Ich aber will schauen Dein Antlitz in Gerechtigkeit; ich will satt werden an Deinem Anblick, wenn ich erwache.«* Es ist, als nähme der Sänger Flügel und schwinge sich über die Räume der Erde, über seine Zeit und ihre Erkenntnisstufe, über sein Volk und was ihm von Gottes heiligem Gnadenwerk offenbart und bekannt war. An dem Anblick des Herrn will er sich sättigen. Und das ist doch das tiefste Bedürfnis des Menschen: die *sichtbare, fühlbare* Nähe Gottes, um Ihn lieben und sich Seiner freuen zu können. Solche Hoffnung knüpft David in seinem Abendgebet nicht an den Aufgang des nächsten Morgens, sondern an das *Wiedererwachen* aus dem Tode an!

Welche Hoffnung spricht aus dem 16. Psalm: *»Du wirst meine Seele nicht in der Unterwelt lassen, und nicht zugeben, daß Dein Heiliger die Verwesung sehe!«* – Wie erhebt sich hier der Sänger im Triumphe des Glaubens über den Tod selbst. Seine Hoffnung ruht auf dem Schluß: Es ist unmöglich, daß ein Mensch, dessen Leben mit GOTT in Glauben und lebendiger Erfahrung verbunden ist, dem Tode verfalle. Und nicht etwa an bloße Unsterblichkeit denkt er, sondern an ein *seliges, leiblich-verklärtes Leben.* Denn er fährt fort: *»Du wirst mir kundtun den Weg zum Leben; Freude die Fülle wird sein vor Deinem Angesicht und liebliches Wesen zu Deiner Rechten in ewigem Bestand.«*

Der alttestamentliche Fromme kommt nicht durch Zusammenstellung von Beweisen für die Unsterblichkeit, nicht durch abergläubisches Anklopfen in Spiritismus und Okkultismus, sondern allein *durch Erfahrung der Liebe Gottes* zu seiner Gewißheit. Die Gnade Gottes erfahren die Glaubenden täglich, die Gnade Gottes ist ihre Freude, und von dieser Gnade rühmen sie mit lautem Munde: *»Seine Gnade währet ewiglich!«* Es ist kein einziges Wort, das im Alten Testament so oft geschrieben steht wie dieses: *»Seine Gnade währet ewiglich!«*

Der Sänger im 16. Psalm sagt: *»Ich spreche zu Jahwe, Du bist ja der HERR, mein Glück ruht allein auf Dir! Der HERR ist mein*

Gut und mein Teil; das Los ist mir gefallen aufs liebliche, mir ist ein schön Erbteil geworden!« – Kann wohl die Freude an der Gnade Gottes schöner ausgesprochen werden? Eben die innige Verbindung mit Gott in der Zeitlichkeit wird ihm zum Unterpfand und zur Bürgschaft des zukünftigen Heils: *»Du wirst meine Seele nicht in der Unterwelt lassen und nicht zugeben, daß Dein Heiliger verwese.«*

Psalm 126 kann mit Recht als Text für eine neutestamentliche Totenfeier dienen: *»Wenn der Herr die Gefangenen Zions erlösen wird, dann werden wir sein wie die Träumenden. Dann wird unser Mund voll Lachens und unsre Zunge voll Rühmens sein. Der HERR hat Großes an uns getan, des sind wir fröhlich! Die mit Tränen säen, werden mit Freuden ernten. Sie gehen hin und tragen edlen Samen und kommen mit Freuden und bringen ihre Garben.«* Für die Christenheit ist dieses Lied dann auch immer als ein herrliches Zeugnis von der endlichen Erlösung der Kinder Gottes in der zukünftigen Welt gedeutet worden. Der diesseits ausgesäte, tränenbefeuchtete Same wird jenseits zu seligen herrlichen Garben, von denen Bernhard von Clairvaux sagt, *»sie seien so groß, daß sie nicht gemessen, so zahlreich, daß sie nicht gezählt, so kostbar, daß sie nicht abgeschätzt werden können.«* Die Kinder Israel sangen dieses Lied, wenn sie zu den hohen Festen nach Jerusalem wallfahrteten. Und mancher mochte dabei empfinden, daß auch das Land der Väter nicht das letzte Ziel der Sehnsucht des Volkes Gottes sein könnte, daß vielmehr das ganze Menschenleben nur eine Wallfahrt sei nach dem oberen Heiligtum.

Die Psalmen malen allen Leidenden den großen HERRN und GOTT vor Augen, und zwar *so hell* und *so deutlich,* als ob sie IHN mit lieblichen Augen sähen. Das ist Israels Herrlichkeit! Jahwe ist ihnen der Lebendige! ER ist die Ewigkeit, die Seligkeit. Ohne etwas Bestimmtes zu wissen von dem jenseitigen Leben, läßt der alttestamentliche Gläubige sich an Jahwe und Seiner Gnade genügen. Darauf gründet er seine kühne Hoffnung, daß seine Seele von dem Aufenthalt in der Unterwelt entbunden und unmittelbar zu Gott hin entrückt wird. Und dies, die selige himmlische Gemeinschaft mit GOTT – sie ist sein Glück.

Freilich dürfen wir dabei nicht vergessen, daß das alles nur Glaubenshoffnungen einzelner erleuchteter Frommer waren; nur Lichtstreifen, die das Dunkel der Scheolvorstellungen durchbrachen. Wegheben konnten sie das Dunkel nicht ganz. Der gesamte alttestamentliche Gottesdienst mit seinen Opfern, Besprengungen, Waschungen war nicht dazu angetan, letztes und volles Licht in das Jenseits zu werfen.

Der Mensch wurde gerade in seinem Tode als ganz besonders unrein dargestellt. Die bloße Berührung eines Toten oder eines Grabes verunreinigten das ganze Haus mit all seinem Gerät. Der Leichnam ist unrein und verunreinigt, weil sich an ihm die Wirkung der Sünde zeigt, und die vorgeschriebenen Reinigungen sollen eben das Bewußtsein der Sünde und Schuld wecken und erhalten. Auf die Seele der Hinterbliebenen mußte das alles bitter und schmerzvoll wirken. Über all diesem Bittern steht jedoch fest: *Unzerstörbar wird die Lebensgemeinschaft der alttestamentlichen Beter mit GOTT sein. Sie werden immer bei IHM sein.* Die Entrückung Henochs (1. Mose 5,24) und die Himmelfahrt Elias (2. Kön. 2,1ff.) galten ihnen als Zeichen Gottes dafür, daß auch ihnen Leben in GOTT geschenkt werden wird.

3. Alttestamentliche Hoffnungen, in denen die Kinder Gottes heute ihr Sehnen und Hoffen ausgedrückt finden[1].

Die *Auferstehung des Leibes* ist ein Gedanke, den die hochgebildeten Völker des Altertums *nicht* gekannt haben, weil ihnen eben der Blick in das rechte Verhältnis von Seele, Leib und Geist abhanden gekommen war. Für die heidnisch-griechische Denkweise ist der *Leib ein Kerker,* in welchem unser Geist gefangen gehalten ist.

[1] Die Verse 26 und 27 in Hiob 19 haben zum Inhalt das Glaubensbekenntnis des Hiob, daß er einst Gott schauen darf, wonach sein Herz sich sehnt. Wir geben die Übersetzung nach dem hebräischen Urtext wieder.

(V. 25): »Ich weiß gewiß, daß mir ein Löser (und Rechtsanwalt) lebt. Als Letzter (d.h. als ein Alles Überlebender) wird er sich über den Staub erheben.

(V. 26): Und ist meine Haut noch so zerschlagen und mein Fleisch dahin: Gott werde ich schauen.

(V. 27): Ja, ich, ich selber werde Ihn schauen und meine Augen, nicht die Augen irgendeines andern werden Ihn sehen! Vor Sehnsucht vergeht mir mein Herz im Leibe!«

Sprengt der Tod die Türen, so geht der Geist in selige Freiheit über. Nach *alttestamentlicher Lehre* jedoch ist der Leib ein *Gebilde Gottes*, auf ihm ruht unser geistiges Wesen und Tun. Der Mensch hat nicht bloß Leib, Seele und Geist, er *ist* Leib, Seele und Geist. So muß eine vollkommene Erlösung auch eine Wiederherstellung und Verklärung des Leibes bringen, daß er ein vollkommenes Werkzeug des Geistes werde.

Drei große Auferstehungsweissagungen bringt die Prophetie des Alten Testamentes als Übergang zum Neuen Testament.

Die erste steht Jesaja 26,19: »*Aufleben werden Deine* (Jahwes) Toten; meine Leichname (des Volkes) *werden auferstehen. Wachet auf und rühmet, ihr Bewohner des Staubes! Denn Dein Tau ist ein Tau des grünen Feldes.*« Hier wird die *Wiederaufrichtung* des zertrümmerten jüdischen Staates im Bilde einer Auferstehung von den Toten verkündigt. Der Prophet hat dieses Bild nicht aus seiner Phantasie genommen. Wie hätte er es auch als Trost dem Volke darbieten können, wenn nicht die Erwartung damals schon lebendig gewesen wäre, daß an der messianischen Zeit auch die Toten durch Wiedererweckung teilnehmen.

Die zweite Weissagung ist Hesekiel 37. In einem prachtvollen Gesicht schaut der Prophet ein Schlachtfeld voller Totengebeine. »*Und es kam in sie der Geist und wurden lebendig.*« Und der Prophet bekommt den Auftrag, dem Volke zu verkündigen, daß Jahwe die Gräber öffnen und das ganze Israel herausführen werde. Es ist nicht die Rede von toten Menschen, sondern von lebendigen Israeliten in ihrem elenden und gedrückten Zustande während der Gefangenschaft. Aber auch hier sehen wir, daß der Auferstehungsglaube damals dem Volke nicht fremd war. Der Prophet Hesekiel beschreibt hier die leibliche Auferstehung auf eine recht anschauliche Weise. Wir sehen, wie die toten Gebeine sich nähern, Fleisch darüber wächst, sich Haut darüber zieht, endlich der Geist in sie kommt.

Die dritte Weissagung ist Daniel 12,2: »*Das Volk wird dann* (zur messianischen Zeit) *gerettet werden, alle, die aufgeschrieben sind im Buche des Lebens. Und viele von den im Erdenstaube Schlafenden werden aufwachen, diese zum ewigen Leben und jene zur Schande, zum ewigen Abscheu.«* Hier tritt der Auferstehungsglaube zum erstenmal unumwunden hervor. Nicht im bildlichen, sondern im eigentlichen Sinne spricht Daniel von der Auferstehung. Aber es ist doch keineswegs eine lehrhafte Auseinandersetzung; sondern die Auferstehung erscheint als dringende Forderung des Glaubens an Jahwe. Die Gerechten können unmöglich im Totenreich bleiben. Vers 3 fährt fort: *»Die Verständigen aber werden leuchten wie des Himmels Glanz, und die, so viele zur Gerechtigkeit geführt, wie die Sterne ewiglich.«* (Die Verständigen sind solche, die andere in die Erkenntnis Gottes geführt haben.)

Auf diese Weissagungen der Propheten baute dann die jüdische Theologie weiter. Zu der Zeit Jesu war die Auferstehung in den Schulen der Pharisäer zu einer bestimmten Lehre ausgebildet, die auch in die Masse des Volkes übergegangen war. Wir kennen Marthas Glaubenswort: »Ich weiß, daß mein Bruder auferstehen wird am jüngsten Tage.«

II. Der Glaube an das ewige Leben im Neuen Testament

Der Herr hat nicht bis ins einzelne gehende Lehrvorträge über das Leben nach dem Sterben gehalten, wohl aber sehr Wichtiges darüber ausgesagt. *Für eine abgeschlossene neutestamentliche Lehre* über das Leben nach dem Tode waren die Jünger noch nicht genügend vorbereitet. Sie mußten sowieso schon viel Neues und Unfaßbares in sich aufnehmen, in das sie sich zunächst gar nicht hineinfinden konnten. So hat der Herr z.B. das große Wort *»vom Vaterhause mit den vielen Wohnungen«* erst in der *»Abschiedsstunde«* Seinen Jüngern sagen können. Aber auch dies Wort vom Vaterhaus wurde durch eingewurzelte Hoffnungen auf ein irdisches Messiasreich nicht recht verstanden. So ist es erklärlich, daß der Herr Sich darauf beschränken mußte, hinsichtlich des nachirdischen Lebens nur *»Samenkörner«* auszustreuen. Aber schon diese *»Samenkörner«* sind kostbar.

Wir betrachten nun A. *die wichtigsten Aussprüche Jesu aus dem Matthäus-, Lukas- und Johannesevangelium;* B. *zwei wichtige Ereignisse aus der Apostelgeschichte* und C. *wie diese Worte des Herrn fortgelebt haben in den Herzen der Apostel.*

A. Worte Jesu aus den Evangelien

a) Die Sadduzäerfrage (Matth. 22,23–33; Mark. 12,18–27; Luk. 20,27–40)

Weil die Sadduzäer[2] nicht an eine Auferstehung der Toten glaubten, erzählten sie dem Herrn eine Geschichte, um Jesus mit seinem Auferstehungsglauben lächerlich zu machen. Wahrscheinlich ist diese Geschichte von der Frau mit den sieben Männern schon öfter von den Sadduzäern im Streit mit den Pharisäern gebraucht worden.

Die *Pharisäer* dagegen glaubten zwar an die Auferstehung der Toten, aber sie waren ganz im Irdisch-Materiellen befangen. Sie erwarteten, daß der Messias ein irdisches Reich aufrichten, das Reich Davids wiederherstellen werde. An diesem Reiche würde dann ganz Israel als Volk teilhaben, auch die Verstorbenen durch Wiederbelebung ihrer Leiber. In diesem Reich würden sich auch alle gewohnten irdischen Verhältnisse wiederholen, ganz nach Weise des jetzigen Lebens, nur in schönerer, von Lasten und Leiden befreiter Form. Es müßte also auch eine so wichtige Lebensform wie die *»Ehe«* im Messiasreiche *fortbestehen.*

Man wird an diese *Sadduzäerverhandlung* erinnert, wenn man in einer rabbinischen Schrift die Entscheidung liest: »Ein Weib, das mehrere Ehemänner gehabt hat in dieser jetzigen Welt, wird in der künftigen Welt dem *ersten* gehören!«[3]

[2] Die Sadduzäer hatten ihren Namen von dem Rabbi Sadok und waren im Gegensatz zu den rechtgläubigen Israeliten die ungläubigen Freigeister, welche die Lehre vom Dasein der Engel, die Unsterblichkeit, Auferstehung und das Gericht leugneten. Sie verwarfen die Schriftauslegung der Ältesten und erkannten aus dem gesamten Alten Testament nur das schriftliche Gesetz, die Thora, d.h. das Fünfbuch Mose als maßgebend für Leben und Wandel an.

[3] Strack-Billerbeck, Bd. I, München 1922, S. 886.

Die Sadduzäer fragen, *wem* die Frau, die hier auf Erden sieben Männer gehabt hat, »drüben« gehört. Jesu Antwort lautet: *»Im ewigen Leben heiratet man nicht.* Da hat der Mann die Frau nicht als Ehefrau und die Frau nicht den Mann als Ehemann, denn dort drüben haben sie alle eine ganz andere Lebensart. Diese ganz neue Lebensart ist der Lebensart der Engel gleich.« Matthäus und Markus haben die Ausdrucksweise: *»Wie die Engel in den Himmeln.«* Lukas sagt einfach: *»engelgleich«.*

Wenn der Herr den auferstandenen Seligen die *Engelgleichheit* verheißt, so spricht ER damit von wirklich *persönlichen Gestalten.* Meisterhaft verteidigt Jesus hier beiläufig im Gegensatz zum sadduzäischen Unglauben *das Bestehen der Engel* als persönliche Wesen mit himmlischer Leiblichkeit. Die Vergleichspunkte zwischen den *»Menschen im ewigen Leben«* und den *Engeln* sind also *Persönlichkeit und himmlische Leiblichkeit.*

Das ist das eine.

Und das andere: Der Glaube an den lebendigen GOTT schließt ein, daß die Abgeschiedenen in der Hand des lebendigen Gottes bleiben, *nicht als Tote, sondern als Lebende.*

Zum Staunen der Sadduzäer wählte Jesus als Beweis dafür eine Stelle *aus den fünf Büchern Moses,* und zwar mit Rücksicht auf den besonderen Standpunkt der Sadduzäer, die von dem ganzen AT nur an die fünf Bücher Mose glaubten.

2. Mose 3,6 spricht GOTT zu Mose aus dem brennenden Dornbusch. Aus dem brennenden Dornbusch heraus *nennt GOTT Sich Selbst den »GOTT Abrahams und den GOTT Isaaks und den GOTT Jakobs«.* Dieser Selbstbezeichnung Gottes fügt Jesus nun die überraschende Bemerkung hinzu, daß *»GOTT nicht ein GOTT von Toten, sondern ein GOTT von Lebenden«* ist. Wenn GOTT sich also der GOTT Abrahams, Isaaks und Jakobs nennt, so *leben* die Erzväter im Jenseits und *verehren* ihn als *ihren GOTT bewußt,* und zwar nicht die Erzväter *allein,* sondern alle, *die in dem Glauben der Erzväter ihr Leben lebten und starben.* Jesus sagt es in Luk. 20,38b so: *»Sie leben alle IHM«, dem GOTT der diesseits und jenseits des Todes Lebenden. Das »alle« beweist, daß mehr als die Erzväter »drüben« GOTT als ihren GOTT ehren.*

Es waren bei dieser Unterredung mit den Sadduzäern auch Schriftgelehrte anwesend. Einige gaben ihrer Ergriffenheit Ausdruck und sagten, obwohl auch sie dem Herrn gegenüber feindlich gesonnen waren: *»Lehrer, Du hast trefflich gesprochen«* (Luk. 20,39).

Wir fassen zusammen:

1. Die Glaubenden (das sind in dieser Geschichte die Erzväter und die im Glauben ihnen Nachfolgenden) befinden sich bei GOTT nicht als Tote oder als bewußtlos Schlafende oder als nach Geist, Seele und Leib völlig Vernichtete, sondern als *Lebende,* und zwar als *bewußt Lebende* und GOTT Lobende.
2. Die Glaubenden sind nach ihrem Sterben den Engeln gleich. Das bedeutet, sie sind *wie die Engel bewußt denkende Persönlichkeiten* und als solche *mit himmlischer Leiblichkeit versehen,* die frei von irdischer Geschlechtlichkeit ist.
3. Wenn in der Schrift den Engeln Anteil an dem Ergehen der Gläubigen auf Erden zugeschrieben wird (Luk. 15,7 und 10), dann dürfen wir glauben, daß auch *die Seligen,* die doch den Engeln gleich sind, *teilnehmen an dem Ergehen des Reiches Gottes auf Erden.*
4. Die Aussicht auf ein *Zusammensein mit den Glaubenden des Alten Bundes* ist in dieser Sadduzäer-Verhandlung durch den Herrn auf Grund von Matth. 22,32 und Luk. 20,38b verbürgt. Die Sadduzäer gehen bei ihrem Gespräch mit Jesus von der Voraussetzung aus, *daß die Frau und ihre sieben Männer sich im jenseitigen Leben wiedererkennen würden.* Dieses Wiedererkennen im Himmel ist ja die Grundlage der ganzen Verhandlung. Und weil im Himmel die Glaubenden *den Engeln gleich* sein werden, so bedeutet dies auch, daß die Glaubenden mit ihren Familien einander dort drüben genau so liebhaben werden, wie die Engel einander in Liebe zugetan sind.
5. Auf Grund des großen Jesus-Wortes Luk. 20 dürfen wir annehmen, *daß der Himmel der Seligen eine Welt der Auferstehung und das Leben im Himmel ein Auferstehungsleben ist.* Das Auferstehungsleben Jesu mit seinen alles belebenden Auf-

erstehungskräften wird auch den himmlischen Leib der Glaubenden durchpulsen, so daß nichts mehr von irdischer Schwachheit und Krankheit zu merken und zu sehen sein wird. Der Ausdruck »die der Auferstehung aus den Toten teilhaftig werden« ist im Hinblick auf 1. Kor. 15 und anderer Worte bedeutungsvoll.

6. Wichtig ist in diesem Zusammenhang auch der Ausdruck *»Söhne der Auferstehung«. – Welch ein wunderbarer Ausdruck für das Leben im Himmel* ist dieses Wort: »Söhne der Auferstehung«! Auf Erden sind wir dem Leibe nach noch *»Kinder des Todes«.* Ein Hauptanliegen des Erlösungswerkes von Golgatha ist, aus *»Kindern des Todes« »Söhne der Auferstehung«,* d.h. Erben, nämlich Teilhaber eines himmlischen Auferstehungslebens zu machen. ER ist der HERR über beide Seinsweisen Seiner Gemeinde, über die Schar der *leidenden* Gemeinde und über die der *triumphierenden Gemeinde,* über die Schar der sterbenden Gemeinde und über die der ewig lebenden Gemeinde.

7. Wie es möglich ist, daß der *Mensch aus dem Tode sofort zum Auferstehungsleben übergeht, erklärt der Herr in unserer Geschichte,* indem ER zu den Sadduzäern sagt: *»Ihr kennt nicht die Kraft* (die Dynamis) *Gottes«* (Matth. 22,29 und Mark. 12,24). Den Ausdruck *»die Kraft Gottes«,* welche die Auferstehung der Glaubenden bewirkt, wiederholt Paulus in 1. Kor. 6,14: »Gott wird uns auferwecken *durch Seine Kraft.*« Mit diesem Ausdruck *»Kraft Gottes«* weiß das gläubige Menschenherz genug, auch wenn es in die Art und Weise des Vorgangs als solchen noch keine Einsicht hat.
Die Sadduzäer hatten kein Vertrauen zu der Kraft Gottes über den Tod! GOTT nicht erkennen und anerkennen in Seiner ewigen Kraft – das ist noch immer der eigentliche Unglaube der Ungläubigen. Wer aber selbst lebendig geworden ist in GOTT, weiß, welche Lebenskräfte von GOTT fort und fort ausgehen. Hat nun GOTT den Menschen als Einheit von Geist, Seele und Leib gewollt und auch die Verklärung von Leib, Seele und Geist in Seinem Heilsrat beschlossen, so wird und muß ER diese

Seine Gottesgedanken auch bei dem Tode der Seinen ausführen. »Die ER gerecht gemacht hat, *die hat ER auch herrlich gemacht*« (Röm. 8,30).

8. Die *Engelgleichheit* tritt sofort nach dem Sterben der Glaubenden in Erscheinung. Aber unser Ziel ist ein weit höheres, als den *Engeln* gleich sein. Wir werden nämlich *»IHM«* gleich sein, sagt 1. Joh. 3,2. Und Röm. 8,29 spricht davon, »daß die Glaubenden dem Ebenbilde *Seines Sohnes gleich sein werden«.*
9. Beachtenswert ist endlich, daß Jesus hier nicht von der »Auferstehung *der* Toten«, d.h. aller Toten redet, sondern von der »Auferstehung *aus* Toten«. Es gibt eine Auferstehung der Toten, der Gerechten und der Ungerechten (vgl. Apg. 24,25), oder wie der Herr in Übereinstimmung mit den Propheten lehrt, eine Auferstehung des Lebens und des Gerichts (Joh. 5,29; Dan. 12,2). Um den *Vorzug* derer zu bezeichnen, die das ewige Leben erben, wird der Ausdruck »Auferstehung *aus* Toten«, wie hier bei Markus und Lukas, oder wie bei Paulus später noch genauer als *»Aus-Auferstehung«* der Toten (Phil. 3,11) gebraucht.

b) Die Geschichte vom »reichen Mann und dem armen Lazarus« (Luk. 16,19–31)

Diese Geschichte hat Lukas allein aufbewahrt.

Von der Erde, dem Schauplatze seines Leidens, trugen Engel den Bettler Lazarus in den Schoß Abrahams. Der Schoß Abrahams ist in der jüdischen Theologie die Bezeichnung für die Gemeinschaft der verstorbenen Frommen im Scheol (Totenreich). Abraham erscheint den Israeliten als der persönliche Mittelpunkt im Totenreich. Es ist dem Israeliten darum größte Seligkeit, einst mit Abraham, dem Vater der Gläubigen, versammelt zu werden, um mit ihm das ewige Glück der Seligkeit genießen zu dürfen.

Das *Totenreich* teilt sich nach israelitischem Glauben
in einen *Ort der Glückseligkeit für die Frommen* (Abrahams Schoß) und
in einen *Ort der Qual für die Gottlosen.*

Der Reiche befand sich am Ort der Qual[4]. Von den abgeschiedenen Seelen des Reichen und des Abraham wird so gesprochen, als befänden sie sich im Stande des leiblichen Lebens. Die Lebensäußerungen der Abgeschiedenen können auf keine andere Art besser ausgedrückt werden als so, wie Jesus es hier in dieser Geschichte sagt. Der Gepeinigte, der durch das Aufheben seiner Augen hilfesuchend aufblickt, sieht auf einmal in der Ferne Abraham. Der Erzvater Abraham befindet sich am Ort der Seligen, fern vom Ort der Qual. Lazarus war in seinem Schoß. *Der Reiche wendet sich in einer ersten Bitte an den Vater Abraham,* den Lazarus zu senden, daß er mit einem Tropfen Wasser an der Spitze seines Fingers ihm die Zunge kühle, um die Glut seiner Qual zu lindern. Zwischen den Seligen und Unseligen im Totenreich ist eine große Kluft. Die Gewährung der Bitte des Reichen ist aus diesem Grunde unerfüllbar.

Das Verlangen des Reichen in Vers 27–31, daß Lazarus als Zeuge zu des Reichen Brüdern gesandt wird, weist Abraham mit den Worten ab: »Sie haben Mose und die Propheten, die laß sie hören.« Mit der Ausdrucksweise »Mose und die Propheten« ist das gesamte AT gemeint. Das AT legt überall ein warnendes Zeugnis gegen diejenigen Reichen ab, die ihren Reichtum in Genußsucht und Trunksucht verschwendet haben und hart und unbarmherzig gegen Arme und Elende gewesen sind.

Die Hoffnung des Reichen, das Zeugnis eines Menschen, wenn er von den Toten zurückkehrte, würde Buße bewirken, hält Abraham für einen Irrtum, denn die Wirkungskraft zur Bekehrung, die Wirkungskraft zum Glauben enthält auch heute noch ganz allein die Botschaft der Heiligen Schrift und nichts anderes. Wer der Heiligen Schrift nicht glauben will, kann durch die Rückkehr eines Toten nicht zum Glauben gebracht werden. Besondere Offenbarungen von Hellsehern, Spiritisten, Okkultisten sind unbiblisch, verwerflich, sündig!

[4] Luther hat in Vers 23 »Totenreich« leider mit »Hölle« übersetzt. Das ist nicht richtig. Totenreich ist die rechte Übersetzung für »Hades«. Hades ist das neutestamentliche griechische Wort für Totenreich. Scheol war das alttestamentliche hebräische Wort für Totenreich.

Wir können für unser Thema ein Vierfaches aus dieser Geschichte erfahren.

1. *Die Seelen befinden sich nach dem Tode in wachem Bewußtsein. Sie schlafen nicht.* Vielleicht hat der »reiche Mann« bei Lebzeiten gedacht, wie so viele heute auch denken: »Nach dem Tode ist doch alles aus.« Wie furchtbar er sich geirrt hat! Er sieht sich nun in der Qual, über die er wohl auf Erden vielleicht gelächelt hat. Der Reiche ist bei vollem Bewußtsein. Er führt wichtige und inhaltsreiche Gespräche.

2. *Es gibt ein Wiedererkennen nach dem Tode.* Gewiß hat der »reiche Mann« bei Lebzeiten kaum einen Blick auf den armen Bettler vor seiner Tür geworfen. Ob er seinen Namen jemals erfragt hat, ist sehr zu bezweifeln. Aber im Jenseits kennt er ihn mit Namen. Er erkennt auch Abraham, obwohl er ihn nie auf Erden gesehen hat.

3. *Die Abgeschiedenen nehmen teil an unserem Ergehen auf Erden.* Der reiche Mann denkt an seine fünf Brüder und hegt den brennenden Wunsch, sie vor diesem Ort der Qual zu bewahren. Wenn dieser »reiche Mann« in der Qual an seine Brüder denkt, sollten dann nicht die im Herrn heimgegangenen Seelen auch an ihre Lieben auf der Erde denken?

4. *Wir hören: Jenseits des Grabes gibt es eine große Scheidung, der Abgeschiedene lebt entweder in der Qual oder in Abrahams Schoß.* Es ist hier in der Geschichte noch nicht der eigentliche Himmel und die eigentliche Hölle gemeint, sondern wie in der Geschichte von der Sadduzäerverhandlung der »*Vorhof*« des eigentlichen Himmels und der *Vorhof* der eigentlichen Hölle.

c) Die Geschichte von einem Mitgehenkten am Kreuz von Golgatha (Luk. 23,29–43)

Wir befinden uns auf Golgatha. Schweigen liegt über der Volksmenge. »Und das Volk stand und sah zu«, berichtet Lukas. Man wartet nach der Juden Art auf ein Zeichen. Wird ER sich vielleicht noch im letzten Augenblick in Gotteskraft erheben und alle Bande zerreißen und endlich das ersehnte Reich der Herrlichkeit aufrichten? Aber es geschieht nichts. Hohngeschrei erhebt sich, Stimmen der Lästerung werden laut: »Bist Du Gottes Sohn, so steig herab vom Kreuz . . . bist Du Christus, so hilf Dir selber!«

Wo sind sie alle, denen der Herr wohlgetan hat? Die mit Ihm jubelnd zum Fest hinaufgezogen waren?

Da geschieht ein stilles, großes Wunder. Zu dem Hilflosen und Ohnmächtigen an dem mittleren der drei Kreuze erhebt sich eine hilfeflehende Stimme. Von dem Mann an dem Kreuz in der Mitte, der von des Volkes Hohngeschrei verlästert wird, erfleht der eine der beiden am Kreuz hängenden Verbrecher: *Jesus möge an ihn, den sterbenden Verbrecher, denken, wenn ER eingehe in Sein ewiges Königreich.* Im Glauben redet er den gekreuzigten Heiland an als den Herrn und König eines Reiches, das er zwar nicht sieht, an das er aber *glaubt: »Herr, denke an mich, wenn Du in Dein Reich kommst.«* Und als Der, der über das Königreich der Himmel zu verfügen hat, nimmt er des Raubmörders Rede und Bitte an: *»Wahrlich, Ich sage dir, heute noch wirst du mit Mir im Paradiese sein!«*

Wie in dem eigenen schmerzvollen Leiden dem Verbrecher seine Schuld vor GOTT offenbar wurde, so erkannte er in dem Leiden »des Herrn am Kreuz« *nur dessen Unschuld,* so daß er überzeugungsvoll ausrief: *»Dieser hat nichts Ungehöriges getan!«* Er hatte ja kurz vorher gehört, wie Jesus für Seine Feinde *gebetet* hatte: *»Vater, vergib ihnen, denn sie wissen nicht, was sie tun!«*

Man möchte meinen, daß es gerade diese *hohepriesterliche Fürbitte* Jesu war, die wie ein Lichtstrahl in seine dunkle Seele gefallen ist. Es erwacht in seinem verzweifelten Herzen ein kleiner Hoffnungsschimmer, ob nicht vielleicht auch für ihn noch Hilfe zu finden sein könnte. Und sein verlangendes Herz tat sich auf. Der Verbrecher ergreift den Augenblick der Gnade und Hilfe und fleht: *»Herr, denke an mich, wenn Du in Dein Reich kommst.«*

Eigenartig ist nun der Wortlaut der Antwort Jesu. Sie eröffnet dem Sterbenden etwas *ganz Neues und völlig Ungeahntes.* Darum leitet Jesus Seine Antwort ein durch das feierlich bekräftigende: *»Wahrlich, Ich sage dir.«* Die Bitte des Sterbenden wird dem Herrn ein Anlaß, Seine früheren Aussagen über »das Leben nach dem Sterben« nun am Kreuze, *sterbend einem Sterbenden gegenüber,* abzuschließen mit den beiden völlig überraschenden Worten: *»Heute«* und *»im Paradiese«.* Jesus denkt in diesem Augenblick an das *unmittelbar nach dem Sterben bevorstehende Leben.*

Der Herr sieht in dem Glauben dieses Sünders ein Werk Gottes vor sich, das der Vater Ihm zu Seiner Erquickung sendet. Denn in der glaubensvollen Bitte des sterbenden Übeltäters läßt der Vater im Himmel Seinem sterbenden Sohn am Kreuz einen Vorklang Seines Sieges über Sünde und Tod erfahren. Hier in diesem Heimholen des Gehängten ist schon erste Frucht offenbar geworden. Kein Engel vom Himmel hätte den Herrn so erquicken können wie dieser heimkehrende Sünder am Kreuzesstamm. Wenn es dann bald heißen wird: »Es ist vollbracht«, dann braucht Jesus nicht mehr zu leiden, dann kann ER aus eigener Macht Sein Haupt neigen und Seinen Geist hingeben in die Hände des Vaters. Und wenn ER dann eingehen wird in das Allerheiligste des Himmels, und zwar »heute noch«, und erscheinen wird vor dem Angesicht Gottes für uns (Hebr. 9,24), dann wird ER nicht allein kommen, sondern wie ein Sieger eine allererste Beute mit Sich führen.

»Heute!« – das ist das Freudenwort, das ER dem Mitsterbenden an Seiner Seite zuruft.

»Heute« – und wir beide miteinander, der Herr und Sein gerettetes Kind im Paradiese, so wie wir jetzt miteinander auf Golgatha am Kreuze sind. Das ist's, was das herrliche und kostbare Wort *»Heute«* in sich schließt[5].

Hier hören wir zum erstenmal im Neuen Testament das Wort *»Paradies«.* Soeben am Kreuze ist dieses ewige, unzerstörbare Paradies der seligen Gottesgemeinschaft wieder eröffnet. Und Der es durch Sein unschuldiges Leiden tut, Der konnte wohl Seinen Kreuzgenossen als den ersten einführen. Erst der Sterbende kann nun in Kraft Seines Opfertodes *handeln* und in Vollmacht sagen:

[5] Unmöglich ist die Satzverbindung, die die Zeugen Jehovas herstellen, indem sie behaupten: Jesus sagt: »Wahrlich, Ich sage dir *heute,* – wirst du mit Mir im Paradiese sein.« Die Zeugen Jehovas meinen, das Komma müsse hinter »heute« stehen und der Satz »mit mir im Paradiese sein« weise hin auf endlose Zeiten. Diese Satzverbindung ist nach dem griechischen Urtext unmöglich. Außerdem hat der Urtext gar keine Kommata.

»Heute noch wirst du mit Mir im Paradiese sein.«

Also »heute noch«, an diesem Tage des Gerichtes und der Verdammnis, der Schmerzen und des Todes, soll alles in sein Gegenteil verwandelt werden, der Tod in das Leben, die Schmerzen in Freuden, das Golgatha in das Paradies.

Und das bleibt nun die neue Himmelreichsordnung: In demselben Augenblick, wo das irdische Leben im Tode erlischt, in demselben Augenblick tun sich die Pforten des himmlischen Paradieses auf.

Für alle die, welche Christo angehören, geht es im Augenblick des Todes gerade hinauf zu Ihm.

Was der Herr dem Missetäter am Kreuz damals verhieß, daß er, der Übeltäter, noch am gleichen Tage mit Ihm im Paradiese sein sollte, *das wird der nunmehr zur Rechten des Vaters thronende König aller Könige dann erst recht nicht denen verweigern, die sich IHM schon im Leben geweiht haben.*

d) Die Geschichte von der Auferweckung des Lazarus (Joh. 11,23–26)

Das Wort, das Martha an den Herrn richtet: *»Ich weiß wohl, daß Lazarus auferstehen wird am Jüngsten Tage«*, bezeugt, daß damals wirklich die Frommen des Volkes Israel an eine Auferstehung am Ende der Tage glaubten. Die vielen Juden, die zu Martha und Maria gekommen waren, um sie wegen ihres Bruders zu trösten, haben sicherlich an diesen Glaubenstrost erinnert. Die Schwestern werden das Wort: *»Dein Bruder wird auferstehen«* in den vier Trauertagen oft gehört haben. Als nun auch der *Herr* dies Wort sagt, läßt Marthas Antwort durchblicken, daß ihr die Hoffnung auf die Auferstehung am Jüngsten Tage jetzt wohl kein rechter Trost ist.

Es ist für den Glauben an die Auferstehung der Toten im Blick auf Israel bedeutungsvoll, daß Martha sagt: »Ich *weiß*« es, d.h. ich bin mit dieser Glaubenslehre aufs gewisseste vertraut.

Aber dennoch unterdrückt Martha offenbar ein »Aber«, einen

Seufzer, einen Nachsatz, den sie nicht aussprechen will. Wie vor einer dunklen Kluft steht sie da.

Der Herr sieht Marthas Glaubensnot. Da unterbricht er sie und spricht: »*ICH* (und zwar ICH wirklich) *bin die Auferstehung und das Leben*!« (Der griechische Urtext betont in ganz besonderer Weise dieses »ICH« des Herrn.)

Das große göttliche Wort Jesu in Vers 25 und 26 besteht aus zwei Teilen:

Aus dem Selbstzeugnis des Herrn: »ICH bin die Auferstehung und das Leben.«

Aus dem Verheißungswort des Herrn: »Wer an MICH glaubt, der wird leben, ob er gleich stürbe; und wer da lebet und glaubet an MICH, wird nimmermehr sterben!«

»ICH bin die AUFERSTEHUNG.«

Hier weiß die Auslegung vielfach keinen anderen Rat, als daß sie sagt: Jesus redet hier *von nichts anderem als von dieser Auferstehung am Jüngsten Tage;* das Neue, was ER verkündigt, ist dies, daß ER Selber am Jüngsten Tage der *Auferwecker* sein wird.

Damit würde man aber denen recht geben, die meinen, die Gläubigen fielen in einen bewußtlosen Schlaf nach ihrem Sterben, was hieße, daß *erst am Jüngsten Tage die Wiedereinsetzung in das volle Leben durch die Auferstehung stattfinden wird.* Wenn das so wäre, daß nämlich der Sohn Gottes und »Heiland der Welt« gekommen wäre, um die Totenreich-Vorstellungen der Pharisäer zu *bestätigen,* dann würde das Wort Jesu von der Auferstehung *nichts Neues,* d.h. nichts wesentlich »*Neutestamentliches*« bringen.

Was hätte Martha weiterhin auch davon gehabt, wenn der Herr ihr bloß hätte sagen wollen: Fortan soll nicht mehr *Gott,* sondern *Christus* als *Der* angesehen werden, in und durch welchen die Auferstehung am Jüngsten Tage ihre Verwirklichung findet. Im übrigen aber soll es unverändert bei der Pharisäer Glauben vom Totenreich und der Auferstehung am Jüngsten Tage bleiben?

Aber wenn Jesus sagt: »*ICH bin die AUFERSTEHUNG*«, so schließt das ein, daß ER *nicht* allein der »Für-Sich-Selbst-Auferstandene« sein wird, *sondern daß ER als der Auferstandene die Seinen sofort in die Teilhabe an Seinem Auferstehungsleben mit hineinziehen wird.*

»ICH bin das LEBEN.«

Dieses Selbstzeugnis Jesu ist ausschließlich von der göttlichen Tatsache aus zu verstehen,

1. *daß ER das Leben Selbst ist* (und zwar in Person)[6],
2. *daß ER das Leben Selber gibt*[7].

Das Leben, das der Herr Selber *ist* und Selber *gibt,* ist das ewige LEBEN nach Geist, Seele und Leib. Denn Gott hat den Menschen – wie wir gesehen haben – als Einheit von Leib, Seele und Geist geschaffen. Darum ist von dem Lebensfürsten Jesus Christus die *Erlösung des ganzen Menschen* (auch seines *Leibes*) zu erwarten.

Weil der Mensch überhaupt nur in dieser Einheit von Geist, Seele und Leib als Mensch existieren kann, besteht der Inbegriff des heilsgeschichtlichen Berufes Jesu *nicht* darin, daß allein das *geistige Leben* »in den Himmel kommt« und das *geschöpfliche Leben* (Seele-Leib) als Unerlöstes »dahinten« bliebe oder gar ausgelöscht würde. Sondern alle, die hier am geistigen Leben Christi Anteil bekamen, haben bei ihrem Tode darum auch Anteil an Seinem LEBEN in Ewigkeit. *Als der Urquell und Spender eines LEBENS, das den ganzen Menschen nach Leib, Seele und Geist umfaßt, wird der Herr nicht einen einzigen Augenblick zögern, Sich als Erlöser auch des Leibes zu erweisen, sobald Ihm durch den Tod des Gläubigen die Gelegenheit dazu gegeben ist.* Das bekräftigende und überführende Zeugnis dafür gibt ER nun sofort, indem ER mit lauter Stimme dem Verstorbenen zuruft: *»Lazarus, komm heraus!«* Diese Wundertat steht also in engster Verbindung mit

[6] Joh. 5,26: Denn wie der Vater das Leben hat in Sich Selbst, so hat auch der Sohn das Leben in Sich Selbst.

[7] Joh. 5,21: Der Sohn macht lebendig, welche ER will.
Joh. 8,51: So jemand Mein Wort wird halten, der wird den Tod nicht sehen ewiglich.
Joh. 10,11: ICH bin gekommen, daß sie das ewige Leben und volles Genüge haben sollen.
Joh. 10,28: ICH gebe ihnen das ewige Leben.

dem voraufgegangenen Selbstzeugnis Jesu: *»ICH bin die AUFERSTEHUNG und das LEBEN.«*

Das Wunder der Auferweckung des Lazarus ist die sichtbare und anschaubare Bürgschaft dafür, daß Jesus auch über das *Leibesleben des Menschen Gewalt hat.*

Der Herr will keineswegs den Glauben der Martha an die »Auferstehung am Jüngsten Tage« für irrig erklären. Im Gegenteil: Es bleibt dem *Ende der Zeiten* vorbehalten, den Widerspruch von Tod und Leben endgültig und ganz aus der Welt zu schaffen und den Tod durch die Segnungen der neuen Schöpfung aufzuheben. Und wenn dieses endgültige Werk der Auferstehung in seinem ganzen Umfange dann am *Ende* der Zeiten eintreten wird, dann ist dieses Werk auch *Sein* Werk (Joh. 5,28 und 29!). Und was *ER im Großen* dann einst bewirken wird in der Stunde des Endsieges über den Tod, das hat ER jetzt schon in dem Einzelwerk der Auferweckung des Lazarus ausgeführt. Der Herr hat damit dokumentiert, daß es nur Seines allmächtigen Willens und Wortes bedarf. Denn *»ER macht lebendig, welche ER will«* (Joh. 5,21).

Die Auferweckung des Lazarus dient damit zugleich auch zur *Verherrlichung des Sohnes Gottes.* Denn die Auferweckung des Lazarus geschah nicht etwa aus Erbarmung oder Mitleid, sondern sie geschah, wie Jesus Selbst es Seinen Jüngern vorhergesagt hatte (Joh. 11,4), daß *»der Sohn Gottes dadurch verherrlicht werde«.* Darauf sollte in Bethanien alles hinzielen! Oder wie der Herr zu Martha spricht: *»Habe Ich dir nicht gesagt, so du glauben würdest, du würdest die Herrlichkeit Gottes sehen?«* (Joh. 11,40). Herrlichkeit ist aber hier der Gegensatz zu Vergänglichkeit. Gottes Herrlichkeit ist die Herrlichkeit Seines unvergänglichen, strahlenden, unendlich reichen und ewigen Lebens. Diese Seine Herrlichkeit tut der Vater kund durch den *Sohn.* Und so oft der *Sohn* ein Werk dieser Art vollbringt, so oft wird *ER* verherrlicht und dadurch auch die Herrlichkeit Gottes offenbar.

So und nicht anders glauben wir zu verstehen, wie es der Herr gemeint hat, wenn ER dem Bekenntnis der Martha von der *»Auferstehung am Jüngsten Tage«* so deutlich entgegensetzt: *»ICH bin die AUFERSTEHUNG und das LEBEN.«*

Das *Verheißungswort* des Heilandes besteht wie das Selbstzeugnis des Herrn auch aus *zwei Sätzen.* Sie lauten:

»Wer an MICH glaubt, der wird leben, wenn er auch gestorben ist.«

»Und jeder Lebende und an MICH Glaubende wird in Ewigkeit (überhaupt) *nicht sterben.«*

Mit diesen beiden Verheißungssätzen nennt der Herr:

die Bedingungen eines Auferstehungslebens: »Wer an mich glaubt«

die Konsequenzen, die sich aus den Bedingungen ergeben: ». . . der wird leben . . .«

Was die *Bedingungen* betrifft, so denken wir dabei an verwandte Selbstbezeugungen Jesu. ER hat von Sich gesagt: »ICH bin das *Licht* der Welt.« Auch hier folgen Bedingung und Verheißung! *»Wer MIR nachfolgt, der wird nicht wandeln in der Finsternis«* (Joh. 8,12).

Jesus hat weiter von Sich gesagt: *»ICH bin das Brot des Lebens.«* Bedingung und Verheißung lauten: *»Wer von diesem Brot essen wird, der wird leben in Ewigkeit«* (Joh. 6,48 und 51).

Die Konsequenzen der Verse 25 und 26 lauten: *»Der wird leben, wenn er auch gestorben ist«* (Luthers Übers.: *». . . ob er gleich stürbe«*) und: *»Der wird in Ewigkeit nicht sterben«* (Luthers Übers.: *»Der wird nimmermehr sterben«*).

Wenn wir die *beiden Verheißungsworte* miteinander vergleichen, dann fällt uns sofort ein Widerspruch auf. Nach Vers 25 *»stirbt«* der Glaubende. Nach Vers 26 *»stirbt der Glaubende nicht« (in Ewigkeit nicht, überhaupt nicht).* – Wir fragen: Wie ist diese Gegensätzlichkeit zu verstehen?

Wir meinen: Den beiden genannten *Verheißungsworten* des Herrn liegt folgender Triumphgedanke zugrunde: *Der Tod ist aufgehoben!* Aber diese Aufhebung hat praktisch zwei Seiten. Der Tod ist einmal als *Todes-Zustand* aufgehoben, denn *die Toten leben;* und dann ist *der Tod als grauenvolles Ereignis aufgehoben,* denn die an IHN Glaubenden *sterben nicht.*

Suchen wir uns klarzumachen, wie der Herr beides gemeint hat.

Vers 25: *Der Tod ist aufgehoben als Todes-Zustand.* Die Verstorbenen, die hier an IHN geglaubt haben, befinden sich nicht in einem Scheol-Zustande, wie Martha denkt; oder in einem bewußtlosen Schlaf-Zustand, wie viele heute sagen, sondern in vollem »*Lebenszustande*«. Der Herr kennt nur ein volles, wirkliches Leben. Reines Geistsein, nackte Unsterblichkeit, Todesschlaf oder Leib-Seele-Geist-Vernichtung und dergleichen moderne Gedanken liegen ganz außerhalb der Anschauungsweise des Herrn. Wenn ER von den in IHM Entschlafenen sagt, daß sie nach Ablegung des irdischen Leibes *dennoch* leben, so müssen sie eben droben einen himmlischen Leib empfangen haben. Sie leben das wahre volle Leben der vollkommenen Erlösung, d.h. auch das leibliche Leben ist erlöst und verklärt.

Das ist aber nicht bloß als Trost über unsere *Toten* gesprochen, sondern auch wir *Lebenden* dürfen es als ein Verheißungswort fassen. Alle, die im lebendigen Glauben an den Herrn stehen, die haben in dem neuen unvergänglichen Geistesleben, das der Herr ihnen gegeben hat, ein Unterpfand, daß ihnen bei Ablegung dieses sterblichen *Leibes* auch neues unvergängliches *Leibesleben* gegeben werden wird. In dem Augenblick, wo das Hindernis auch des äußeren ewigen Lebens, das ist der »*Leib der Vergänglichkeit*«, hinfällt, kann und wird die *Krönung des Werkes der Erlösung* stattfinden. Dann erst kann es in vollem, d.h. *geistleiblichen Sinne* heißen: »*Sie leben.*« Sie gehören nun zur neuen Menschheit, in welcher Gottes ursprünglicher Gedanke über den Menschen wiederhergestellt ist. Solche »*droben*« um Sich zu haben, geziemt sich für den Fürsten des *Lebens.* Die ER »*droben*« in Sein himmlisches Reich aufgenommen hat, die können unmöglich nach ihrem irdischen Leben noch unter der Herrschaft des Todes stehen. Der Herr ergrimmte nicht umsonst über den Tod des Lazarus: »*Sein Inneres war von einer heftigen Bewegung ergriffen*« V. 35 und 36.

Vers 26: *Der Tod ist aufgehoben als grauenvolles Ereignis.* Die Lebenden, die an den Herrn glauben, für die also das Katastrophale des Todes überwunden ist, *sie sterben in diesem Sinne nicht.* Der Herr gebraucht hier in auffallender Weise eine starke Verneinung: Sie werden »*nun und nimmermehr*« in Ewigkeit nicht sterben. Als wollte ER sagen: Mag es dir, Martha, verwunderlich klingen, magst du es mit deinen gewohnten Vorstellungen nicht gleich in Einklang bringen können – es *ist so* und es *bleibt* so, *sie sterben nicht.*

Das Sterben ist zwar noch ein gewaltsames Erleiden, ein physischer Vorgang, den man zwangsweise hinnehmen muß. Blicken wir auf den sterbenden Heiland! Als ER gerufen hatte: »Es ist vollbracht!«, *da neigte ER* (zuversichtlich und des Sieges über den Tod gewiß) *Sein Haupt und verschied und befahl Seinen Geist in des Vaters Hände.*

Und so triumphiert auch Sein erster Blutzeuge Stephanus über den physischen Tod unter den mörderischen Steinwürfen, indem er Seinem himmlischen Herrn sich vertrauensvoll entgegenneigt mit dem Ruf: *»HERR Jesu, nimm meinen Geist auf!« Sein Angesicht war nicht wie das eines Sterbenden, sondern »wie eines Engels Angesicht«.*

So wird bei den Gläubigen das Sterben ein *wunderbarer Lebensakt,* der letzte und größte Lebensakt, in dem sie sich dem Herrn als ein vollkommenes Opfer darbringen. Und damit verliert der Tod sein Grauen. Der Tod wird ein Berührungspunkt, wo das diesseitige und das jenseitige Leben ineinander überfließen.

Der Gläubige spricht: *Ich gehe nach dem Ort, wohin Gebet und Betrachtung mich täglich getragen haben. Ich gehe in das obere Reich, dessen Ordnungen mir stets Richtschnur und Leitlinie meines Lebens gewesen waren. Ich gehe in den Himmel, dessen Seligkeit ich schon hier gekostet habe. Zu meinem Gott und Heiland gehe ich – zu dem besten Freund im Himmel und auf Erden gehe ich, zu Dem, mit dem ich in einem ganz wunderbaren und einzigartig kostbaren Herzensverhältnis gestanden habe, zu meinem Heiland Jesus Christ.*

In Psalm 116,15 heißt es: *»Es ist köstlich in den Augen des Herrn der Tod Seiner Heiligen.«* Was der Sünde Lohn ist, nämlich der Tod, das ist durch Jesus Christus bei denen, die sich IHM im Leben hingegeben haben, in etwas Köstliches verwandelt worden!

Es ist doch bedeutungsvoll, daß bei dem Sterben der Gläubigen im Neuen Testament der Ausdruck »sterben« vermieden wird. Als der Herr dem Petrus den Märtyrertod weissagt, tut ER es mit den Worten: »Ein anderer wird dich *gürten*«[8]; und der Apostel selbst, als die Stunde der Erfüllung gekommen war, schreibt: »Ich werde meine Hütte bald *ablegen*, wie mir unser Herr Jesus Christus eröffnet hat.«[9] Und von dem Herrn Jesus wissen wir, daß ER oft von Seinem *»Ausgang«*[10] aus der Welt oder von Seinem *»Hingange«*[11] zum Vater oder von Seiner *»Erhöhung«*[12] ans Kreuz spricht; aber nie hat ER von Sich gesagt, ER werde *sterben*. Und auch die Evangelisten des NT vermeiden diesen Ausdruck mit unverkennbarer Absichtlichkeit; sie sagen, Jesus habe Sein Haupt geneigt, habe Seinen Geist ausgehaucht; aber nie sagen sie: ER starb. Das sind alles Nachklänge der Verheißung: »Sie werden nun und nimmermehr sterben.«

Aber diese Verheißung greift darüber hinaus noch tiefer. Es wird der physische Vorgang selber verwandelt; er wird zu einem *»Entschlafen«*. Von Stephanus hieß es: Er *entschlief*[13]. Paulus redete von denen, so in Christo *entschlafen* sind[14]. Der Herr Selbst hatte diese Art zu reden eingeführt, denn ER sagt von Lazarus: *»Unser Freund schläft.«*[15] Das ist nicht ein freundliches Wort für eine schmerzliche Sache. Wenn der müde gewordene Mensch abends seine Glieder ausstreckt zum Schlaf, so ist das im Grunde auch ein *Tätigsein*. Er will ruhen, die Erschöpfung seiner Kräfte zwingt ihn. Aber in dem allmählichen Umfangenwerden vom Schlaf empfindet er ein tiefes Wohlbehagen; und es mischt sich damit das Vorgefühl eines gestärkten Erwachens. Dahin wandelt der Herr Jesus den *gefürchteten Augenblick des Sterbens bei den Seinen um*. Das allmähliche Hinsinken der Glieder und Organe in die Todesbetäubung, das Sichlösen aller Bande und aller Span-

[8] Joh. 21,18.
[9] 2. Petr. 1,14.
[10] Luk. 9,31.
[11] Joh. 14,12 u. 28; 16,16 u. 17 u. 28. Vgl. Mark. 14,21; Luk. 22,22; Joh. 13,36; 14,2 u. 3 u. 4; Joh. 16,7.
[12] Joh. 3,14 u. 12,34; 8,28; 12,32.
[13] Apg. 7,59.
[14] 1. Kor. 15,18. Vgl. Apg. 15,51; 1. Thess. 4,14; 2. Petr. 3,4.
[15] Joh. 11,11. Vgl. Matth. 9,24 u. Mark. 5,39 u. Luk. 8,52.

nung, das Hinwegschwinden alles Irdischen wird der Sterbende mit dem unbewußten Gefühl eines Einschlummernden empfinden. Zugleich aber wird der auferstandene HERR ihm selber erbarmend nahetreten. Die Kraft Christi wird dann auch in dieser Todes-Schwachheit mächtig werden. Wie die Gläubigen mit betendem Herzen am Abend jedes Tagewerkes einschlummern, so wird auch das Ende ihres ganzen Lebenswerkes ein seliges Einschlafen im HERRN sein!

Die Auferstehung der Gläubigen tritt gleich nach dem Sterben als Anteil an dem Auferstehungsleben Christi und damit als Auferstehung zur endgültigen Vollendung hin in Kraft. Denn das Wesen der Auferstehung umfaßt mehr als nur die Auferstehung am Jüngsten Tage.

Die Auferstehung ist zunächst der sofortige Übergang in einen neuen und herrlichen Lebenszustand. – Die Auferstehung am Jüngsten Tage ist dann Erhebung zu höchster und letzter Daseinsstufe, ist Verklärung zur *vollendeten* himmlischen Persönlichkeit. Damit läßt der Herr die doppelte Stufe des jenseitigen Lebens bestehen. Und in den Zustand der Gläubigen unmittelbar nach dem Tode läßt Jesus Sein neues Hoffnungslicht von überwältigender Herrlichkeit fallen. Für die Seinen ist danach der Tod überwunden, d.h. sie sterben nimmermehr. Sie sterben in Ewigkeit nicht. Sie leben, auch wenn sie gestorben sind, d.h. physisch durch des Todes Türen hindurchgehen, denn *der* Tod ist der Eingang ins himmlische Vaterhaus.

In dem Reiche dessen, der das ewige Leben in Person und die Auferstehung in Person ist, gehören Auferstehung und Leben zusammen, decken sich vollständig, reichen einander die Hand. Beginnt nach der Schrift das himmlische selige Leben unmittelbar nach dem Tode, so beginnt gleichzeitig die Auferstehung.

Das Machtwort Jesu: »Lazarus! Hierher! Heraus!« erschallt auch über unsere Toten und bekleidet sie mit einem himmlischen Leibe im Augenblick nach ihrem Dahinsinken in den Tod. In den Anfang ihres Auferstehungslebens werden sie von Ihm, dem Lebensfürsten, mächtig hineingezogen. Und während wir noch trauern, wie die Trauerversammlung um Lazarus' Grab, stehen sie angetan mit einem verklärten Leib vor ihrem verklärten Hirten und Freund Jesus Christus, der ihnen hier unten schon Leben und Seligkeit und alles gewesen war.

Die Frage: »Glaubst du das?« richtete der Herr zum Schluß an Martha. ER richtet diese Frage auch an uns. Eine unbeschreiblich dringende Frage ist's. Des Herrn eigene Auferstehung hat ihr jetzt den vollsten Nachdruck verliehen.

e) Die sogenannten Abschiedsreden Jesu (Joh. 13–17)

Die Situation der Abschiedsreden des Herrn ist folgende: Es ist der Abend vor Karfreitag. Wir befinden uns mit den Jüngern in einem Gastzimmer, wo Jesus mit den Seinen das Passahmahl feiert (vgl. Luk. 22,7–13). Nun endlich sind also die Stunden gekommen, wo der Herr Sich ganz und gar den Seinen widmen kann. Er will ihnen zeigen, wie sehr ER mit ihnen verbunden ist. Denn Seine Arbeit unter dem Volke ist zum Abschluß gekommen. Vor den Blicken und Nachstellungen der Feinde gesichert, hat ER sich diese stille Zeit von Seinem himmlischen Vater schenken lassen. Nun sitzt ER als Hausvater unter den Seinen. Zum letzten Mal ist ER mit ihnen zu irdischem Mahle vereinigt. Und in feierlicher Weise eröffnet ER das Mahl mit den Worten: *»Mich hat herzlich verlangt, dies Osterlamm mit euch zu essen, ehe Ich leide«* (Luk. 22,15). Der Ausdruck *»Mich hat herzlich verlangt«*, wie er im griechischen Grundtext steht, kann in seiner ganzen Stärke gar nicht wiedergegeben werden. Die Übersetzung *»Mit sehnlichstem Verlangen hat es Mich nach diesen Stunden verlangt«* trifft vielleicht den Sinn der Worte Jesu am besten.

Joh. 14,1–3:

V. 1: Und Jesus sprach zu Seinen Jüngern: Euer Herz erschrecke nicht. Glaubet an GOTT und glaubet auch an Mich.

V. 2: In Meines Vaters Hause sind viele Wohnungen (Bleibestätten). Wenn es nicht so wäre, würde Ich euch dann gesagt haben: »Ich gehe hin, euch die Stätte zu bereiten«?

V. 3: Und wenn Ich hingegangen bin und euch die Stätte bereitet habe, komme Ich wieder und werde euch zu Mir nehmen, auf daß auch ihr dort seid, wo Ich bin.

Diese Verheißungsworte lüften weithin den Schleier, der »auf dem Leben nach dem Sterben« ruht. Sie geben eine sehr tröstliche Verkündigung:

»In Meines Vaters Hause sind viele Wohnungen«, und

»Ich komme wieder, um euch zu Mir zu nehmen, auf daß auch ihr dort seid, wo Ich bin.«

Des Herrn Ankündigung: »Ich gehe fort« jagt die Jünger in Schrecken. Sie rufen: »Wo gehst Du hin . . . wir wissen nicht, wo Du hingehst.« Der Herr antwortet: »Euer Herz erschrecke nicht! *In Meines Vaters Hause sind viele Bleibestätten.«* Wie wunderbar!

Es ist des Anbetens wert, daß der Herr die Stätte, wo der Mensch ewig zu weilen bestimmt ist, das *»Vaterhaus«* genannt hat. Wer hätte in der Zeit des Alten Bundes wagen können, an solch ein Vaterhaus zu denken?

Es ist eine unbeschreiblich freundliche Herablassung zu Seinen verstörten Jüngern, daß der Herr in fast kindlicher Weise dann die Versicherung hinzufügt: *»Wenn es nicht so wäre«*, d.h. wenn das Vaterhaus nur für Mich, den Sohn Gottes, allein wäre, und niemand außer Mir zu Gott kommen könnte, *würde Ich dann wohl vom »Hingehen« in dieser Stunde zu euch reden?* Nein, Mein Hingehen ist nur ein Vorausgehen.

Und weiter spricht tröstlich der Herr: *»Ich gehe hin, euch die Stätte zu bereiten.«* Was können wir wohl unter diesem »bereiten« verstehen? Das Königreich der Himmel war für die Gesegneten des Vaters ja schon vor Grundlegung der Welt bereitet, wie der Herr Matth. 25,34 sagt. Aber so, wie z.B. Offb. 5 es geschildert ist, sah es vorher im Himmel nicht aus: *das geopferte Lamm, ein Menschensohn, der Sich nicht schämt, uns »Seine Brüder« zu nennen*; ein Lobgesang, der den Ewigen Gottessohn als das Lamm rühmt, das würdig ist, zu nehmen Preis und Ehre und Ruhm, solch einen Gesang vernahm man *vorher dort* noch nicht, erst auf Grund des Erlösungswerkes von Golgatha sind die Heiligen *vollendete Gerechte* (Hebr. 12,23), stehen sie nicht mehr von fern, sondern befinden sich vor dem Thron des Lammes. Wie der Herr schon diese Welt uns wohnlicher gemacht hat dadurch, daß ER hier schon ein Neues und Herrliches in unser Herz hineingepflanzt hat, wievielmal herrlicher wird ER dann erst die Himmelswelt ausgestattet haben!

Aber es liegt in der Verheißung des Herrn »Ich gehe hin, euch die Stätte zu bereiten« doch noch mehr. Wie ER schon hier auf Erden unser irdisches Leben zu unserem Heil wunderbar bis ins einzelne hinein geordnet hat, so wird ER auch dort das *Ankommen und Dasein* Seiner Knechte und Mägde herrlich vorbereiten und ordnen. Das ist das Zukünftige, das ER uns eröffnet, eine Aussicht voller Licht und Trost.

Aber dürfen wir mit unseren Gedanken nicht *noch* einen Schritt weitergehen und unter der Verheißung »Ich gehe hin, euch die Stätte zu bereiten« auch verstehen, *daß der HERR jedem seinen besonderen Wirkungskreis zubereitet haben wird? Leben ist Wirken.* Jedenfalls ist der Himmel ein weites Gebiet mit vielen Wirkungskreisen, ein Reich, das an Umfang jeden irdischen Raum weit übertrifft, und das bevölkert ist von zahllosen Bürgern, die auf den verschiedensten Stufen stehen, und unausgesetzt durch neue Ankömmlinge sich mehren.

Es ist unmöglich, sich die Einwohnerschaft des himmlischen Landes als eine Schar zu denken, die in starrer Abgeschlossenheit und mechanischer Gleichförmigkeit verharrt. Es werden in den himmlischen Verhältnissen Entwicklungen, Veränderungen, neue Kombinationen fort und fort vorgehen. Denn der HERR, der alle Gewalt im Himmel und auf Erden angetreten hat, wird Seine Tätigkeit nicht darin erschöpft sehen, daß ER nur allein auf das Erdenleben einwirkt. ER wird auch im Himmel wirklich herrschen, den Himmel vollenden zur Sphäre vollkommener Gottesgemeinschaft. ER wird auch droben jedem der Seinen die rechte Stätte anzuweisen wissen, wo er sich *betätigen* kann. Denn Verschiedenheit des Wirkungskreises nach eines jeden Hingabe an Ihn hier unten, das wird es sein, was wir mit anbetender Freude dort erleben werden und was Gott bereitet hat denen, die Ihn lieben.

»Ich will wiederkommen und euch zu Mir nehmen, auf daß auch ihr dort seid, wo Ich bin.« Wir haben diese Zusage zu verste-

hen im Blick auf die *Sterbestunde der Kinder Gottes.* Ihre »*Sterbestunde*« meint zwar der Herr, aber ER bedient sich nicht des Wortes »*Sterben*«. Das ist typisch nicht nur für die Sprechweise Jesu, sondern auch für die Ausdrucksweise der Jünger des Herrn und die der neutestamentlichen Schreiber!

Mag die Todesstunde über dem Leben der Menschen, die den Herrn nicht kennen, wie eine dunkle Wolke schweben, für die Seinen ist der Tod *die selige Heimholung durch Ihn Selbst.* Da gibt's keine Dunkelheit, da gibt's nur Licht!

Der Herr redet von dieser Stunde des Sterbens in der gleichen Weise, wie wenn eine Mutter fortgeht und ihre Kinder tröstet: »*Ich komme wieder, Ich komme bald wieder!*« – Die Kinder sind dann beruhigt, denn sie wissen, daß die Mutter ihr Versprechen hält. So ist es auch hier. *Dem Glauben steht es fest, daß im Tode der Kinder Gottes der Herr Selbst kommt und sie heimholt.* In der Kraft Seiner Liebe wird ER zu jedem einzelnen hindurchdringen in seiner letzten Not, ebenso wie ER am Ziele der Tage bei Seiner glorreichen Wiederkunft zu Seiner ganzen Gemeinde herrlich hindurchdringen wird.

Zu der Aussicht auf das *Vaterhaus* und zu der *Verheißung,* daß ER Selber in unserem Tode uns heimholen wird, gibt der Heiland noch herrlichste Enthüllungen über unser zukünftiges »Leben nach dem Sterben«. Wie sehr dem Herrn daran liegt, daß wir uns über das Leben im Himmel auch bestimmte Vorstellungen machen sollen, sehen wir daraus, daß ER in den Abschiedsreden des letzten Abends immer wieder auf diesen Punkt zurückkommt: »*Ich werde wiederkommen und euch zu Mir nehmen, auf daß auch ihr seid, wo Ich bin*« (14,3). »*Ich lebe und ihr sollt auch leben*« (14,19). »*Vater, Ich habe ihnen gegeben die Herrlichkeit, die Du Mir gegeben hast*« (17,22). »*Vater, Ich will, daß wo Ich bin, auch die bei Mir seien, die Du Mir gegeben hast, daß sie Meine Herrlichkeit schauen*« (17,24); und schon vorher, 12,26: »*Wo Ich bin, da soll Mein Diener auch sein.*«

Versetzen wir uns in die Lage der Jünger. Was sie in der Leidensverkündigung des Herrn so tief niedergebeugt hat und was den Tod auch uns so bitter macht, ist doch dies, daß der Tod »*Tren-*

nung« ist, daß er alle Liebesbande zerreißt. Aber wer die Abschiedsreden des Herrn im Glauben in sich aufgenommen hat, kann nicht von *abbrechen, zerreißen* und *trennen* reden. Hier geht ja alles auf *wiedersehen, wiederhaben, Vollendung* der Gemeinschaft mit Ihm und den Seinen hinaus, und zwar ist ein sofortiges Zusammensein im Himmel gemeint. So hat es auch Paulus verstanden, wenn er schreibt: *»Ich habe Lust, abzuscheiden und bei Christo zu sein«* (Phil. 1,23).

»Ich werde wiederkommen und euch zu Mir nehmen.« Der Herr kann ohne uns gleichsam nicht im Himmel sein. ER hat es Seinen Jüngern schon einige Tage früher als festen Grundsatz ausgesprochen: *»Wo Ich bin, da soll Mein Diener auch sein«* (12,26). ER ist als erster in den Himmel eingegangen und zieht die Seinen nach sich. Hier wie dort, in der Niedrigkeit wie in der Erhöhung, *wird und muß der wahre Diener Jesu sein, wo ER ist.*

Und noch etwas: *»Vater, Ich will, daß wo Ich bin, auch die bei Mir seien, die Du Mir gegeben hast, daß sie Meine Herrlichkeit schauen«* (Joh. 17,24); *»Vater, Ich habe ihnen gegeben die Herrlichkeit, die Du Mir gegeben hast«* (Joh. 17,22). Mit diesen beiden Wunderworten vom Anschauen der Herrlichkeit Jesu und vom Beschenktwerden mit der Herrlichkeit Jesu stellt der Herr uns auf die höchste Höhe des Lebens im Himmel. Unsere Seligkeit wird sich also *in der Teilnahme an Seiner Herrlichkeit vollenden.* (Lies darüber weiter in den NT-Briefen.) Und indem die Seinen *Ihn so sehen* in Seiner vollen Herrlichkeitsgestalt, werden auch *sie* Seiner strahlenden Leibesherrlichkeit *teilhaftig.* Auf dieser Tatsache ruht die Hoffnung des Apostels Paulus, die er am Ende seines Lebens ausspricht: Jesus werde den Leib unserer Niedrigkeit verklären, daß er *gleichgestaltet* werde Seinem Leibe der Herrlichkeit (Phil. 3,21). Auf dieser Verheißung des Herrn ruht die Aussicht, die Johannes den Gläubigen eröffnet: *»Wir werden Ihm gleich sein, denn wir werden Ihn sehen, wie ER ist«* (1. Joh. 3,2).

Diese Aussicht ist so *überwältigend,* daß der Herr noch einmal zum Glauben daran auffordert. Diese Aufforderung lautet: *»Glaubet an GOTT und glaubet an Mich«* (14,1).

Es kommt bei dieser Verheißung alles auf den Glauben der Jünger an, und zwar auf den Glauben an die Liebe des Herrn zu den Seinen, die alle Erkenntnis und alle Denk-Vorstellungen übertrifft und die der HERR der Herrlichkeit nur mit der Liebe des Vaters zum Sohn vergleichen konnte: »*Gleichwie Mich der Vater liebet, also liebe Ich auch euch. Bleibet in Meiner Liebe*« (Joh. 15,9). Das ist die innigste Äußerung, die höchste und tiefste Versicherung Seiner Liebe, die ER in dieser Abschiedsstunde an Seine Jünger richtet.

»*Glaubet an GOTT!*« – »*Glaubet an Mich!*« ER spricht als der, welcher – wie Joh. 13,3 von Ihm in dieser Stunde bezeugt – wußte, daß Ihm der Vater alles in Seine Hände gegeben hatte, und daß ER von Gott ausgegangen war, um nunmehr wieder zu Gott zurückzukehren. ER läßt die Jünger das wunderbare Gebetswort hören, und mit ihnen wollen auch wir es immer wieder hören: »*Vater, Ich will, daß wo Ich bin, auch die bei Mir seien, die Du Mir gegeben hast, daß sie Meine Herrlichkeit schauen*« (Joh. 17,24).

Wir wissen, Jesus hat Seine Jünger nicht enttäuscht. ER ist wiedergekommen und hat sie nach und nach alle zu Sich geholt in Sein ewiges herrliches Reich. *Und nun sind sie alle, wo ER ist.* Und weil wir das wissen und mit Joh. in der Offenbarung die Scharen der Seligen, welche niemand zählen konnte, um den Herrn der Herrlichkeit versammelt sehen und ihr huldigendes Halleluja hören, *darum* sind die Verheißungen jener Abschiedsreden Jesu so recht eigentlich »vom Himmel her« gesprochen. *Wie sollten wir nicht glauben?*

Wer der himmlischen Welt gewiß und froh werden will, der *versenke sich immer wieder in die Kap. 13 bis 17 des Evangeliums Johannes.*

B. Zwei wichtige Ereignisse aus der Apostelgeschichte

1. Ereignis: *Die Himmelfahrt Jesu*

Eines der wichtigsten Fundamente unseres Glaubens an die himmlischen Dinge ist und bleibt die *Himmelfahrt Christi.* Zwar gibt es Verkündiger des Evangeliums, welche der Himmelfahrt des

Herrn nicht die gleiche Aufmerksamkeit einräumen wie der Geburtsgeschichte, Seinem Sterben und Seiner Auferstehung. Die Himmelfahrt wird oft nur zu einem Gleichnis und Bild der christlichen Hoffnung degradiert. Man habe, so wird gesagt, im Blick auf die Himmelfahrt alle Gedanken an Raum und Ort aufzugeben. Denn Himmelfahrt bedeutet, daß Christus uns nahe und gegenwärtig sei in Wort und Sakrament. Dieser Grundwahrheit zuliebe glaubt man, alles *örtliche* Thronen Christi im Himmel leugnen zu müssen.

Die Schrift versteht unter »Himmel« etwas ganz anderes als ein »metaphysisches Jenseits« oder als ein »geistiges Überall«, oder als eine »Unräumlichkeit«. Wenn die Schrift lehrt, daß der Himmel *»Gottes Wohnsitz und Thron«* ist, und wenn Gott Selbst sagt, daß »ER in der Höhe und im Heiligtum wohne«, so ist unter »Himmel« doch eine *Wirklichkeit* und Örtlichkeit zu verstehen. Eine nur geistige Deutung der Himmelfahrt geht darum auf ein rein pantheistisches Auflösen der Persönlichkeit des Herrn hinaus.

Obwohl der Herr auf *Erden* auch trotz Seiner menschlichen Natur stets beim Vater war und in dem innigsten Bewußtsein der unmittelbaren Gegenwart Gottes auf Erden lebte und wirkte, sagte ER dennoch: »Ich gehe zum Vater.« Das bedeutet doch nichts anderes als dies, daß ER während Seines Erdenlebens *nicht* beim Vater gewesen ist. Es liegt darin eine bestimmte Hinweisung auf einen wirklichen himmlischen »Ort«, wo sich der Thron der göttlichen Herrlichkeit befindet. Anders konnten es die Jünger auch gar nicht auffassen und verstehen. Und ein *Stephanus,* der den Herrn in der Herrlichkeit schaute (Apg. 7,55), ein *Paulus,* der entzückt war bis in den dritten Himmel (2. Kor. 12,2), ein *Johannes,* der in der oberen Gottesstadt so daheim war, würden auf die Frage: *»Wo ist der Sohn Gottes jetzt?«* schwerlich mit metaphysischen und pantheistischen Redensarten geantwortet oder sich in mythologischen Erklärungen bewegt haben.

Lasse sich doch niemand die Himmelfahrt Christi zu einer eitlen Spiegelfechterei machen. So gewiß der Herr in der verklärten Menschengestalt *sichtbar auffuhr,* so gewiß ist Seine *Auffahrt* eine wahre Bewegung von unten nach oben und droben gewesen;

so gewiß ist ER gekommen an einen himmlischen *Ort*; und das ist eben der *Himmel,* das Ziel, wo Sein verklärter Menschenleib zu ewiger Ehre gekommen ist. Wie hat der Herr nach Seiner Auferstehung nichts unterlassen, Seine Jünger in aller Form und Deutlichkeit auch durch das Auge und Ohr und den Tastsinn zu überzeugen, daß *Seine Auferstehung* nicht etwa ein bildlicher Ausdruck ist für etwas Geistiges, sondern daß sie wirklich eine Auferstehung und Verklärung Seines Leibes ist, also die Wiederherstellung der ganzen Persönlichkeit, als die ER unter ihnen gewandelt ist. »*Ich verlasse die Welt*« (Joh. 16,7 und 28).

Es ist auch bemerkenswert, daß der Herr so oft von Seiner Auffahrt gesprochen hat. Immer wieder bezeugte ER im Ev. Joh.: »*Niemand fährt gen Himmel, denn Der vom Himmel herabgestiegen ist*« (3,13). »*Wenn ihr sehen werdet des Menschen Sohn auffahren dahin, wo ER zuvor war*« (6,62). »*Ich bin noch eine kleine Zeit bei euch, und dann gehe Ich hin zu Dem, der Mich gesandt hat*« (7,33). »*Und wo Ich bin, könnt Ihr nicht hinkommen*« (7,34). »*Ich gehe hinweg, und wo Ich hingehe, könnt ihr Mir nicht folgen*« (13,36). »*Ich gehe zum Vater*« (14,12). »*Nun aber gehe Ich hin zu Dem, Der Mich gesandt hat*« (16,5). »*Es ist euch gut, daß Ich weggehe*« (16,7).

Alles, was der Herr über diesen Gegenstand gesagt hat, war so klar geredet und so deutlich zum Ausdruck gebracht, daß die Jünger selbst ausriefen: *Siehe, nun redest Du frei heraus und gebrauchst keine bildliche Rede mehr* (Joh. 16,29).

Wie aber gleich bei Seiner Auferstehung die Gedanken des Herrn genau und ganz Seiner Himmelfahrt zugewendet gewesen waren, das zeigt Sein Auftrag an Maria, den Jüngern die Botschaft von der Himmelfahrt zu bringen (Joh. 20,17): »Sage ihnen: *Ich fahre auf zu Meinem Vater und zu eurem Vater, zu Meinem GOTT und zu eurem GOTT.*« Bei der Auferstehung war die Himmelfahrt noch nicht geschehen, denn als der Auferstandene hebt ER hervor: »*Ich bin jetzt noch nicht aufgefahren*« (Joh. 20,17). Damit steht fest, daß der Herr erst *nach* Seiner Auferstehung in einem zweiten Wunder diese irdische Welt verlassen will, um in eine höhere Region aufgehoben zu werden. Darauf freute Sich der

Sohn, denn es war Sein *Heimgang zum Vater.* ER spricht zu Seinen Jüngern: »*Hättet ihr Mich lieb, so würdet ihr euch freuen, daß Ich gesagt habe, Ich gehe zum Vater.*«

So ist die Himmelfahrt für Ihn nicht nur der Übergang in einen anderen *Zustand,* sondern auch der Eingang in die himmlischen *Örter* gewesen und damit die Rückkehr *in die göttliche Herrlichkeit.*

Dazu kommt noch ein zweites: So gewiß einerseits des Herrn verklärter Leib in Seinem ewigen verklärten Dasein an einem bestimmten himmlischen Ort droben *weilt,* so ist ER andererseits jetzt *nicht* mehr an die Schranken des irdischen Raumes gebunden, sondern hat *Macht, an jedem Ort* zu sein, *wo Er will.*

Diese Überzeugung von der ganz *persönlichen Gegenwart* des zum Himmel gefahrenen Herrn gilt es immer wieder neu und tief ins Herz zu fassen. Ohne sie ist unser Christentum nur leerer Schall. Denn echtes Christentum ist lebendige und bewußte Gemeinschaft mit Christus. Das gläubige Herz schließt sich nicht mit einem *Abwesenden* zusammen, sondern es ist der Lebendige und fort und fort *Anwesende.* Wie könnte man seine Zuversicht auf IHN setzen, sein Herz IHM ausschütten, wenn man nicht wüßte, daß ER gerade durch Seine Himmelfahrt uns *ein innigst naher Heiland geworden ist?*

Und endlich sei am Schluß noch dieses gesagt: Durch Seine Himmelfahrt wissen wir überhaupt erst von einer diesseitigen und einer jenseitigen Gemeinde, einer streitenden und triumphierenden Kirche. ER Selber ist der lebendige Vereinigungspunkt zwischen Himmel und Erde. In Seiner Hand sind, »*die da leben im Himmel und die da leben auf Erden*«.

2. Ereignis: »*ER hat sich gesetzt zur Rechten Hand Gottes*«

Wenn nun unser Gebet sich zu diesem erhöhten Sohn Gottes erhebt und Ihn zur Rechten Gottes aufsucht, so denken wir uns diese »Rechte« nicht überall und an jedem Punkte des Alls, sondern wir lassen unser Gebet hinaufkommen vor den Hoheitsthron Gottes Selbst. So lehrt uns auch die ganze Heilige Schrift den HERRN *anbeten* als Den, Der im Himmel zur Rechten Gottes thront, in unnahbarer Erhabenheit und ewig gleicher Herrlichkeit thronend über der Welt. Die Heilige Schrift sagt: *Von Seinem festen Throne sieht ER auf alle, die auf Erden wohnen* (Ps. 33,14). Die Schrift sagt weiter, daß der Thron Gottes im *Himmel* sei, die *Erde* aber Seiner Füße Schemel ist (Jes. 66,1), und Jesaja unterscheidet in seinem Gesicht den hohen und erhabenen *Thron* Gottes sehr bestimmt von dem *Tempel,* welchen der Saum Seines Kleides füllt. Er sieht die Seraphim um den Thronsitz Gottes versammelt, und der Glanz der göttlichen Majestät ist hier so mächtig, daß die höchsten Geister ihr Angesicht verhüllen (Jes. 6,2).

Dürfen wir uns diese auch von Stephanus geschaute Rechte Gottes in *geistige Bedeutung* auflösen lassen? *Nein!*

Und mag man auch den geistigen Sinn noch so sehr vorwalten lassen: *Eine örtliche Grundlage muß immer bleiben für die göttlichen Thronverhältnisse.*

Wie der Herr, *seit ER zur Rechten Gottes sitzt,* in ein persönliches Verhältnis zu jedem einzelnen Erlösten getreten ist, so hat Sich *auch zwischen Ihm und dem Vater etwas sehr Großes zugetragen,* das ebenfalls zu unserem Heil gehört, nämlich, daß Christus in den Himmel eingegangen ist, um zu erscheinen *vor dem Angesichte* Gottes für uns. Und diese hochwichtige und trostvolle Tatsache wird auch von Paulus bezeugt mit den Worten: »Christus ist zur *Rechten Gottes* und vertritt uns.«

Auf Grund dieser Betrachtungen über des Herrn *Sitzen zur Rechten Gottes* dürfen wir nach »droben« und »drüben« blicken und zugleich unsere Lieben schauen, die dort schon weilen und bei Christus sind. Nicht in der Luft irgendwo schweben sie, nicht in den Gräbern der Erde bewußtlos schlafend ruhen sie, nicht in der öden Leere eines eingebildeten abstrakten Geister-Himmels hinter oder über der Schöpfung hausen sie, sondern in einer *Lichtwelt, wo zur Rechten des Thrones des Vaters der Sohn ist.*

C. Worte der Apostel über das Leben nach dem Sterben

Aus der Überfülle des Stoffes wollen wir die Zeugnisse von *drei* Aposteln herausgreifen:

a) *Das Zeugnis des Paulus*
aus dem *1. und 2. Korintherbrief*, geschrieben Frühjahr und Herbst 57 n.Chr.
aus dem *Römerbrief*, geschrieben 58 n.Chr.
aus dem *Philipperbrief*, geschrieben etwa um 60 n.Chr.
aus dem *2. Timotheusbrief*, geschrieben Herbst 66
(Märtyrertod des Paulus Ende 66 oder Anfang 67 n.Chr.).

b) *Das Zeugnis des Hebräerbriefes*, verfaßt um 80 n.Chr.

c) *Das Zeugnis des Johannes in der Offenbarung*, geschrieben um 95 n.Chr.

a) Das Zeugnis des Paulus

Das Zeugnis des Paulus aus dem 1. Korintherbrief, Kapitel 15

Die starke Betonung der *Leiblichkeit* ist für des Apostels Ewigkeits-Hoffnungen bezeichnend. Der Gedanke eines rein geistigen Fortlebens, einer bloßen Unsterblichkeit ist für Paulus heidnisch, ungöttlich, ungeistlich! Dagegen ist es dem Paulus ein herzliches Bedürfnis, den Herrn Christus gerade als den immer wieder zu preisen und zu rühmen, der das Leben, d.h. die Fülle und den Reichtum des ewigen Lebens, und unvergängliches Wesen an das Licht gebracht hat, und zwar gerade im Blick einer verklärten und himmlischen Leiblichkeit. Darum steht im Mittelpunkt der paulinischen Gedanken vom Himmel der erhöhte Christus, und zwar als der *himmlische Mensch*, und als *solcher* ist ER das *Urbild* und *Haupt* der *erneuerten Menschheit*. Auf Ihn müssen wir blicken, wenn wir von unserem *himmlischen Menschsein* eine Anschauung gewinnen wollen.

Paulus drückt dieses himmlische Menschsein so aus: »Wie wir als Glieder der adamitischen Menschheit das Bild des irdischen Menschen, des Adam getragen haben, so werden wir als Glieder der neuen Menschheit auch das Bild des himmlischen Menschen, des verklärten Christus, im geistlichen Leben an uns tragen« (1.Kor. 15,49).

Bei diesem Bilde des himmlisch verklärten Christus denkt Paulus sicherlich auch an die Christuserscheinung von Damaskus. Das war ein wirkliches Erleben. Der Lichtleib des erhöhten HERRN war so körperhaft und so wesentlich, daß Paulus' Augen erblindeten. An diesem bei Damaskus gesehenen Herrlichkeitsleibe Jesu mißt Paulus, wie unser Leib im Himmel gestaltet sein wird. Durch das Schauen des auferstandenen und gen Himmel gefahrenen HERRN war dem Paulus bei seinem Bekehrungserlebnis das Wissen um die himmlisch verklärte Leiblichkeit *neu vertieft*. Die verklärende Lebensvollendung durch den Tod hindurch, welche GOTT Seinem Sohne, dem »*zweiten Adam*«, geschenkt hat, ist nun allen, die mit Christus eins geworden sind, zugedacht und verbürgt in 1. Kor. 15,21–23.

Wie denkt sich Paulus das *Werden des himmlischen Leibes?*

Wie Christus in der Sadduzäerverhandlung auf die *Kraft Gottes* hinweist, so weist Paulus hin auf Gott, der die Toten auferweckt. Paulus erläutert uns die Verklärung unseres Leibes an einem Naturvorgang: Wer ein Samenkorn in die Erde legt, weiß, daß in demselben ein Kraftwesen wohnt, das fähig ist, einen Pflanzenleib zu bilden. Und zwar nicht einen beliebigen Pflanzenleib, sondern einen ganz bestimmten, wie z.B. der Pflanzenleib Eiche nur aus dem Eiche-Samenkorn hervorgehen wird. Das heißt: *Der Geist Christi,* der sich während des Erdenlebens mit unserem Geiste zu einer bestimmten Glaubens-Persönlichkeit verbunden hatte, erweist sich im Himmel nun auch als physisch bildende Lebenskraft. Er stellt dieselbe Persönlichkeit auch mit ihrem entsprechenden Leibe wieder her, aber in erneuerter, verklärter Gestalt.

Durch die gestaltende Kraft des Geistes Gottes wird *der himmlische Leib ein Geistleib,* oder wie Paulus sagt, ein pneumatischer Leib (1. Kor. 15,44). Er versteht darunter ebenfalls einen sichtbaren Leib, aber einen solchen, der keinen Gegensatz mehr gegen den Geist bildet. Auch der himmlische Leib hat Stofflichkeit, nur eine ganz andere als die irdische. Es gibt *himmlische Leiber* und *irdische Leiber*; aber andere Herrlichkeit haben die himmlischen, andere die irdischen (1. Kor. 15,40).

»Bei dem Herrn sein allezeit« – das ist von Anfang an seine Hoffnung; gleich in seinem *ersten* Briefe spricht er sie aus in 1. Thess. 4,17. Nur die Ausdrucksweise ändert sich im Angesicht seines Märtyrertodes.

Das Zeugnis des Paulus aus dem 2. Korintherbrief, Kapitel 5

Welch ein Schmerzensbild von beständigen Gefahren, Verfolgungen und Todesnöten ist es, das uns Paulus im zweiten Briefe an die Korinther 11,23–29 entwirft. Dazu war noch eine neue Lebensgefahr in Asien gekommen, von der er sagt: »Wir waren über die Maßen beschwert, also, daß wir auch am Leben verzweifelten; ja, hatten über uns selber das Todesurteil gesprochen« (2. Kor. 1,8.9). Unter diesen Eindrücken schreibt er (5,1–9, Übersetzung von Menge):

1. Wir wissen ja, daß, wenn unser irdisches Haus, das Leibeszelt, abgebrochen sein wird, wir einen von Gott bereiteten Bau haben *(échomen)*, ein nicht von Menschenhänden hergestelltes, ewiges Haus im Himmel.
2. In diesem (gegenwärtigen) Zustande seufzen wir, weil wir danach verlangen, mit unserer himmlischen Behausung überleidet zu werden,
3. da wir ja (erst dann), wenn wir diese angelegt haben, nicht unbekleidet werden erfunden werden.
4. Denn solange wir uns noch in dem Leibeszelte (hier) befinden, haben wir zu seufzen und fühlen uns bedrückt, weil wir lieber nicht erst entkleidet, sondern (sogleich) überkleidet werden möchten, damit das Sterbliche vom Leben verschlungen werde.

Paulus spricht vom Abbrechen des irdischen *Zeltes* und dem Geschenk eines festen »*Wohnhauses*« und von dem Anziehen oder Überwerfen eines *bereitliegenden himmlischen* »*Kleides*«.

Beide Bildworte »*Wohnhaus*« und »*Kleid*« weisen hin auf den Himmelsleib. Diese Tatsache eines *himmlischen Leibes* ist dem Paulus so felsenfest gewiß, daß er den 1. Vers beginnt mit den Worten: »Wir *wissen* aber . . .« Von diesem Wissen ist im NT immer wieder die Rede: Röm. 8,22.28; 1. Joh. 3,2; 5,19.20; 3,14; 2. Tim. 1,12.

Der Vergleich des irdischen Leibes mit einem *Zelt* ist dem Bild vom tönernen zerbrechlichen Gefäß (2. Kor. 4,7) nahe verwandt. *Zelt* und *Tongefäß* bedeutet das Vorübergehende und Notdürftige unseres irdischen Leibes. Das Zelt der Beduinen und ebenso auch das Zelt der modernen Touristen wird abgebrochen, sobald die Umstände es erfordern. Tönernes bricht.

Der Tod ist für Paulus zugleich *Abbruch* des irdischen Zelthauses und »*Einzug*«-*Halten* in ein neues Wohnhaus. Jesus Selbst spricht auch in dem gleichen Sinne, wenn ER von den vielen Wohnungen im Hause Seines Vaters spricht (Joh. 14,2).

Dieses himmlische neue »*Wohnhaus*«, als Bild ausgedrückt: dieses »*himmlische Kleid*«, ist eine ganze persönliche neue Behausung mit allen Eigenschaften der überirdischen Welt. Der Ausdruck »*Wohnhaus*« weist auf größere Festigkeit hin als das irdische *Zelt*. Es ist »*ein Wohnhaus von Gott her*«. Obwohl der irdische Leib auf Grund von 1. Mose 2,7 *auch von Gott geschaffen ist*, so ist er doch aus Erde vom Ackerboden genommen. (Vgl. Bd. I S. 29ff.) Der Himmelsleib dagegen ist nicht in dieser Zeit aus vorhandenen irdischen Stoffen hergestellt, sondern ausdrücklich wird gesagt: »*Ein ewiges Wohnhaus ist der Himmelsleib*«, *eine* »*himmlische Behausung*«.

»*Wir haben*«, d.h. besitzen, dieses Neue Haus von himmlischer und ewiger und göttlicher Art. Es steht im Augenblick des Sterbens zu unserer Verfügung. Unmittelbar nach dem Tode und nicht erst am Jüngsten Tage ziehen wir in dieses *Neue ewige Haus* ein, schlüpfen in dieses *neue himmlische Kleid*.

Die Gegenwarts-Form »Wir haben« bestätigt, daß dieses »neue Haus« für jeden einzelnen »jetzt schon«, während wir noch auf Erden pilgern, existiert.

Diese Verse 2 und 4 geben dem Seufzen über den jetzigen Zustand Ausdruck. Der wiedergeborene Mensch, der ja ein Geistesmensch ist, merkt und spürt auf Grund seiner »Geburt von oben her«, daß sein irdisches Leben wegen seiner Hinfälligkeit eine vergängliche Behausung ist. Darum das Seufzen und Sich-beschwert-fühlen des neuen Menschen. Paulus erwartet das Aufheben der Beschwerung vom Geschenk des neuen Geistesleibes, der ein dem Geistesmenschen konformer (angepaßter) Leib ist. Nur der herbe Augenblick des *Entkleidetwerdens* (Vers 4b) von diesem sterblichen Leibe muß überstanden werden. Die Gedanken des Apostels münden aus in sehnsüchtigen Blicken hinüber in das Land der himmlischen Heimat: »Wir haben vielmehr daran Wohlgefallen, in die Ferne zu ziehen aus dem Leibe heraus (ausheimisch zu werden) *und daheim* zu sein bei dem Herrn, d.h. *einheimisch* zu sein bei IHM« (2. Kor. 5,8).

»Diese Verse machen deutlich, wie kräftig Paulus sich seinen Zustand nach dem Tode als persönliche Lebendigkeit gedacht hat. Die Vorstellung, daß er beim Herrn schlafen werde, hatte er nicht. Ebensowenig dachte er an ein nur ruhendes Dasein. Jesus ist auch für Seine himmlische Gemeinde der Herr, und sie lebt für Ihn und findet ihre Ehre in der Erfüllung Seines Gebotes. In diesem Willen sind die Irdischen und die Himmlischen eins, und die beiden Perioden im Dasein des Paulus sind durch IHN zu einer festen Einheit verbunden. Ein Übergang aus dem Wirken in das tote oder starre Ruhen (im Sinne eines bewußtlosen Schlafes) wäre das Ende der Liebe, und dieses hieß Paulus eine Unmöglichkeit« (Schlatter in »Paulus der Bote Jesu«, Stuttgart 1934, S. 552).

Das Zeugnis des Paulus aus dem Römerbrief

Paulus hat so viel über das Leben nach dem Sterben geschrieben, daß wir nur auf einige Verse aus dem 8. Kap. des Römerbriefes hinweisen können.

Es sind die Verse Röm. 8,17.18 und 28–30. Wir bitten diese Verse betend zu lesen und besonders nachzusinnen über die gewaltigen Worte: »*Erbe Gottes*« und »*Miterbe Christi*«.

Das Zeugnis des Paulus aus dem Philipperbrief

Welch ein Brief, welch ein Herzenserguß des »alten und gebundenen Paulus«, wie er sich selbst nennt! Solche herrliche Vereinigung von Sterbensfreudigkeit und Lebensfrische, von Leidenswilligkeit und seligster Freude, von Hoffnungszuversicht und tiefster Herzensdemut, von apostolischem Würdebewußtsein und einfältigem Christensinn, das ist etwas ganz Großes. Wie nahe dem Herrn mußte er sein, der als Grundton durch den ganzen Brief hindurchklingen lassen konnte das Wort: *Der Herr ist nahe!*

Die Ewigkeitshoffnungen im Philipperbrief lassen sich in die beiden großen Hauptgesichtspunkte zusammenfassen:

1. *Unser »Bei-Christus-Sein«.*
2. *Unsere »Himmlische Leiblichkeit«.*

Zu 1. *Phil. 1,19–23:* Der alles beherrschende Gedanke dieser Verse ist die ganz große Freude, daß, wie auch immer das Ende des Gefängnisaufenthaltes sein mag, alles nur zur Verherrlichung des Herrn dient, sei es die Hinrichtung oder sei es die Befreiung aus dem Gefängnis. Wenn jedoch die Hinrichtung der Wille Gottes sein wird, dann ist Paulus darüber nicht im geringsten traurig, sondern im Gegenteil glücklich. Denn Sterben ist ihm *kein* Verlust, sondern ein *ganz großer Gewinn!*

Paulus ist gerüstet auf den nahe bevorstehenden Tod. Ergreifend wirkt in dieser Lage seine Aufforderung zur *Freude,* die er wieder und wieder an die Philipper ergehen läßt. Sie wurzelt fest und unverlierbar in seiner Gemeinschaft mit Christus. In dieser siegesfreudigen Stimmung triumphiert er über alle Bedrängnis. In der Leidensschule ist er ja auch eingeweiht worden in die Kunst, unter allen Lebensverhältnissen, wie sie wechseln, zu sagen: *»Ich vermag alles durch Den, der mich mächtig macht, Christus.«*

Aber was wird ihm nun nach dem Tode bevorstehen? Dieser Gedanke ist ihm schon einmal nach überstandener, großer Todesgefahr nahegetreten (2. Kor. 5,1ff.). Nun aber, am Ende der langen Kerkerhaft, angesichts des voraussichtlich nahen Märtyrertodes, beschäftigt ihn die Frage nach dem unmittelbar *auf den Tod folgenden Zustand* anhaltend und angelegentlich. *Daß er sofort bei Christus sein wird und daß diese himmlische Gemeinschaft eine völligere sein wird,* das ist der Grund seiner großen Freude im Herrn!

Seit der verherrlichte Christus ihm bei Damaskus erschienen war und ihn zu Seinem Werkzeuge erwählt hatte, seitdem ist *ER* auch der alles umfassende Gegenstand seines Sehnens. Schon in seinem ersten Briefe (1. Thess. 4,17), schloß das Zukunftsbild, das Paulus den Thessalonichern entwarf, mit den Worten: *»Wir werden bei dem Herrn sein allezeit!«* – Und hier im Philipperbrief: *»Ich habe Lust abzuscheiden und mit Christus vereint zu sein. Das wäre ja doch weitaus das Beste«* (Phil. 1,23). Diese völlige Vereinigung mit Christus erwartet Paulus *unmittelbar nach dem Tode.* Man achte nur darauf, wie er in der Philipperstelle 1,23.24 beides so unmittelbar einander gegenüberstellt, das *Weiterleben hier un-*

ten und das *Abscheiden, um bei Christus zu sein.* Wo das eine aufhört, fängt das andere *sofort an.* Paulus erwartet, durch den Tod sofort in eine *viel völligere Gemeinschaft* mit Christus zu kommen, daß sie gegenüber der hier schon auf Erden bestehenden Lebensgemeinschaft mit Christus ein großer *Gewinn* ist.

Und wie nahe hatte Paulus hier im Erdenleben schon dem Herrn gestanden, wieviel außerordentliche Gnadenerweisungen waren ihm zuteil geworden; und doch erschien es ihm als ein »*Fernsein*«. Alle himmlischen Hoffnungen des Paulus haben zur Voraussetzung, daß die im Herrn Enschlafenen *sofort mit einem himmlischen Leibe bekleidet werden.* Denn wie könnte *das* eine Errettung und Erlösung genannt werden, wenn der Feind, also der Tod, auf unabsehbare Zeiten seine volle Herrschaft über Paulus behalten sollte? Nein, für die Gläubigen ist *ihr Todestag* der *Siegestag* der Himmelfahrt und Heimfahrt.

Dieses himmlische »Bei-Christus-Sein« ist den Gläubigen schon hier auf Erden so *wirklich und tatsächlich,* daß sie die Antriebe und Regeln für ihr Wollen und Vollbringen von dort her empfangen, und daß ihr Leben sich hier nach den im oberen Reiche gültigen Gesetzen vollzieht. Den klassischen Ausdruck für die Energie, mit der die obere Welt hereinwirkt in das Erdenleben der Gläubigen, hat Paulus gefunden in den Worten: »*Unser Wandel ist im Himmel!*« (Phil. 3,20). Luther hat hier den *Sinn* schön getroffen, wenn auch nicht den *Wortlaut* des Textes. Es heißt eigentlich: *Das Bürgertum der Gläubigen ist im Himmel.* Aber das will ja eben sagen, sie sind errettet von der Obrigkeit der Finsternis und gehören der himmlischen Obrigkeit an, wo Christus herrscht, zur Rechten Gottes sitzend. Von dort aus werden sie regiert und lassen sich regieren. Der Verfasser des Hebräerbriefs findet nachher einen anderen klassischen Ausdrck für dieselbe Sache in dem vielgepriesenen Wort: »*Ihr seid gekommen zu dem himmlischen Jerusalem und zu der Gemeinde der Erstgeborenen, die im Himmel angeschrieben sind*« (Hebr. 12,22.23).

Das Zeugnis des Paulus aus dem zweiten Brief an Timotheus

Dies ist der letzte Brief, den der Apostel geschrieben hat. Es ist sein apostolisches Testament. Die Möglichkeit, daß er seinen Gemeinden vielleicht doch noch wiedergegeben werden könnte, ist hier aufgegeben. Der Brief ist erfüllt von Todeserwartung: *»Ich werde schon geopfert, und die Zeit meines Abscheidens ist vorhanden«* (4,6). Für unsere Ohren, die der Opfersprache nicht mehr vertraut sind, klingt es fremdartig: *»Ich werde schon geopfert«* – eigentlich: *»Ich werde schon hingegossen, mein Blut wird schon ausgegossen als ein Opfer zur Ehre Gottes.«* Der Sinn ist: »Ich weiß mich nun als ein dem Tode geweihtes Opfer.«

Kein anderer Brief stellt uns denn auch den gewaltigen Apostel so in seiner Menschlichkeit vor. Er zeigt sich hier so mild, still, abgeklärt, wie es einem »Vater in Christus« ansteht. Wehmut erfüllt ihn angesichts seiner Verlassenheit im Gefängnis und dem von Freunden erfahrenen Unrecht, denen es gefährlich zu sein schien, sich offen zu Paulus zu bekennen. »In meiner Verantwortung stand mir niemand bei, sondern sie verließen mich . . . Alexander der Schmied hat mir viel Böses bewiesen . . . Demas hat mich verlassen und diese Welt liebgewonnen . . .« Nur zwei machen eine rühmliche Ausnahme: *Lukas der Arzt* und *Onesiphorus.* Von Lukas schreibt Paulus: »Lukas allein ist bei mir« (2. Tim. 4,11), und von Onesiphorus: »Onesiphorus hat mich oft erquickt und hat sich meiner Kette nicht geschämt, sondern, da er zu Rom war, suchte er mich aufs fleißigste und fand mich« (1,16 und 17).

Dann denkt der Apostel mit Freuden an die vor ihm Heimgegangenen und zu denen er sich nun bald versammeln darf (1,3 und 4,8b). Auch den Timotheus erinnert er an seine fromme Großmutter und Mutter. Er sehnt sich nach seinem geliebten Sohne Timotheus: »Befleißige dich, daß du bald zu mir kommst . . . mich verlangt, dich zu sehen, damit ich mich herzlich freuen kann . . . tue Fleiß, daß du vor dem Winter kommst« (4,9; 1,4; 4,21). Diese wiederholten Aufforderungen begründet er mit der Erwartung seines baldigen Endes.

Doch wie fern ist der Apostel davon, etwa in ein sentimentales Todessehnen zu versinken und gegenüber den Pflichten und Interessen des Lebens gleichgültig zu werden. Ein kleiner Zug ist hier sehr bezeichnend. Timotheus soll ihm seinen in Troas zurückgelassenen Mantel mitbringen, den er zum Winteranfang gebrauchen kann; und so auch einige Bücher, namentlich die dem Apostel besonders wertvollen Pergamente (4,13). Als ein Sterbender sammelt er dennoch sein Eigentum, um darüber zu disponieren. Wir möchten diesen Zug im Bilde des Apostels nicht missen. Das ist eben das Leben in Christo, das zwar »über« Welt und Tod steht, aber dennoch nicht der alltäglichen Dinge und Pflichten vergißt.

Jesus ist ihm derselbe *HERR*, den er treu zu sein hat in dieser *irdischen Welt* des Alltags und *in jener Welt*, und der Tod ist nichts mehr als ersehnter Übergang aus einer jetzt noch *»ferneren« irdischen Lebensgemeinschaft* mit Christus in eine *»vollere«* und *unmittelbarere sichtbare himmlische Gemeinschaft* mit Christus. Der scheidende Apostel wagt in vorausnehmender gewisser Zuversicht schon das freudige Siegeswort: *»Ich habe den guten* Kampf gekämpft, ich *habe* den Lauf *vollendet*, ich *habe* Glauben *gehalten!«* (4,7).

So anschaulich ist alles, er streckt gleichsam die Hand nach dem auf ihn wartenden Siegeskranz aus.

Diese Ewigkeitshoffnungen des Apostels sollen zugleich dem Timotheus ein Antrieb zu erneutem Eifer und völligerer Treue sein.

b) Das Zeugnis des Hebräerbriefes

Der Verfasser des Hebräerbriefes wird durch die gewaltigen Erschütterungen seiner Zeit innerlich angetrieben, die göttliche Leitung der Menschheitsgeschichte und das von Gott gewollte Ziel ins Auge zu fassen. Er erkennt alles Irdische als Abbild himmlischer Vorbilder. Als das irdische Heiligtum Israels (der Tempel von Jerusalem) dahinsank, stieg das himmlische Jerusalem vor seinen Blicken empor. Als das aaronitische Priestertum seinen Dienst beendet hat, sieht er den himmlischen Hohenpriester droben seines Amtes walten. Statt auf die irdische zerstreute Volksgemeinde richtet der Hebräerbrief den Blick auf die obere vollendete Gemeinde hin. Und damit wird nunmehr an die Stelle der bisherigen Hoffnung auf eine irdische Zukunftsherrlichkeit die Hoffnung auf die Reichsvollendung im Himmel gesetzt. »Wir haben einen solchen Hohenpriester, der sich zur Rechten des Thrones der Majestät in der Höhe gesetzt hat . . . der als Vorläufer für uns eingegangen ist . . . wir haben Freudigkeit zum Eingang in das Heilige des Himmels . . . wir sind gekommen zu dem himmlischen Jerusalem und zu der Engel Versammlung und zu der Gemeinde der Erstgeborenen, die im Himmel angeschrieben sind, und zu den Geistern der vollendeten Gerechten . . .« Das sind Trostgedanken, die aus diesem Briefe in die Herzen der gläubigen Leser übergehen.

Die Art, wie der Brief das Christenleben an das jenseitige Leben knüpft und zu einem Hoffnungsleben macht, entspricht ganz der Lehre Jesu. »Sammelt euch Schätze im Himmel, wo sie weder Motten noch Rost fressen« (Matth. 6,20); der Schreiber des Hebräerbriefes lobt seine Judenchristen, daß sie danach getan und den Raub ihrer Güter *freudig* ertragen hätten in dem Bewußtsein, daß sie eine bessere und bleibende Habe im Himmel haben (10,34), d.h. eine wirkliche Welt mit wirklichen und besseren Besitztümern. Diesen Schätzen im Himmel, die nimmer abnehmen noch veralten, *entsprechen im Hebräerbrief* das wahrhaftige Heiligtum (9,24), das größere vollkommenere Zelt (9,11), das Bessere und Bleibende im Himmel (10,34), das bessere himmlische Vaterland (11,16). *Überhaupt das Bleibende an den himmlischen Dingen,* das der Herr hervorgehoben hatte: Joh. 14,2; Luk. 16,9. Droben ist die bleibende Stadt (Hebr. 13,14) und das unerschütterliche Reich (12,28). Die Beziehung beider Welten aufeinander zeigt weiter noch das Wort von der Gemeinde der Erstgeborenen, die im Himmel *angeschrieben* sind (12,23); also ganz wie der Herr bei Luk. 10,20: »Freuet euch, daß eure Namen im Himmel *angeschrieben* sind!«

Das Angeführte wird genügen, um zu zeigen, daß wir hier überall auf dem Grunde stehen, *den Jesus gelegt hat.* Die keimartigen Hinweise der Evangelien auf den Himmel und das Reich der Himmel beginnen sich zur Reife und Deutlichkeit zu gestalten, bis sie dann in der Offenbarung des Apostels Johannes ihren Abschluß finden.

Betrachten wir die Gedankenwelt des Hebräerbriefes etwas näher, so ordnet sich alles wie von selbst unter den beiden Gesichtspunkten: *die Himmelswelt* und *das Leben der Vollendeten im Himmel.*

Die Himmelswelt

Der Himmel ist eine andere Schöpfungswelt (Hebr. 9,11 und 12 und 24). Die Grundanschauung des Hebräerbriefes ist die Betonung der *zwei Schöpfungen.* Diese beiden Schöpfungen sind nicht gleichzeitig und auf gleiche Weise entstanden.

Die *irdische Schöpfung,* in der wir leben, die uns umgibt, ist eine Frucht des Sechstagewerkes. Hingegen der *Himmel, die Stätte der Herrlichkeit Gottes,* gehört nicht unserer Schöpfungswelt an, sondern ist von Gott unmittelbar aufgerichtet (9,11 u. 11,10). Die bestimmte und klare Gegenüberstellung zu unserer Schöpfung (9,11) fordert die Annahme der anderen *unsichtbaren Himmels-Schöpfung.* Die sichtbare Erdenwelt und die unsichtbare Himmelswelt sind *zwei ganz verschiedene Schöpfungsgegebenheiten. Aber beide Welten beziehen sich aufeinander.* Der Himmel steht im Verhältnis des Urbildes zum Abbild *dieser irdischen Welt.* Die himmlische Welt ist das Original und der Archetyp dieser irdisch-geschichtlichen Welt. *Das Gottesreich auf Erden* ist gleichsam die irdische Kolonie des *Himmelreichs.* Das Gottesreich war schon da, im Himmel, mit allen seinen Gütern, und kam zu den Menschen herab und wurde nicht erst gebildet durch die Menschen des Glaubens.

Daraus folgt, daß alles, was wir hier unten auf Erden um uns her sehen, vorübergehend ist, während die wirklichen und wahrhaft bleibenden Dinge im Himmel sind. Das tritt besonders in den Heiligtümern des Alten Bundes hervor, die eben nichts anderes vorstellen als »*abbildliche* Darstellungen« der allerwirklichsten Dinge, die im Himmel sind. Darum ist das Jenseits die Heimat unserer Hoffnung. Dort sind die wirklichen und wahrhaftigen Besitztümer, die hier nur *vorgeschmackweise* unser eigen sind. Dort werden sie uns als wirkliches und unvergängliches Erbe aufbewahrt. Dort haben wir schon jetzt eine bessere und bleibende Habe (10,34).

Von allen irdischen Dingen war in geistiger Beziehung die

Stiftshütte und dann der *Tempel* das Bewunderungswürdigste. Denn die *Stiftshütte* und dann der *Tempel* in Jerusalem waren ein Gedanke Gottes, den Gott Selbst den Menschen gegeben hatte und wozu Gott den Grundriß Selber legte. Es war nämlich dem Mose auf dem Berge ein Einblick in die himmlische Welt gestattet. Und dem Mose war befohlen worden, diese himmlischen Realitäten, die Gott ihn hatte schauen lassen, in irdischer Nachbildung darzustellen (Hebr. 8,5).

Im Himmel ist aber das *wahrhaftige* Heiligtum, der Ort, wo GOTT ist, wo der Thron und der Offenbarungsort Seiner Heiligkeit und Herrlichkeit sind. Und in dies Allerheiligste des Himmels ist *Christus* hineingegangen, zu erscheinen vor dem Angesicht Gottes für uns (9,24). Der Himmel Gottes war Seine Heimat. ER war von dort nur vorübergehend *herabgestiegen in diese Sünderwelt.* Darum konnte ER auch wieder hinaufgehen. Aber durch Seinen Opfertod hat *ER* es fertiggebracht, daß sich das Heiligtum des Himmels, das durch den Sündenfall den Menschen verschlossen war, wieder öffnete, daß *ER* nun viele zur Herrlichkeit führt (2,10) und daß ER als Vorgänger, als Herzog aller Erlösten, in den Himmel ging (6,20). Das Sehnen nach der vollen Gottesgemeinschaft hat seine Erfüllung gefunden. Wir haben einen festen Hoffnungsanker, der *in dem Allerheiligsten des Himmels fest verankert ist* (6,19).

»ER ist aber eingegangen«, heißt es 9,11 durch ein größeres und vollkommeneres Zelt, das *nicht von dieser Schöpfung* ist. Wie nämlich der Hohepriester des Alten Bundes durch das heilige Vorderzelt hindurchschreiten mußte, um in das Allerheiligste zu kommen (sonst gab es keinen Weg dahin), so befindet sich vor dem Himmel der Herrlichkeit Gottes ebenfalls ein Vorderzelt, ein Vorhimmel, durch den Christus schreiten mußte. Was 9,11 von der Vorhütte oder dem Vorderzelt sagt, durch welches Christus hindurchgegangen ist, um in das Allerheiligste zu kommen, das hat vorher Hebr. 4,14 so ausgedrückt: *»Wir haben einen großen Hohenpriester, der durch die Himmel hindurchgegangen ist.«* Und 7,26 sagt, daß Christus, um Sich zur Rechten Gottes zu setzen, höher denn die Himmel werden mußte.

Es gibt also einen *Doppelbereich des Jenseits*. Einen Himmel der Seligen, der wegen seiner Unermeßlichkeit, wegen der vielen Wohnungen, die er enthält, in der Mehrzahl genannt wird, also *»die Himmel«* heißt: 4,14; 7,26. Diese Himmelssphären der Seligen haben als ihren *höchsten Ort »den Herrlichkeitshimmel« Gottes*, wie es 9,24 heißt, daß Christus, um vor dem Angesichte Gottes zu erscheinen, in *den Himmel Selbst* hoch erhöht (7,26) eingehen mußte. Der Himmel Gottes wird in unserem Briefe in der Einzahl genannt: der Himmel oder der Himmel selbst oder der Himmel schlechthin oder hoch erhöht. Denn er ist das Allerheiligste im Gegensatz zu der das Vorderzelt bildenden Vielzahl der Himmel.

Diesen Doppelbereich der himmlischen Welt uns aufzuschließen, das war das Ziel des Erlösungswerkes Christi. Wie hat nun der Herr dies Ziel erwirkt? Nicht einen Vorhang zieht Christus hinweg, sondern kraft Seiner vollgültigen Sühne hat ER uns Sündern das obere Allerheiligste erwirkt und erschlossen. Und seitdem ist es Sein Werk, in diesem Doppelbereich des Jenseits priesterlich zu walten. ER ist im eigentlichen Gotteshimmel heimisch und vertritt uns als Mittler vor GOTT, 9,24. ER ist im Himmel der Seligen heimisch, und durch Ihn strahlt Gottes herrliche Selbstoffenbarung weiter aus. Und wieder gehen durch Ihn die Opfer der Anbetung zu GOTT zurück.

Diese Glaubensanschauung des Hebräerbriefes ist höchst originell. Sie zieht die letzten Konsequenzen aus der biblischen Grundanschauung vom Himmel als Thronsitz Gottes, und von den Engeln, die IHN umgeben, insofern der Hebräerbrief der irdischen sichtbaren Schöpfung die himmlische unsichtbare Schöpfung gegenüberstellt. Auch Paulus denkt so, wenn er Kol. 1,16 von der Erschaffung des Sichtbaren und Unsichtbaren durch den Sohn spricht. Diese ganze sichtbare und der Zeitlichkeit unterworfene Ordnung der Dinge, die wir Welt zu nennen pflegen, die Erde mit Sonne, Mond und Sternen – sie bildet *ein Universum*, das Sechstagewerk Gottes. Dagegen den Himmel, in welchem Gott thront (8,1) und der die Heimat und der Wohnsitz des Gottessohnes ist, und dann die vielen Himmelsräume, die für die Seligen bestimmt sind und die Christus auf Seinem Priestergang durchmessen hat

(9,11; 4,14) – diese haben wir uns zu denken als *ein anderes Universum, das schon vorher bestand.*

Die Einheit der Welt wird dadurch nicht gestört, denn die Engel bilden mit der vollendeten Menschheit eine Einheit. Der Sohn Gottes ist auch für sie der Mittelpunkt. Wohl aber ergibt sich der wichtige Unterschied, daß diese unsere irdisch-geschichtliche Welt den Erschütterungen unterworfen und wandelbar ist (12,27), aber der einstigen Verklärung entgegengeht. Dagegen ist der Himmel Gottes und der Engel die *Welt der Vollkommenheit* und des ewig unveränderlichen Daseins. Darum ist sie die Bestimmung und das Ziel der erlösten Menschheit. Und wenn die Gläubigen durch den Tod in diese himmlische Welt eingehen, finden sie dort die ewige Gottesruhe (4,9) und das unerschütterliche Reich (12,28).

Für den aufrichtigen Bibelleser steht es zweifellos fest, daß die Bibel unter *dem Himmel Gottes und der Engel und der Seligen* eine wirkliche Welt versteht, die wahrhaftig da ist, mit wirklichen Gegenständen und persönlichen Wesen, und die unser ewiger Wohnsitz und ewiges Vaterland und Erbe ist.

Ist es Gottes *nicht unwürdig* gewesen, eine irdische Welt zu schaffen, wie sollte es Seiner ewigen heiligen Liebe *nicht höchst würdig* sein, daß ER eine himmlische vollkommene und unvergängliche Welt geschaffen hat, zur ewigen Bewunderung, Seligkeit und Wonne derjenigen Geschöpfe, die Ihm in Leben und Liebe ähnlich geworden sind?!

Der Trost des hohenpriesterlichen Waltens Christi im Himmel (Hebr. 5,5 und 6 und 6,19 und 20).

Es ist eine unaussprechlich große Sache um das himmlische Hohepriestertum Jesu, wovon gerade der Hebräerbrief mit solcher Liebe und Anbetung spricht. Wir sind nicht fähig, uns davon eine Vorstellung zu machen, wie Jesus als Hoherpriester, welcher der Sohn ist, und als Sohn, welcher zugleich Hoherpriester ist, nun über uns mit dem Heiligen Gott und Vater redet. Wir können nur von ferne aus dem hohenpriesterlichen Gebet Jesu (Joh. 17) eine Ahnung davon bekommen. Wir fühlen aus diesem hochheiligen

Gebet heraus, was der Herzenssinn unseres Herrn im Blick auf uns beständig ist, und wie ER nun zum Vater redet. Welch eine heilige Wirklichkeit ist das aber, daß über uns fort und fort im Heiligtum gebetet wird, bis wir dort einmal angekommen sein werden.

Und wenn wir dann drüben angekommen sein werden, auch dann können wir nicht ohne Ihn sein. *Seine* Heiligkeit und *Seine* Reinheit, *Seine* Schönheit und *Sein* Wohlgefallen, das der Vater an IHM hat, darf auch unser sein und unser bleiben bis in alle Ewigkeit hinein. – So gehört sich's für Sünder, daß sie in alle Ewigkeit hinein für *sich nichts sind, für sich nichts haben, für sich nichts gelten,* sondern *nur in des ewigen Priesters Gerechtigkeit gerecht, in Seiner Herrlichkeit herrlich, in Seinem Erbe reich, in Seiner Liebe dem Vater angenehm sind.*

So nur allein ist Herrliches aus ihnen geworden. *So nur allein* werden sie schön geschmückt und hoch geadelt droben vor Ihm wandeln. *So nur allein* wird ihnen dann nicht mehr anzusehen sein, daß sie einst auf Erden verlorene Sünder gewesen sind. – Aber das soll ihnen in alle Ewigkeit anzusehen sein, daß sie durchs Blut des Lammes gerettet worden sind, und daß Sein Leben ihr Leben, Seine Ewigkeit ihre Ewigkeit geworden ist. Jesus ist in ihnen und sie in IHM, als Strahlen der ewigen Sonne, welche ER Selber ist, als glänzende Tröpflein in dem Meer der Liebe.

Das Leben der Vollendeten im Himmel

Die Freude im himmlischen Jerusalem aus Kapitel 12,22–24 ist die Stelle, in welcher der Hebräerbrief die Herrlichkeit der himmlischen Welt schildert. Nach dem ergreifenden 11. Kapitel vom Glauben der Alten erreicht die Darstellung des Hebräerbriefes hier ihren Höhepunkt. Sie führt uns gleich mitten in die Himmelswelt hinein, indem sie uns die obere Gottesstadt sehen läßt.

Wir haben hier eine Offenbarung vor der Offenbarung des Johannes. Ehe der Seher auf Patmos das Lamm auf Zion und das heilige Jerusalem droben in seinen Räumen und Größenmaßen schaut, hat hier ein hochbegnadeter apostolischer Mann dasselbe Jerusalem dort oben gesehen.

Das himmlische Jerusalem ist zunächst bevölkert von den *En-*

geln. Die Engel sind sozusagen die »eingeborenen« Himmelsbürger. In der Gegenwart Gottes haben die ungezählten Scharen der Engel zuerst ihren Sammelort. Myriaden, das sind Zehntausende, sagt der Text, sind da immer versammelt. Und wie schön lautet der Zusatz zu den Myriaden der Engel: *»Eine Festversammlung ist es.«* Das griechische Wort des Urtextes *»paneguris«* bezeichnet *Festgesang, Festfreude* ein festliches Versammeltsein in jauchzendem Jubelgesang.

Zu diesen Myriaden von Engelchören sind nun auch die *»sündigen Menschen«* hinzugekommen als solche, die vollen Anteil an den jauchzenden Herrlichkeiten haben dürfen. Freudig wollen die Engel sie aufnehmen, und wir können uns dort mit den Engeln nach Engelweise bewegen. Einst bei der Gesetzgebung auf dem Sinai erschien zwar auch die göttliche Majestät mit ihren Engelmyriaden. Aber die Kluft zwischen jenen himmlischen Scharen und den Menschen war damals so groß, daß jede Annäherung an den Berg bei Todesstrafe untersagt wurde. Wie ganz anders jetzt! *»Ihr seid nahe gebracht zu den Myriaden der Engel«*, sagt der Hebräerbrief schon von den noch lebenden Gläubigen auf Erden. Im Himmel sind sie ganz frei von dem Furchteinflößenden der Engelerscheinung auf Erden. Die Menschen sind ihnen dort *beigeordnet*, wie die Engel in der Offenbarung des Johannes sich ja selbst »Mitknechte und Brüder« nennen. Die Engel sind mit dem Menschen und der Mensch mit ihnen *Teilhaber ein und derselben ewigen Offenbarung der Heiligkeit und Herrlichkeit Gottes.*

Die erste Gruppe, die Frommen des Alten Bundes, sind bereits vollzählig versammelt. Sie alle, deren Glauben der Hebräerbrief im 11. Kapitel uns so eingehend vor Augen gemalt und die er 12,1 eine Wolke von Glaubenszeugen genannt hat, die zeigt er uns nun *im Himmlischen Jerusalem.* Hier nennt der Hebräerbrief sie mit einem anderen schönen Namen: *»die Gemeinde der Erstgeborenen«.* So hatte ja einst Jahwe Selber Sein Verhältnis zu dem Volk des Alten Bundes bezeichnet: »Mein erstgeborener Sohn ist Israel« (2. Mose 4,22). Wie der Erstgeborene dem Herzen des Vaters besonders teuer ist, so hat Gott den alttestamentlichen Frommen die *himmlische Stadt zuerst* zubereitet, nach der sie sich im Glauben sehnten; und Gott hat ihnen das Vorrecht gegeben, als die Erstgeborenen in dieser Stadt wohnen zu dürfen. Es wird im Hebräerbrief noch ausdrücklich hinzugefügt, daß ihre Namen für immer als die ersten im Bürgerbuch des Himmlischen Jerusalems eingeschrieben stehen.

Nun kommt der Hebräerbrief *zu der neutestamentlichen Gottesgemeinde.* Es war ja das ganze erste Christengeschlecht damals schon droben versammelt, als der Hebräerbrief geschrieben wurde, eine strahlende Reihe mit *Stephanus, Jakobus, Paulus, Petrus* an der Spitze. Die im Glauben an Christus Hinübergegangenen und alle, die ihnen nachfolgen, nennt der Hebräerbrief mit dem hohen Namen: *»Geister der vollendeten Gerechten«.*

Das Wort *Vollendung* gebraucht der Hebräerbrief am liebsten für die Neubekleidung mit dem himmlischen Herrlichkeitskleide. So wurde auch das Gekröntwerden Jesu mit der Erscheinungsweise göttlicher Würde und Hoheit schon 2,7 »Vollendung« (2,10) genannt. Die Vollendung *(teleiosis)* Christi ist die äußere Verleiblichung der inneren Vollendung. Und in Seinem Leidens- und Verherrlichungswege ist ER für die Seinen vorbildlich. Die gerecht Erfundenen gehen in einen ihrer Heiligungsstufe entsprechenden *Vollendungszustand* ihrer *ganzen geistleiblichen Persönlichkeit ein.*

Nun sind sie *»vollendete Gerechte«.* Nun sind sie zu dem gemacht, was sie sind und nach Gottes Ratschluß sein sollen.

Die Seligkeit der Gottesruhe (Hebr. 4,1.9.10.11. Lies das ganze 3. und 4. Kapitel).

Wenn der Hebräerbrief vom Leben der Seligen redet, dann darf man nicht vergessen, daß er zu *solchen* spricht, die unter den Mühen der Verfolgungen und unter der Unruhe der Zeit besonders schwer zu leiden hatten. Es ist also natürlich, daß er diesen müden Seelen gegenüber das besondere Moment *»der Ruhe«* in den Vordergrund stellt und es so eingehend im 3. und 4. Kap. behandelt.

Der Hebräerbrief schildert diese verheißene himmlische Ruhe, indem er sie mit dem heiligen *Ruhen Gottes am siebenten Tage* vergleicht (4,4.10). Dieses Ruhen Gottes von Seinen Werken ist das Urbild der Ruhe, zu welcher die Schöpfung bei ihrer *Vollendung* eingehen wird. Es strebt alle Kreatur einem Ziele entgegen, wo alle Unruhe der Bewegung und Entwicklung in die selige Ruhe der Vollendung ihres Daseins eingehen wird. Zu dieser Ruhe, zu dieser göttlichen Sabbatfeier soll namentlich der *Mensch* als das *Haupt* der irdischen Schöpfung gelangen. Unsere Stammeseltern erfreuten sich dieser im Paradiese, solange sie mit ihrem Gott und Schöpfer im seligen Frieden verbunden waren.

Als aber die *Sünde* dies selige Band, das Schöpfer und Geschöpf verband, zerrissen hatte, brachte trotz aller Dämonie das große Wunder der Erlösung auch die Verheißung der *Gottesruhe* wieder. Das gehört zu den Gnadenerweisungen unseres Gottes, daß ER uns Seine *eigene Ruhe* verheißen hat, daß ER uns um Christi willen an Seiner herrlichen Gottes-Ruhe teilnehmen lassen will.

Nach der ausdrücklichen Versicherung des Schreibers des Hebräerbriefes sollen die Seligen *ebenso ruhen* von ihren Werken *wie Gott von den seinen* (4,10). Diese Ruhe des Schöpfers aber ist zunächst eine Ruhe des *Rückblickens* auf das nun zum Abschluß gekommene Schöpfungs- und Menschheitsgeschehen. Diese Ruhe Gottes ist aber zugleich auch ein *Fortwirken,* das dem Neuen Himmel und der Neuen Erde göttliches Leben und göttlichen Segen immer wieder in göttlicher Fülle und Vollkommenheit überströmend zukommen läßt.

So muß auch das *Ruhen der Seligen* diese beiden Seiten haben. Die Seligen ruhen in dankbarem *Rückblick* auf ihr irdisches Leben. Droben überschauen sie die irdischen Führungen Gottes im Ewigkeitslicht und müssen bekennen: *»ER hat alles wohl gemacht.«* Dem rückschauenden Auge erscheint das Erdenleben als ein harmonisches Ganzes; denn es war *Gottes Werk,* der alle Fäden in Seiner Hand hielt. Freilich, auf unserer Seite liegt viel Beschämendes, Eigenwilligkeit und Sündiges vor. Die *Ruhe* kann darum nur das Anschauen dessen geben, was Gott an uns getan hat. Das wird zu einem seligen Feiern, Anbeten, Loben und Danken werden. Aber doch wird viel darauf ankommen, in welchem Geiste unsere Lebensarbeit getan war. Darum mahnt der Hebräerbrief: »So lasset uns nun Fleiß tun, *einzukommen zu dieser Ruhe«*

(4,11): Je fleißiger wir unsere Lebensarbeit als Jesu Nachfolger getan haben, um so schöner wird die Ruhe sein, um so ähnlicher der seligen Gottesruhe.

Andererseits wissen wir, daß die *göttliche Ruhe keineswegs Untätigkeit ist.* Denn Gott ist der Lebendige, und Seine Lebenskraft muß ausströmen. Die himmlische Ruhe der Seligen schließt darum das Wirken und Reifen in sich. Und gerade das ist das Verwandeltwerden in Christi Bild von einer Klarheit zur anderen. Dies Werk hat nun aber nicht mehr mit einem fortwährenden *Widerstande* zu kämpfen wie hier im Erdenleben. Sondern wie Gottes Ruhe in der Vollendung der Weltschöpfung, Welterlösung und Weltverherrlichung besteht, so wird unsere himmlische Sabbatfeier bestehen in der fortlaufenden Verwirklichung unseres *besonderen Menschenbildes* als eines originellen *Abbildes* der Herrlichkeit Christi, wie es nun unter der ungehinderten Wirkung der Gnade vor sich geht.

Es wird im Himmel aber nicht nur ein *Wachsen in das Bild Christi hinein,* sondern auch ein fortgesetztes *Dienen* im Reiche Christi stattfinden, ein Wirken an andern Reichsgenossen; ja auch eine Tätigkeit an der Naturwelt, deren Mittler und König der Mensch erst im Himmel in vollkommener Weise geworden ist. Aber auch auf diesem weiten Schauplatze wird das Wirken keine Arbeit sein, denn es wird ohne Anstrengung geschehen; es wird kein Widerstreben, kein Gegensatz zu überwinden sein. Vielmehr wird solche himmlische Tätigkeit selbst heilige Ruhe sein. Stets wie die Engel im Dienste und zum Lobe Gottes tätig sind, so sind auch die Seligen stets geschäftig und doch still daheim beim Herrn. Droben ist nämlich beides *eines: Das Ruhen und das Wirken, das Fürsichsein und Füreinandersein.*

Das Königtum der Seligen (Hebr. 2,5–11) ist die notwendige Ergänzung zu der Ruhe des Volkes Gottes. Denn der gottesbildliche Mensch war ursprünglich mit königlicher Würde belehnt. GOTT hatte ihm eine über die Engel erhabene Stellung angewiesen, damit der *Mensch,* weil Geist, Seele und Leib in ihm vereinigt sind, *das Band alles Geschaffenen hin zum Herrn* sein sollte. Diese göttliche Bestimmung harrt noch ihrer Erfüllung.

Der Hebräerbrief geht hierbei aus von Psalm 8. Da heißt es Vers 7: »Mit Herrlichkeit und Ehre hast Du den Menschen gekrönt. Du machtest ihn herrschen über die Werke Deiner Hände, alles hast Du gelegt unter seine Füße.«

Der Allmächtige hat es nicht verschmäht, sich zu dem schwachen Menschen in Liebe herabzulassen. Er hat ihn zum Herrn über Sein Schöpfungswerk gesetzt, gleichsam zu seinem Unterkönig gemacht, damit der Mensch ein Werkzeug der Verherrlichung Gottes werde. Die Größe Gottes in der Größe des Menschen, das ist das Thema von Psalm 8. Die Welt mit den Werken schöpferischer Weisheit ist sein Königreich.

Was freilich der Mensch aus dieser ihm verliehenen königlichen Herrschaft gemacht hat, was er davon verschleudert und zunichte gemacht hat, und wie er das, was er an Herrschaft noch besitzt, nun in beständigem Kampfe gegen die widerstrebende Kreatur behauptet – auf das alles geht der Psalm nicht ein. *Denn er will nur Gottes Einsetzung und Gabe preisen.* Hier setzt nun unser Hebräerbrief ein.

Nachdem er Vers 6 und 7 die Psalmworte angeführt hat, fährt er V. 8 fort: »Also alles hat Gottes Bestimmung dem Menschen unter seine Füße unterworfen, und es ist nichts von dem Geschaffenen, was Gott ihm nicht unterworfen hätte. Doch wir sehen jetzt noch nicht, daß ihm *alles* untertan sei.«

In diesem Gegensatz zwischen der geringen Erscheinung und der hohen Bestimmung des Menschen erblickt nun der Hebräerbrief eine Weissagung auf *Jesus, den Menschensohn. In Ihm* (V. 9) hat sie sich erfüllt. *In Ihm* hat das Menschenbild seine bestimmungsmäßige Entwicklung gefunden. Der Menschensohn Jesus ist Inhaber des von Gott dem Menschen zugesprochenen *Herrscherberufs.* Und was Christus erreicht und errungen hat, das hat *ER* auch für die vollendeten Gerechten erreicht und errungen. Gottesworte wie 1. Mose 1,26: *»Sie sollen herrschen über die Schöpfung«* sind kein leerer wirkungsloser Schall, sondern müssen ihre Erfüllung finden. Also *nicht den hohen Engeln,* sondern dem Menschen hat Gott den *Herrscherberuf über die Welt des Himmels übertragen.* Jesus schämt sich nicht, uns Seine Brüder zu heißen, V. 11. Das bringt uns den größten Vorzug vor allen übrigen Geschöpfen, auch vor den hohen Engeln. Das große Wunder, daß ein wahrhaftiger Menschensohn aus unserem Fleisch und Blut Herr über alles ist und alle Werke Gottes unter Seiner Macht und Gewalt hat, setzt auch uns Reiche Gottes wieder auf den uns bestimmten Platz. Als der Menschensohn nach vollbrachtem Leiden durch alle Himmel hindurchgegangen ist, war es offenbar, *wer* der Mensch sei, *den Gott zum gekrönten Oberhaupt aller Kreaturen im Himmel und auf Erden gesetzt hat.*

ER läßt es nicht dabei bewenden, daß wir *»gerettet«* seien. An unserer Errettung hängt noch der unendliche Reichtum einer ewigen Herrlichkeit. Der Vater hat IHN gekrönt, um auch »Seinen Brüdern« Seine Herrlichkeit zu geben. Und weil unser Haupt uns liebt, will Er uns in den Reichtum und Genuß alles dessen kommen lassen, was IHM der Vater gegeben hat.

c) Das Zeugnis des Johannes in der Offenbarung

Wer bis hierher die angeführten Bibelstellen durchgegangen ist, wird sich nun mit besonderer Spannung der Offenbarung des Johannes zuwenden.

Johannes hat das majestätische und geheimnisvolle Buch in hohem Alter geschrieben. Von den Zwölfen war er allein noch übrig. Der Entwicklungsgang des apostolischen Zeitalters war abgeschlossen. Diesen Jünger hatte der erhöhte Herr gleichsam aufgespart, damit er Sein letztes Wort empfangen und in den geöffneten Himmel hineinblicken sollte. Und der ihm erscheinende Herr sprach: »Schreibe, was du gesehen hast!« (1,19).

Uns interessieren nun im Blick auf unser Thema im folgenden *nicht* die großen Zukunfts-Offenbarungen, welche die Offenbarung des Johannes über die Entwicklung der Geschichte der Gemeinde Jesu in ihren Hauptepochen bis hin zu ihrer Vollendung gibt, sondern *uns interessieren jetzt seine Schilderungen vom Leben der Bürger in der Himmelswelt.*

Die Erscheinung des erhöhten Christus (Offb. 1,10–18)

Johannes wendet sich als prophetischer Überbringer einer göttlichen Offenbarung an die sieben kleinasiatischen Gemeinden, die unter seiner besonderen Leitung standen. Er berichtet, wie der Herr Selbst ihm erschienen sei am Herrentage, d.h. an einem Sonntag als dem Gedächtnistag des Osterfestes. Ist der Sonntag der Gedächtnistag der Auferstehung, so ist er damit zugleich ein Hinweis auf alle ihre Folgen in der Vollendung des Himmels.

Zu Beginn des Buches der Offenbarung wird die Gemeinde Jesu erquickt durch das Bild ihres himmlischen Königs, der Sich gleich von vornherein in Seiner Majestät darstellt. Wir erfahren in dieser erhabensten Christus-Offenbarung, was Christus *»jetzt«* ist, und darin liegt ihre gewaltige Bedeutung. Was Er *»war«*, als Er noch auf Erden wandelte, ist genauso wichtig für mich wie sein *»Jetzt«* als der *»erhöhte gegenwärtige Herr«*. In dem Glauben an den *auferstandenen und erhöhten Herrn,* der zur Rechten Gottes als der himmlische Vertreter der Seinen steht (wie Paulus Röm. 8,34 sagt), wissen wir auch, daß unsere Zukunft dort sein wird, *wo Er ist.*

Johannes, der Verfolgte und Verbannte, war an jenem denkwürdigen Sonntag auf der Felseninsel Patmos. Er war im Geist, d.h. in einem Zustande, wo das natürliche Leben völlig überwältigt ist vom übernatürlichen Leben und der Seher weit über sich selbst erhoben wurde. Da hörte er eine große Stimme wie eine Posaune. Und indem Johannes sich umwendet, um zu sehen, von wem die Stimme herkommt, erblickt er sieben goldene Leuchter, und inmitten der sieben Leuchter die Gestalt des erhöhten Herrn. Die Leuchter sind ein Bild der Gemeinden, welche von Christus ihr Licht fortwährend von Ihm erhalten und nun selber wieder Licht von oben her in diese dunkle Welt verbreiten.

Zwischen diesen Leuchtern wandelt der himmlische König.

Genannt wird der erhöhte Herr *nicht,* aber bezeichnet wird ER als *Einer,* der dem *»Menschensohn«* gleich war, d.h.: In der göttlichen Majestät der Himmels-Gestalt sind die Grundzüge der *Menschensohn*-Gestalt zu erkennen. Johannes sah den Herrn in Seinem verklärten Leibe, aber dennoch erkannte er IHN:

»ER war angetan mit einem langen Gewand, und begürtet um die Brust mit einem goldenen Gürtel.« Das lange Gewand trug der Priester im Alten Bunde. Den goldenen Gurt trug der König im Alten Bund. Es ist also *Jesus der Priesterkönig,* den Johannes hier schaut als den Erlöser und Herrscher Seines Reiches. Aber es ist nicht mehr das blutbesprengte Priestergewand, wie der Hohepriester es trug, wenn er zur Versöhnung ins Heiligtum trat. Jetzt ist das Gewand *weiß.* Die Versöhnung *ist* geschehen. Und der Gurt umgürtet nicht die Hüfte, wie es geschah zum Ausfechten eines Kampfes. Jetzt ruht der Gurt *auf der Brust,* d.h. *»die Tat ist vollbracht«.* Es ist also der *Priesterkönig* Jesus Christus, der Sein Erlösungswerk vollendet hat und Seine Königsherrschaft sieghaft durchführt.

Johannes sieht das *Haupt* des Herrn nicht mehr als das Haupt voll Blut und Wunden, auf dem die Dornenkrone liegt, das entstellt ist von den Martern. ER sieht Sein Haupt, die Haare schneeweiß schimmern wie reine Wolle. Der Glanz der himmlischen Herrlichkeit ruht auf dem Haupt. Die Dornenkrone ist zur Ehrenkrone, zum Herrlichkeitsdiadem geworden.

»Und Seine Augen wie eine Feuerflamme«, jenes durchleuchtend verzehrende Schauen, das die Herzen erforscht und auch die Werke der Finsternis durchschaut.

Zu solchen Flammenaugen gehören *»die Füße wie glühendes, goldschimmerndes Erz«,* alles Unheilige niederzutreten. Dazu gehört auch die *»Stimme«,* gewaltig und majestätisch wie das rauschende Meer, mächtig in aller geschichtlichen Entwicklung ihr Wort redend. Was diese Stimme spricht, sind Worte, die ihre *Erfüllung* unmittelbar mit sich führen.

»Aus Seinem Munde ging ein scharf zweischneidig Schwert« – das Wort Seines Evangeliums kann in herzandringender Kraft die Gewissen schlagen und allezeit göttlich wirksam sein.

So hat Johannes den himmlischen Herrn gesehen! Und welches war der Eindruck dieser Offenbarung auf den Seher? *Der des tödlichen Schreckens.* Weil der Tod der Sünde Sold ist, kann kein sündiger Mensch vor Gott lebendig stehen. So war's auch bei Jesaja, als er Gottes Herrlichkeit schaute: »Wehe mir, ich vergehe, denn ich bin unreiner Lippen und wohne unter einem Volk mit unreinen Lippen.«

Wie tief muß auch dem Geheiligten das Bewußtsein der täglichen Sünde sein! Johannes fällt vor der Erscheinung des Herrn zu Boden, einem Toten ähnlich. Denn er hat IHN erkannt. Es ist Der, an Dessen Brust er früher geruht hat. Aber wie weit ist Johannes davon entfernt, das alte Verhältnis erneuern zu wollen. Nicht an Seiner *Brust,* zu Seinen *Füßen* ist jetzt sein Platz. *So sehr* herrscht jetzt der Schrecken vor, *daß aus der früheren Gemeinschaft der Liebe ein lähmendes Niederstürzen wird.*

Johannes wird aufgerichtet. »Fürchte dich nicht«, spricht der Herr. Blicke weg von dir selbst, von deiner Unwürdigkeit und Untüchtigkeit. Blicke auf Mich: »den Anfang und das Ende« (vgl. 22,13), »den schlechthin Lebendigen.« »Ich bin Selbst in den Tod gegangen und habe den Tod überwunden. So kann Ich die Meinen vom Tode erlösen als Der, welcher die Schlüssel des Todes und des Totenreiches hat.«

Die Worte »die Schlüssel des Todes und des Totenreiches« geben uns zu denken. Beides, Tod und Totenreich, gehört zusammen. Tod und Totenreich sind zu denken als ein bestimmter Ort. Vor diesem bewahrt der lebendige Herr die Seinen und führt sie zu dem *Orte des Lebens.* ER ist der Erstgeborene aus den Toten, also der Erste der Auferstandenen, wie 1,5 sagt. Der Tod hat an denen, die bei Christus im Himmel sind, nicht den geringsten Anteil. Sie erfahren sofort eine »Auferstehung aus den Toten«. Joh. hat in diesem Augenblick aus der Selbstbezeugung Jesu einen neuen herrlichen und bestätigenden Eindruck bekommen von den früheren Verheißungsworten: »ICH lebe und ihr sollt auch leben. ICH bin die Auferstehung und das LEBEN!«

Des Himmelreichs Verheißungen (Offb. 2 und 3)

Alle sieben Sendschreiben, die der Herr nun dem Apostel als Herrenworte aufträgt, zeigen eine ähnliche Anlage. Jedes schließt in einer Verheißung für Überwinder, die Treue hielten bis zum Tode! Es kann hier wohl nicht allgemeine Seligkeit gemeint sein, die auch der Schächer am Kreuz empfing, sondern der *Siegeskranz des Lebens,* der *neue Name,* die *anderen* Gaben des Himmelskönigs für Seine *bewährten Diener* und *Auserwählten* – Auszeichnungen für anhaltende Treue und Bewährung bis zum Tode.

Bedeutungsvoll ist es, daß der Herr der Herrlichkeit diese Verheißungen Selber ausgesprochen hat. Sie beziehen sich auf die drei wichtigsten Beziehungen des Lebens im Himmel: unser Verhältnis zum Herrn – zur Gemeinde – zum persönlichen Auftrag.

Unser Verhältnis zum Herrn

»Sie sollen mit Mir zusammen einhergehen (wandeln) in weißen Gewändern, denn sie sind es würdig« (3,4).

»Wer überwindet, wird mit leuchtend weißen Gewändern angetan werden, und Ich werde seinen Namen nicht auslöschen aus dem Buche des Lebens und werde seinen Namen (als zu Mir gehörend) *bekennen vor Meinem Vater und vor Seinen Engeln«* (3,5).
»Wer überwindet, dem werde Ich verleihen, daß er mit Mir auf Meinem Throne sitze (und Meine Herrlichkeit teilen darf), wie auch Ich (im Gehorsam) überwunden habe und habe Mich mit Meinem Vater auf Seinen Thron gesetzt« (3,21).

Welche Erquickung in allen Mühen und Anfechtungen des Erdenlebens liegt doch in diesen Worten. Wie auf Erden die Jünger sein vertrautes Gefolge bildeten, so sollen die Überwinder droben in die Verbindung mit dem Herrn kommen. Der Ausdruck »peripatéo = einhergehen«, das »Wandeln« mit Jesus, findet sich Joh. 6,66 für den Verkehr der Jünger mit Jesus während Seiner Erdenwirksamkeit. – Und noch mehr: Der Herr will *nachdrücklich* mit Namensnennung und *ausdrücklich* vor Gott und allen himmlischen Heerscharen den Überwinder anerkennen als einen, der recht überwunden hat. Es ist dies eine Verheißung, die der Herr schon ausgesprochen hatte, als Er noch auf Erden lebte (Matth. 10,32; Luk. 12,8). Aber hier wird die ganze gewaltige Tragweite dieser Verheißung uns noch in den Worten dargestellt: *»ICH will ihm geben, mit Mir auf Meinem Thron zu sitzen.«* Der Thron Christi, auf welchem die Sieger mit Ihm sitzen sollen, ist der Thron Gottes des Vaters. So wird die höchste Herrlichkeit der

Überwinder in der innigsten Vereinigung mit dem Vater und dem Sohne bestehen.

Unser Verhältnis zur Gemeinde

Die Überwinder sollen
den Dienst von Säulen im Gottestempel der Vollendung tun –
geschmückt werden mit Siegeskronen –
einen neuen Namen empfangen –
es wird ihnen der Morgenstern gegeben werden.

»Wer überwindet, den will ich machen zur Säule in dem Tempel Meines Gottes« (3,12). Alle Vollendeten sind als Bausteine zu betrachten in dem geistlichen Tempel des Himmels. Die Überwinder aber in ihrer Treue und Festigkeit bis zum Tode sollen als *Säulen* dastehen. Sie werden also Werkzeuge des Herrn an der neuen Menschheit des Himmels sein.

»Sei getreu bis in den Tod, so will Ich dir den Siegeskranz des Lebens geben« (2,10). Die treuen Überwinder sollen allen Himmlischen als Sieger kenntlich gemacht werden. Darum werden sie geschmückt und ausgezeichnet mit einem herrlichen Diadem. Auf diesen Siegeskranz blickten selbst die Apostel. Paulus erwartet ihn als Lohn der Treue und nennt ihn *»Siegeskranz der Gerechtigkeit«* (2. Tim. 4,8), Petrus nennt ihn *»Siegeskranz der Herrlichkeit«* und vertröstet besonders vorbildliche Älteste darauf (1. Petrus 5,4), Jakobus aber nennt ihn *»Siegeskranz des Lebens«* und sagt, Gott habe ihn verheißen denen, die IHN liebhaben und sich in den Anfechtungen des Lebens bewähren (Jak. 1,12).

»Wer überwindet, dem will Ich geben einen weißen Stein (wie ihn der Sieger als Ausweis empfängt) und auf dem Stein einen neuen Namen geschrieben, welchen niemand kennt als der ihn empfängt, und will auf ihn schreiben den Namen Meines Gottes und den Namen der Stadt Meines Gottes, des neuen Jerusalem, . . . und Meinen Namen, den neuen (zum Zeichen der Zugehörigkeit zu mir)« (2,17; 3,12).

Zunächst erhält der Überwinder selbst einen neuen Namen. Sodann wird ihm versiegelt, wem er in der neuen Ordnung der Dinge angehört. Das sich dreimal wiederholende Wörtchen *»neu«* hat hier einen besondern Klang. *Neuer* Name des Siegers, »*Neues* Jerusalem«, »*Neuer* Name Christi«, eine neue Ordnung der Dinge – wie wohl tut diese Aussicht allen, auf denen das alte Leben mit seinem schweren Druck lastet.

Was der weiße Stein mit dem daraufgeschriebenen Namen zu bedeuten hat, darf nach den eingehenden Untersuchungen des Theologen Zahn (I,276ff.) als endgültig festgestellt gelten. Das Geschenk eines weißen Steines ist eine Anspielung auf den damals noch in Blüte stehenden Brauch, bei den Wettkämpfen den Siegern nicht nur Lorbeerkränze und Palmzweige, sondern auch Geschenke als Siegeszeichen zu verleihen, wobei der Leiter der Wettkämpfe dem Sieger zur *Beglaubigung einen weißen Stein übergab, auf der sein neuer Siegername eingraviert war.* Der neue Name bedeutet das neue Leben, bedeutet weiterhin im übertragenen Sinne *das himmlische ewige Leben.* Durch die drei Namensinschriften auf dem weißen Stein werden die Glaubenden in ausdrücklicher Form als Eigentum *Gottes* gezeichnet, als heimatberechtigt im *Neuen Jerusalem* anerkannt, und zugleich als dem *Herrn Jesus zugehörend* offenbar gemacht.

»*Wer überwindet, dem will Ich geben den Morgenstern*« (2,28).

Es ist hier etwas Geheimnisvolles, etwas besonders Hohes gemeint, das wir nur ahnen können. Einen Anhaltspunkt gibt uns die Offenbarung selbst. Der Herr selber hat sich so genannt, 22,16: »Ich bin der helle Morgenstern.« Durch IHN ist das Licht eines neuen Tages über der finsteren Welt aufgegangen, und durch IHN geht das Licht der Vollendung auf über der erneuerten Menschheit. Wenn nun hier der Morgenstern als eine *Gabe* des Herrn verheißen wird, so kann wohl nur gemeint sein eine besondere Stufe der Herrlichkeit, die darin besteht, daß die Überwinder als eine einzigartige Widerspiegelung des einen großen Morgensterns, welcher Christus ist, dastehen.

Unser Verhältnis zum verklärten leiblichen Leben

»*Wer überwindet, der soll mit leuchtend weißen Gewändern angetan werden*« (3,5).

Die Gewänder stellen eine besondere Auszeichnung dar (6,11;

19,8). Mit ihrer leuchtenden Siegesfarbe sind sie eine äußere Darstellung des Standes der Herrlichkeit, in dem die Überwinder vor dem Throne Gottes und des Lammes stehen. Wer zu der Überzeugung gekommen ist, daß die Seelen der in den Himmel Aufgenommenen auch mit einem himmlischen Leibe bekleidet werden, der wird hier den Hinweis auf die leibliche Erscheinung einer höheren Herrlichkeitsstufe finden.

»Wer überwindet, dem will ich zu essen geben von dem Lebensbaum, der im Paradiese Meines Gottes ist« (2,7).

Die Verheißung weist zurück auf 1. Mose 2,9 und 3,22, wo inmitten des irdischen Paradieses der Lebensbaum stand, dessen Frucht bestimmt war, dem Menschen das ewige Leben zu schenken, wenn er in anhaltender Treue gegen Gott verharrte. Im Paradiese des Himmels stehen an beiden Ufern des Lebensstromes, der durch die Hauptstraße der ewigen Stadt fließt, Lebensbäume (22,2). Die fortwährend wachsenden Früchte aller dieser Lebensbäume dienen in Ewigkeit zur Speise derjenigen, welche bis ans Ende Treue gehalten haben. Der eine Lebensbaum des irdischen Paradieses ist zu einem Wald von Lebensbäumen geworden. Welch eine Lebensfülle werden diese Früchte mitteilen!

»Wer überwindet, dem will Ich geben von dem verborgenen Manna« (2,17).

Noch eine andere Speise wird verheißen, um in der Ewigkeit das geistliche wie das leibliche Leben zu nähren. »Manna« wird sie genannt und damit ist Himmelsbrot gemeint (2. Mose 16), wie auch der Psalmist 105,40 von dem ehemaligen irdischen Manna sagt: *»Der Herr sättigte die Väter mit Himmelsbrot.«* Was für eine wunderbare Gabe dies himmlische Manna sein wird, können wir freilich nur ahnen. Für uns hier bleibt es ein verborgenes Manna. Erst in der Vollendung wird offenbar werden, was diese Speise bedeutet.

Alle diese Verheißungen, mit denen der Herr jedes der sieben Sendschreiben beschließt, beziehen sich auf das Leben im Himmel. Weil es sich aber um ewige Verheißungen handelt, so gelten sie sowohl für das Reich der vollendeten Herrlichkeit nach dem Endgericht und der allgemeinen Auferstehung als auch selbstverständlich vor dem Endgericht. In der Offenbarung wird die *triumphierende Gemeinde Jesu* ja immer in den zwei Stadien ihrer himmlischen Existenz, d.h. dem ersten Stadium zwischen persönlichem Tod und Jüngstem Gericht und dem zweiten Stadium, d.h. *nach* dem Jüngsten Gericht stets als ein Ganzes dargestellt. Die Zuteilung der verheißenen Belohnungen und Siegeskränze erfolgt jedoch sogleich nach dem Tode, genau so wie auch bei den Wettkämpfen des Altertums (mit welchen das Neue Testament so oft den Kampfeslauf der Christen vergleicht) *der Sieger den Siegespreis sofort zugeteilt erhielt* und öffentlich geehrt wurde.

»Sei getreu bis zum Tod«, ruft der Herr 2,10, »so will Ich dir den Siegeskranz des Lebens geben.« Auch Jakobus 1,12 tröstet: »Selig ist der Mann, der die Anfechtung erduldet, denn nachdem er bewährt ist, wird er den Siegeskranz des Lebens empfangen.«

In diesen Verheißungen ist ein Aufschub in weite Ferne oder eine Erfüllung erst nach unabsehbarer Zeit ganz ausgeschlossen. Die Überwinder, die durch den Tod zu Christo kommen, kommen sofort in den Besitz all der unaussprechlich köstlichen Gaben, die ER verheißen hat. Unverständlich wäre das, wenn all diese Verheißungen erst im Endgericht ihre Erfüllung finden sollten, wie manche Kirchenlehrer lehren. Die Verheißungen würden uns erscheinen wie eine Weihnachtsgabe, von welcher der Vater den Kindern sagt: »Ich habe sie euch zwar zugesagt, aber bekommen sollt ihr diese Weihnachtsgabe erst nach Jahren, wenn ihr erwachsene Frauen und Männer geworden seid.«

Freuen wir uns darum, daß durch die ganze Offenbarung dieses *»von nun ab«* 14,13 hindurchklingt, d.h. vom Augenblick des Todes ab! Gedacht ist dabei an die Verheißung des Herrn an den Schächer: »Wahrlich, Ich sage dir, *heute* noch wirst du mit Mir im Paradiese sein.«

Eine himmlische Ratsversammlung (Offb. 7,9–17)

Die Vertreter der Himmelsgemeinde, die 24 Ältesten, beugen sich anbetend vor dem Lamme und lassen die himmlische Musik ihrer Harfen ertönen als Begleitung des neuen Liedes, das nun zum Preise des Mittlers und Seiner Taten erschallt.

Ein neues Lied heißt diese Huldigung, weil es das Lied von der *Erlösung* ist, in Ergänzung zu 4,11, dem Liede der *Schöpfung.*

Die Ältesten danken hier im Namen der ganzen unzählbaren Himmelsgemeinde ihrem Gott und Heiland. Ihr Preis gipfelt in den Worten: »Du hast uns unserem Gott zu Königen und Priestern gemacht.« Das gilt doch nicht bloß von den Ältesten, sondern von allen in den Himmel eingegangenen Überwindern (2,10; 3,5.21). Mit der priesterlichen Würde der Christen hängt die königliche aufs innigste zusammen. Die Innigkit der Verbindung mit Gott hat das Königtum in Gott zur notwendigen Folge.

Johannes sieht rings um den kleineren Kreis der den Thron umgebenden Ältesten einen weiten Kreis vieler *tausend Engel* (5,11), wo der dem Lamm dargebrachte Lobgesang seinen Widerhall findet. Mit großer Stimme preisen die Engel Christus und seinen unergründlichen Reichtum. Und der gesamte Lobgesang verhallt endlich in dem Amen der vier Lebewesen und der stillen Anbetung der 24 Ältesten vor dem Lamm wie vor dem auf dem Throne Sitzenden (5,14).

So hat der Himmel sich unserem Blick nach und nach immer weiter erschlossen.

Die Märtyrer am Fuße des Altars (Offb. 6,9–11)

Die seligen Überwinder sind noch ganz erfüllt von den Vorgängen ihres Märtyrerleidens auf Erden und voll Erschrecken über die gottfeindliche Ungerechtigkeit ihrer Verfolger in der grauenvollen neronischen Zeit. Mit dieser Gegebenheit ist erwiesen, wie die Erinnerung an das Erdenleben mit hinübergegangen ist. Wir sehen ferner aus dem anhaltenden Rufen der Märtyrer nach dem Gericht, daß ihnen bekannt sein muß, daß die eigentlichen Gottes-Gerichte über ihre und des Herrn Feinde auf Erden noch nicht ergangen sind.

Auch auf die *Leiblichkeit* im Himmel fällt ein Licht. Einerseits erscheinen die Seelen am Altar sichtbar, empfangen Eindrücke von außen, geben ihre Empfindungen kund. Es müssen also die Seligen bei ihrem Eintritt in den Himmel sofort mit einem der Himmelswelt entsprechenden Leibe überkleidet sein (vgl. 2. Kor. 5,1). Andererseits können die weißen Gewänder, die ihnen dargereicht werden, nur auf Stufen der Herrlichkeit bezogen werden.

Fassen wir alles zusammen: den besonderen Aufenthaltsort der Märtyrer, ihre Kenntnis der auf Erden geschehenen und noch nicht geschehenen Dinge, diese lauten Äußerungen ihres Schmerzes, diese göttliche Antwort auf ihr Rufen, diese auszeichnenden Ehren, die ihnen zuteil werden – wie lebensvoll gestaltet sich schon aus dieser *einen* Szene das Leben im Himmel vor unseren Augen.

Die soeben im Himmel anlangenden Scharen (Offb. 7,9–17)

Der Schauplatz ist noch derselbe wie in den beiden vorangegangenen Szenen. Es steht vor uns der himmlische Tempel, die Stätte der göttlichen Gnadengegenwart. Wir erblicken wieder den Thron Gottes über den Cherubim und den Sohn in der Lammesgestalt des versöhnenden Mittlers und den weiten Kreis der Engel. Nur in bezug auf die seligen Menschen vor dem Thron ist eine bedeutungsvolle Veränderung geschehen. Während wir in Kap. 4 nur die 24 *Ältesten* sahen, Kap. 6 eine gesonderte Gruppe von *Märtyrern* sahen, so stellt sich hier *eine große Schar, eine unzählbare Menge aus allen Völkern vor.*

Drei Seiten zeigt hier das selige Leben im Himmel: Gemeinschaft mit Gott und Christus – Gefühl des Geborgenseins – freudevolle Erquickung.

Die Seligen stehen vor dem Throne. Der Drang ihrer Freude und Dankbarkeit ist so überwältigend groß, daß sie mit großer Stimme einen feierlichen und laut tönenden Lobpreis anstimmen. Und ihr Gebetswunsch ist, daß alle Welt dem großen Gott als dem Quell alles Heils die Ehre gebe.

Auch die Engelscharen bleiben nicht stumm. Freuen sie sich über die Bekehrung eines einzelnen Sünders und über die Herrlichkeit Gottes, die sich darin offenbart, wie könnten sie schweigen, wo die Scharen der Erretteten Gott und dem Lamme die Ehre geben.

An der Gnadenstätte des Himmels tun die Erlösten unablässig priesterlichen Dienst.

Die Seligkeit des Himmels wird ferner als ein *Geborgensein vor allem irdischen Schmerz geschildert.*

Der auf dem Throne sitzt, also Gott selber, wird über sie Seine Wohnung ausbreiten, gleichsam Sein Zelt, darin sie geborgen sind. Und so werden sie bei Gott in Seiner eigensten Wohnung wohnen als Seine rechten Hausgenossen. Mit welchem Wohlgefühl werden die Seligen die ersten tiefen Atemzüge des ewigen Lebens tun. Und wie wird da die sanfte väterliche Hand Gottes so wohltun, wenn sie die letzte Träne entfernt von den Augen der Seligen.

Und nun endlich die Schilderung *der ewigen Erquickung, des himmlischen Lebens* in V. 17.

Das Lamm, das mitten vor dem Throne ist, wird sie weiden und sie leiten zu lebendigen Wassern. Schon hier unten wissen alle diejenigen von Seiner Hirtentreue zu rühmen, die zu Seiner Herde gehören. Aber was werden es erst für immergrüne Auen und frische Lebenswasser sein, zu denen der himmlische Hirt die Seligen führt!

Die *weißen Gewänder* erscheinen hier als die *allgemeine* Tracht aller Seligen, mit der sie schon gleich als Ankömmlinge bekleidet werden. An anderen Stellen hingegen werden die weißen Kleider als eine besondere Auszeichnung verheißen (3,5) und den schon im Himmel lebenden Seligen ausdrücklich verliehen (6,11; 19,8). Damit ist auf die Stufen der Herrlichkeit des himmlischen Leibes hingewiesen.

So treten die Erlösten gleich nach dem Tode in die ganze volle Seligkeit ein, eine Seligkeit, die gar nicht größer und höher gedacht werden kann, als sie hier dargestellt wird.

Himmlische Verkündigung über die in dem Herrn Sterbenden (Offb. 14,13)

Zunächst ergeht die ausdrückliche Aufforderung an Johannes: SCHREIBE! Diese Aufforderung deutet auf die Wichtigkeit und die umfassende Bedeutung des Ausspruchs.

Selig sind die Toten, die in dem Herrn sterben, von nun an.

Wie wichtig es dem Geiste Gottes ist, daß diese Überzeugung

unverlierbar den Herzen der Gläubigen eingeprägt werde, ist zu ersehen aus dem noch hinzugefügten: »*Von nun an*«, d.h. von jetzt ab, vom Augenblick des Todes ab. Dies kleine griechische Wörtchen aparti, von jetzt ab, ist eins der gewaltigsten und herrlichsten Worte der Schrift. Der Theologe Zahn sagt hierzu: ». . . aparti = ›schon jetzt‹ oder ›von jetzt ab‹ kann nur eine Zeitbestimmung für makarios, d.h. ›selig‹ sein. Das bedeutet: ›Schon von jetzt ab‹ und nicht zur Zeit der Wiederkunft des Herrn genießen die Entschlafenen die Seligkeit, um deretwegen sie glücklich zu preisen sind« (in Zahn, »Die Offenbarung des Johannes« im Zahn'schen Komm. zum NT Leipzig 1926. S. 520). Kein Wort ist auch hier von einem jahrtausendlangen Seelenschlaf zu finden.

Ja, spricht der Geist, daß sie ruhen von ihrer Arbeit . . .

Das heißt *nicht,* daß das Leben im Himmel nichts weiter als ein tatenloses Hindämmern der Seele wäre. Die Offenbarung zeigt das gerade Gegenteil. Auch unser Bibeltext sagt dasselbe. Zunächst will unser Bibelwort Trost und erquickende Hoffnung geben denen, die unter den Leiden und Beschwerden der irdischen Wallfahrt müde geworden sind. Wir dürfen glücklich preisen die Toten, die von dem allen ausruhen. Wie fühlen wir uns gedrungen, dem Geiste Gottes zu danken, daß ER uns diese Verheißung des Ausruhens hier zum Schluß noch einmal durch die Engelstimme gegeben hat.

. . . denn ihre Werke folgen ihnen nach.

Wenn die Arbeit für die Seligen nun ein Ende hat, so heißt das nicht, daß ihre Werke zu Ende sind. Nein – die Werke bleiben. Sterben wir, so liegt unser Leben als ein abgeschlossenes Ganzes da. Von diesen Werken nun heißt es, daß sie uns »*nachfolgen*«. Was auch die scheidende Macht des Todes von uns ablösen mag, nimmer kann vergehen, was wir auf den Geist gesät haben, und nimmer kann es von uns abgetrennt werden. Unsere Werke werden wir mit uns hinaufnehmen.

Welch heilige Freude wird es dann sein, den Spuren der göttlichen Liebe nachzugehen, ihren goldenen Faden, der sich durch unser ganzes Leben hindurch gezogen hat, und ihre Kraft, die in uns wirksam gewesen ist, immer klarer zu erkennen. Wie werden dann die *geringen Werke leuchten,* die wir in großer Schwachheit, aber doch in Liebe und Gehorsam gegen den Herrn haben tun dürfen! Und indem Gott zugleich den Segen, den ER daran geknüpft hat, *offenbar macht,* werden sie uns zu unaussprechlicher, seliger Freude gereichen.

Aber auch abgesehen von dieser Bedeutung der Werke, daß sie Schätze im Himmel vorstellen (Matth. 6,20), sollen sie den Tätern noch einen besonderen Lohn eintragen. Selbstverständlich kann im Verhältnis zur Seligkeit nie die Rede sein von Verdienst und Anspruch auf Lohn. Da gilt nur *Gnade.* Aber innerhalb des Bereichs der Gnade fragt es sich, wie getreu einer die empfangene Gnade benutzt hat. Paulus, der sonst immer mit solchem Nachdruck hervorhebt, daß der Mensch vor Gott keinen Anspruch habe, sagt auch: »Ein jeglicher wird seinen eigenen Lohn empfangen nach seiner eigenen Arbeit« (1. Kor. 3,8ff.). Also alle Arbeit für den Herrn wird Lohn erhalten. Und der Lohn wird verschieden sein, je nach dem Maß der Treue, mit der ein Christ sein innerliches Leben auch praktiziert hat in seinem äußeren Tun, d.h. seinen Glauben »übersetzt hat« durch gute, Gott wohlgefällige Werke.

Und da ist es nun sehr wichtig, daß es im Grundtext nicht heißt: »Ihre Werke folgen ihnen nach«, sondern »ihre Werke folgen *mit* ihnen (*meta auton* = mit ihnen)« oder »ihre Werke *begleiten sie«.* – Darin liegt, daß die Belohnung unmittelbar bei Eintritt in den Himmel erfolgen wird. – Das »ihre Werke folgen mit ihnen« oder »begleiten sie«, entspricht dem *»von jetzt ab«.* Die sofortige Belohnung der Treue gehört ebenso wie die himmlische Ruhe mit dazu, wenn die in dem Herrn Sterbenden selig gepriesen werden.

2. Hauptteil

Ergebnisse aus den Schriftaussagen

I. »Gott ist Geist«

Auf Grund von Joh. 4,24 und tausend andern Bibelstellen wissen wir, *daß GOTT Geist ist. Diese Tatsache entfaltet sich in sieben göttlichen Wesensherrlichkeiten: Allgegenwart, Allgenugsamkeit, Allmacht, Allweisheit, Allwissenheit, Ewigkeit, Unermeßlichkeit.*

Es wäre vermessen, Gottes Wesen und Seine Wesenherrlichkeit mit Hilfe menschlicher und irdischer Denkgesetze erklären und ergründen zu wollen. Eine Gotteserkenntnis, die Gottes »*mächtig*« werden wollte, die »hinter« das anbetungswürdige Geheimnis »Wer ist Gott?« zu kommen meint, wäre Gotteslästerung. Diese Erkenntnis macht uns demütig, und das ist gut.

Wir können darum, solange wir »hier unten noch wallen«, nur das, was die Heilige Schrift über das Wesen und die Wesensherrlichkeiten Gottes uns sagt, ein wenig nachsprechen, und zwar nur sehr kümmerlich und sehr stückweise. Diese Erkenntnis macht uns demütig, und das ist gut.

Im folgenden einige Gedanken zum Verstehen dessen, was hier über die verklärte Persönlichkeit und Leiblichkeit, über die vollendete Raum- und Zeit-Wirklichkeit Gottes gesagt worden ist.

Die Tatsache, daß GOTT Geist ist, schließt ein, daß GOTT Person ist.

Wenn die Heilige Schrift von einer unendlichen Fülle in GOTT redet (1. Kor. 1,2–9), so meint sie nicht bloß eine »*Geistesfülle*«, sondern zugleich auch eine unendliche, ewige »*Persönlichkeitsfülle*«. Würde GOTT nicht Person sein, und zwar Person in vollkommener Weise, dann stünde ER weit unter uns, die wir doch als Menschen alle personhafte Wesen sind. Im Sinne des *lebendigen, bewußten Ichs* hat GOTT Sich immer wieder zu erkennen gegeben. Sein Name ist: »ICH BIN, DER ICH BIN« (2. Mose 3,14). Als dieses göttliche ICH dürfen wir IHN im Gebet erfahren; denn jegliches Beten wird ja erst dadurch sinnvoll, daß GOTT Person und deshalb ansprechbar ist.

Auch durch die Offenbarung Seines *Willens* offenbart sich Gott als Person. ER will; ist also kein unpersönlicher, sondern ein personhafter GOTT! »ER kann schaffen, was ER will« (Ps. 115,3). ER »will nicht, daß jemand verloren werde« (2. Petr. 3,9). In unserem Leben erfahren wir IHN als Solchen, der unsern Willen als IHM gehorsam in Anspruch nimmt.

Soweit wir in unserem Denken und Verlangen nach Gott, nach IHM, fragen und Ihn suchen, ist es immer ER Selbst, ER als Person, und nicht ein allgemeines Sein, bei dem wir als letztem Ziel ankommen. Mit IHM wollen wir Gemeinschaft haben, an IHM unsern Halt, Frieden, Trost finden. Unsere Seele dürstet nach GOTT, nach dem lebendigen GOTT, nach IHM Selbst, zu persönlicher Gemeinschaft mit IHM. Diese Gemeinschaft allein sättigt unser Denken, Wollen und Fühlen.

Die Tatsache, daß GOTT Person ist, schließt ein, daß Gott eine göttlich-herrliche, verklärte Leiblichkeit besitzt.

Soll uns der Gottesbegriff nicht verfliegen, soll uns GOTT nicht ein bleicher Geistesschatten, eine bloße Idee werden, dann kann der absolute Geist – und das ist das zweite, das wir bekennen – nicht im Gegensatz gegen alle *Leiblichkeit,* nicht als alle Leiblichkeit und Wirklichkeit *ausschließend* von uns gedacht werden. Es muß in GOTT göttliche Leiblichkeit sein!

Oder will man etwa sagen: GOTT ist Geist, darum kann IHM keine Leiblichkeit göttlicher Art zugeschrieben werden? Mit diesem Schluß ist nichts bewiesen. Im Gegenteil, wir glauben: *Zur Person wird das Geistige erst im Leiblichen. Geist ohne Leib ist ebensowenig etwas Lebendiges, wie Leib ohne Geist.* Zu allem Lebendigen und Personhaften gehört die Einheit von Geist und Leib. Wir können GOTT als einen persönlichen und lebendigen, als einen überweltlich erhabenen GOTT *nur* fassen, indem wir wissen, *daß ER, obwohl Geist, dennoch irgendwie eine göttliche Leiblichkeit haben muß.* Und wenn die Schrift sagt: »Die *Augen* des Herrn sehen auf die Gerechten und Seine *Ohren* hören auf ihr Gebet«, und wenn die Schrift weiter redet von einem ausgestreckten Arm Gottes und fragt: »Ist denn die Hand des HERRN verkürzt?« *so beruht die Wahrheit solcher Redeweise auf dem Personsein Gottes.* Auch wir haben diese führende und bewahrende Hand Gottes in unserem Leben immer wieder gespürt und erfahren; auch uns ist der Gnadenblick des gütigen Auges Gottes wie ein Lichtstrahl in unser Herz gedrungen. Laßt uns nur getrost daran festhalten, daß dem allen GOTT wirklich entspricht.

Dabei fürchten wir nicht den Vorwurf, daß wir GOTT vermenschlichen. Das brauchen wir gar nicht erst zu tun, das hat GOTT Selbst getan. Uns zu *Liebe redet* ER in Seinem Wort in menschlicher Weise zu uns. In Jesus, Seinem SOHN, ist ER sogar sichtbar, um unseretwillen »*Mensch*« geworden.

Die Gefahr, GOTT zu menschlich zu denken, ist heute vielfach in ihr Gegenteil umgeschlagen, daß nämlich GOTT zu einem Mythos vergeistigt wird, der letzten Endes nicht sehen, nicht hören, nicht wollen, nicht denken, nicht helfen, nicht arbeiten, nicht richten kann und zu dem wir nicht beten können. Wie viele scheuen sich schon, IHN bei Seinem Namen zu nennen, sie reden lieber vom »Schicksal« oder vom »Zufall« oder von der »Vorsehung« oder vom »Mythos« und dgl. und geben damit deutlich genug zu verstehen, was ER ihnen ist: *Ein Name ohne Wesen, ein Wesen ohne Namen, ein Etwas, dem alles fehlt, ein Etwas, das nichts kann.*

Die Tatsache, daß GOTT eine göttlich-herrliche Leiblichkeit besitzt, schließt ein, daß auch von himmlischen Raum-Wirklichkeiten gesprochen werden muß.

Wir können uns die Personhaftigkeit Gottes gar nicht vorstellen; wenn wir nicht das persönliche Sein Gottes zugleich auch an ein *bestimmtes örtliches Sein* knüpfen. Wenn GOTT nicht »*irgendwo*« wäre, so wäre ER »nirgendwo«. Wenn GOTT mit Seinem Wesen alle Teile der Welt durchströmte, so wäre alles GOTT.

Er wäre kein persönlicher GOTT, sondern eine überall ausgegossene Weltseele, so wie der Pantheismus dies lehrt.

Die Blicke in den Himmel, die nicht bloß dem Stephanus, sondern auch andern sterblichen Menschen wie dem Propheten Jesaja und dem Apostel Johannes gegeben wurden, bestätigen es: Obgleich der große allgegenwärtige GOTT mit SEINEM Geist und Seinem Leben alles erfüllt und durchdringt und aller Himmel Himmel IHN nicht zu fassen vermögen, so gibt es dennoch eine Thronhöhe im Weltall, einen Ort Seiner unmittelbaren Gegenwart, einen Ort herrlicher Gottesfülle, von wo aus alle die Kräfte und Segnungen Gottes hinein in das All und die Schöpfung Gottes auf Erden gehen.

Der Theologe Otto Weber hat die Frage nach dem Verhältnis von »Gottes Gegenwart« und »dem Raum« so beantwortet: »Die neutestamentliche Verkündigung meint nicht eine raumlose, sondern die unverwechselbar, an ihrem *Ort* geschehende Offenbarung. Am deutlichsten bezeugt der Hebräerbrief das, was hier zu bedenken ist. Er stellt nicht etwa die besondere Örtlichkeit (Hebr. 9,23ff.) des alten Heiligtums gegen die Ortslosigkeit von etwas Allgemeinem, sondern sieht die Überlegenheit des ›ein-für-allemal‹ Sich Selber zum Opfer darbringenden Christus auch *darin, daß ER nicht im abbildlichen, irdischen, sondern im urbildlichen, himmlischen Heiligtum vor dem Angesichte Gottes für uns erschienen ist.* – Konkreter und räumlicher ließe es sich nicht sagen. Und es darf dabei erwähnt werden, daß die Vorstellung des ›*himmlischen Jerusalem*‹, die mit der vom himmlischen Heiligtum zusammenhängt (Hebr. 12,22), sich ähnlich auch bei Paulus findet (Gal. 4,26).« . . . »Das AT bezeugt andrerseits sehr deutlich, daß Jahwe, *so gewiß ER an einem bestimmten Ort zu suchen und zu finden ist,* dennoch kein Ortsgott ist. Das ›Haus‹, das man Jahwe zu Jerusalem errichtet, vermag IHN nicht zu fassen (1. Kön. 8,27), und das später neu zu bauende Haus kann es ebensowenig (Jes. 66,1). Denn Jahwe ist überhaupt nicht zu fassen« (Otto Weber, Grundlagen der Dogmatik. 1. Bd. Neukirchen 1954, S. 497f.).

Die Tatsache, daß von göttlichen himmlischen Raumwirklichkeiten gesprochen werden kann, schließt ein, daß auch von überirdischer verklärter Zeit geredet werden darf.

GOTT ist nicht nur Schöpfer der irdischen Zeit, sondern ER würdigt auch diese vergängliche Zeit *als »Seine Zeit«.* »Meine Zeit steht in Deinen Händen« (Ps. 31,16). ER nimmt die irdische Zeit ernst. *Sie gehört IHM. – Die Ewigkeit ist nicht Zeitlosigkeit oder Aufhebung oder Verneinung oder gar Zerstörung der Zeit, sondern Ewigkeit ist die Erfüllung oder Vollendung der Zeit.* Denn die Zeit geht nicht einem Nichts entgegen, sondern sie geht ihrer Verklärung entgegen, genauso wie Himmel und Erde ihrer Verherrlichung und Verklärung entgegengehen. Die Zeit kommt zu ihrem Ziel. Die Gewißheit: »Der Herr ist nahe« ist *nicht* die Erwartung einer *Annullierung* der Zeit, sondern der *Erneuerung* der Zeit, die in ihrer Mitte durch Gottes geoffenbarte Ewigkeit glorifiziert wird.

Denn genau so wie GOTT eine Leiblichkeit des Menschen nach Seinem Bilde geschaffen hat, so sind auch Raum und Zeit die Werke und Ausdrucksformen Seiner Schöpfungstätigkeit.

Die Glaubenstatsache, daß Gott Person ist und göttlich vollendete Leiblichkeit besitzt und von göttlich verklärtem Raum und göttlich verklärter Zeit umgeben ist, schließt ein, daß GOTT auch geschaut werden kann, d.h. sichtbar von Angesicht zu Angesicht.

Stephanus sah die Herrlichkeit Gottes. Es wird nicht erwähnt, wie sie sich ihm gezeigt habe. Aber die Schrift spricht sonst viel von der in die Sichtbarkeit hinaustretenden Herrlichkeit Gottes, d.h. von einem materiellen Widerschein derselben. Wo GOTT Sich sterblichen Menschen kundtut, stellen sich solche Kundgebungen in sichtbaren Formen göttlich majestätisch dar. Wir hören von einem erhabenen Throne Gottes, von Thronträgern, von Engelchören. Die Heiligkeit Gottes stellt sich dar als Lichtglanz. Licht ist Sein Kleid, bezeugt der Psalmist (Ps. 104,2). Eine lichthelle Feuermajestät war es, die dem Hesekiel erschien, *»gleichwie ein Mensch gestaltet«* (Hes. 1,4–28).

Wenn es nicht eine sichtbare Herrlichkeit Gottes gäbe, was hätte dann z.B. die große Verheißung des Heilandes zu bedeuten, daß, »die reinen Herzens sind, Gott *schauen* werden«? Oder die Versicherung des Apostels: »Wir *sehen* jetzt durch einen Spiegel in einem dunklen Wort, dann *aber von Angesicht zu Angesicht*«? Der Apostel redet von dem unmittelbaren Anschauen Gottes, welches im Himmel stattfinden wird, in Ausdrücken, die an das erinnern, was im Alten Testament über den einzigartigen Verkehr zwischen GOTT und Mose gesagt ist. In dem Verkehr, dessen GOTT den Mose, und nur diesen, für würdig erachtete, haben wir also *eine Vorausdarstellung des Schauens Gottes,* so wie es nach Paulus im dereinstigen Vollendungszustand stattfindet. Fest steht, daß wir *keinesfalls* ein Recht haben, die Verheißungen vom *Schauen Gottes* nur in ein Bild und Gleichnis umzudeuten und zu sagen, daß damit nur ein *geistiges Schauen Gottes* gemeint sei. Gewiß bleibt das Wort bestehen: *GOTT wohnt in einem Licht, da niemand zukommen kann, d.h. in den verborgenen Urgrund des Wesens Gottes wird nie ein irdisches Auge dringen können. Aber ebenso sicher ist auch, daß GOTT nach Seiner Verheißung unserem verklärten Auge Sein »Angesicht« zeigen wird;* und dies Sein Angesicht wird sich majestätisch, voll Glanz und Lichtherrlichkeit darstellen und von den Kindern Gottes wirklich und herrlich zu erkennen sein.

In diesem *ganz unmittelbaren Schauen Gottes von Person zu Person* wird die allerhöchste Stufe der himmlischen Seligkeit bestehen (vgl. Ps. 42,3). Nicht ein kurzer Augenblick wird es sein, wie etwa hier ein Untertan seinen König auf seinem Thron in der Stunde der Audienz sehen darf, sondern dort bei GOTT strömt beim Anschauen Gottes ein Strom der Liebe und der Kraft des Lebens und der höchsten Glückseligkeit dem heimgekehrten Kinde entgegen. Und bei dem heimgekehrten Kinde Gottes besteht ein solches Gereinigtsein von aller Finsternis, daß in Geist, Seele und Leib kein Fleckchen mehr ist, was nicht vom göttlichen Licht durchdrungen worden wäre. Der Heilige Geist Selber erklärt dies Schauen des Angesichts Gottes mit den Worten: *»Ich darf Dein Angesicht schauen. Ich darf satt mich sehen an Deinem Anblick«* (Ps. 17,15).

II. Der Himmel ist nicht nur eine Zustandsbezeichnung, sondern auch eine Ortsbezeichnung

Majestätisch wölbt sich über uns Tag für Tag und Nacht für Nacht der natürliche Himmel, und wir schauen immer mit Ehrfurcht hinauf. Ob die unergründliche Bläue des Tages über uns steht oder abends sich Wolken um die scheidende Sonne sammeln, ob das Heer der Sterne »heraufzieht« oder der Sturm dunkles Gewölk vor dem Monde vorüberjagt, immer neu fesseln uns diese wechselnden Himmelsbilder; immer wieder erzählen sie uns Wunderbares von der Majestät unseres Gottes.

Dennoch ist dies der eigentliche Himmel nicht, von dem die Bibel spricht, wenn sie sagt: »Der HERR schaut *vom Himmel herab* auf der Menschen Kinder, daß ER sehe, ob jemand klug sei und nach GOTT frage«, Ps. 14,2; oder »Da wir nun einen großen Hohenpriester haben, der *durch die Himmel* hindurchgegangen ist, Jesus, den Sohn Gottes, so wollen wir am Bekenntnis festhalten«, Hebr. 4,14. (Bitte ähnliche Bibelstellen suchen.)

Wir sagen: *Wenn die Bibel vom »Himmel« spricht, dann faßt sie »Himmel« in einem zweifachen Sinne auf, und zwar*

im äußerlichen, irdischen Sinn,
im glaubensmäßigen, überirdischen Sinn.

»Himmel« im äußerlichen, irdischen Sinne wird gebraucht als *Sternenhimmel, Wolkenhimmel, Lufthimmel* mit all seinen Erscheinungen. 1. Mose 1,14: »Dann sprach Gott: Es sollen Lichter (oder Leuchten) am *Himmel* entstehen, um Tag und Nacht voneinander zu scheiden . . .« Dazu 1. Mose 15,5; 1. Mose 22,17; Ps. 8,2; 1. Mose 1,8; 7,11; 5. Mose 28,23; Hiob 38,33. Matth. 16,36: »Das Aussehen des *Himmels* versteht ihr zu beurteilen, die Wahrzeichen der Zeit aber nicht.«

So ist *der Himmel schon im Alten Testament und dann noch deutlicher im Neuen Testament Sinnbild der Unermeßlichkeit und Erhabenheit Gottes des Ewigen, der selbst die sichtbare und raum-*

zeitliche Welt so unendlich weit überragt, daß der Himmel und aller Himmel Himmel IHN nicht fassen können.

Der Himmel im glaubensmäßigen, überirdischen Sinn bedeutet ein Fünffaches:

1. *Der Himmel ist die Wohnstätte Gottes.* Weil der Himmel die Wohnstätte Gottes ist, heißt der HERR »*GOTT des Himmels*«.

1. Mose 24,7: »Der HERR, der GOTT des Himmels.«

Nehemia 1,5: »Ach HERR, *DU GOTT des Himmels.«*

Weil der Himmel die Wohnung Gottes ist, darum heißt es Psalm 115,3: »Unser GOTT ist ja *im Himmel:* alles, was IHM gefällt, vollführt ER.« Pred. 5,1; 2. Chron. 20,6.

Und weil die Erde der Wohnplatz der Menschen ist, darum heißt es Psalm 115,16: »*Der Himmel* allenthalben ist des HERRN, aber die Erde hat ER den Menschenkindern gegeben«; und weil GOTT vom Himmel herabschaut, darum heißt es in Psalm 14,2: »Der HERR *schaut vom Himmel* her nach den Menschenkindern, daß ER sehe, ob jemand klug sei und nach GOTT frage.« Ps. 33,13; 53,3; 113,5.6.

Und weil GOTT vom Himmel her die Gebete erhört, darum heißt es 1. Könige 8,30: »So höre denn auf das Flehen Deines Knechtes und Deines Volkes Israel, so oft sie an dieser Stätte beten werden! Ja, erhöre Du es an der Stätte, wo Du thronst, *im Himmel,* und wenn Du es hörst, so vergib!«

Luk. 11,13: »Wenn nun ihr, die ihr doch böse seid, euren Kindern gute Gaben zu geben versteht; wie viel mehr wird der Vater *vom Himmel* her den Heiligen Geist geben denen, die IHN darum bitten!«

2. *Der Himmel ist (mit GOTT dem Vater zusammen) die Wohnstätte des Heilandes.* – Christus ist aus dem Himmel herabgekommen und nach der Auferstehung wieder nach dorthin zurückgekehrt.

Joh. 3,13: ». . . der aus dem *Himmel* herabgekommen ist, nämlich des Menschen Sohn.«

Joh. 3,31: ». . . ER, der von *obenher* kommt, steht höher als alle anderen.« (Dazu viele andere Bibelstellen.)

Mark. 16,19: »Nachdem nun der HERR (Jesus) zu ihnen geredet hatte, wurde ER in den Himmel hinauf gehoben und setzte Sich zur Rechten Gottes.« Lies dazu Luk. 24,51, Apg. 1,9.10 und unsere Ausführungen Seite 176ff.

Hebr. 10,12: »Der Herr sitzt nun zur Rechten Gottes« (lies dazu Seite 179ff.).

Matth. 24,30: »Der Herr wird vom Himmel her, von oben her, wiederkommen.«

Apg. 1,11; 1. Thess. 4,16 und Offb. 1,2.

3. *Der Himmel ist die Wohnstätte der Engel.* Matth. 18,10: ». . . ihre Engel im *Himmel* schauen allezeit das Angesicht Meines himmlischen Vaters.«

Luk. 15,10; Offb. 7,11; 15,5ff. und viele andere Bibelstellen. Lies dazu Seite 153ff.

4. *Der Himmel ist die Wohnstätte der »Vollendeten Gerechten«.*

Joh. 14,2: »In Meines Vaters Hause sind viele Wohnungen.« Lies Joh. 14,4; 17,24; 1. Thess. 4,17; Offb. 7,9–17. »Die Namen sind im Himmel aufgeschrieben.« Luk. 10,20; Hebr. 12,23. Dort ist der Kinder Gottes »Bürgerrecht« (Phil. 3,20); der Kinder Gottes »Schatz« (Matth. 6,20); Lohn (Matth. 5,12); Erbe (1. Petr. 1,4). Lies weiterhin Seite 226ff.

5. *Der Himmel ist die Bleibestätte der ewigen Güter und Gaben Gottes.*

Den Auserwählten wird Gnade und Erbarmen zuteil (Weisheit 3,9). Lies Eph. 1,3; 2,7; 2. Kor. 5,1; vgl. Joh. 14,2.

So ist der Begriff »Himmel« im glaubensmäßig überirdischen Sinne sowohl Ortsbezeichnung als auch Zustandsbezeichnung, und zwar Ortsbezeichnung nicht in menschlich-irdischer Bedeutung, sondern in göttlich-überirdischer Wesenhaftigkeit.

III. Was birgt das Schönste in sich?

1. Das Erleben der Herrlichkeit des Königs Jesus

Dieses Erleben besteht in einem Dreifachen:

Wir werden »*den König sehen*« in Seiner Schöne. (1. Joh. 3,2: »Wir werden IHN ›*sehen*‹, wie ER ist.«)

Wir werden »*den König erkennen*«, d.h. immer besser kennen lernen in Seiner Schöne. (Joh. 17,3: »Das aber ist das ewige Leben, daß sie Dich, Der Du wahrhaftiger Gott bist, und Den Du gesandt hast, Jesus Christus, ›*erkennen*‹.«)

Wir werden »*dem König gleichgestaltet werden*« in Seiner Schöne. (Röm. 8,29: . . . daß sie »*gleichgestaltet*« werden dem Bilde Seines Sohnes.)

Wir werden »den König sehen« in Seiner Schöne. (1. Joh. 3,2: Wir werden Ihn sehen, wie Er ist.)

Um uns überhaupt in etwa eine Vorstellung machen zu können von der »*Herrlichkeit*« (2. Kor. 4,17) *des Königs aller Könige*, wollen wir einen Blick tun in die Überfülle Seiner *Namen*. Denn in der Heiligen Schrift sind die *Namen* in keiner Weise »Schall und Rauch«, sondern sind *Ausdrucksformen des Wesens und Charakters der betreffenden Person.* Darum ist das Studium der biblischen Namen und Titel wirklich lohnenswert und von großem inneren Gewinn. Es birgt sich in ihnen ein reicher Offenbarungsgehalt.

Von den 300 Namen und Dienstbezeichnungen, welche Jesus in der Heiligen Schrift, besonders im NT, trägt, seien einige als ein Beispiel Seiner göttlichen Reichtums-Vielfalt herausgegriffen.

Der Name »*Jesus*« heißt Erretter und Seligmacher. In Matth. 1,21 steht: ». . . des Namen sollst du Jesus heißen, denn Er wird Sein Volk selig machen (erretten) von seinen Sünden.« – Der Name Jesus kommt alleinstehend 700mal im NT vor. (Mit Christus zusammenstehend kommt der Name Jesus außerdem noch 250mal vor.)

Der Name »*Christus*« bedeutet auf hebräisch »Messias«, d.h.

der Gesalbte. Als Gesalbter ist Jesus »*König, Priester und Prophet*«. Denn im AT empfingen die Träger dieser drei Ämter die Salbung. Der Name Christus kommt im NT 300mal alleinstehend vor.

Einige andere Namen sind: Der *Gottessohn*, der *Menschensohn*, der *Davidssohn*, der *gute Hirt*, der *Bräutigam*, der *Fels*, der *Fürst*, der *Freund*, der *Heilige*, der *Heiland*, der *Herzog*, der *König* usw.

Zu den obengenannten 300 Namen und Amtsbezeichnungen, die, wie gesagt, hauptsächlich im NT zu finden sind, tritt noch folgende inhaltsreiche Erkenntnis-Wahrheit hinzu:

Alles nämlich, was in der Heiligen Schrift, und dabei ganz besonders im AT, die Namen des ewig-herrlichen Gottes Selbst uns über Sein heilig-göttliches Wesen offenbaren, das dürfen wir ebenfalls auf die *Person unseres Heilandes beziehen*, denn Gott Selbst ist uns in dem Sohne sichtbar und greifbar entgegengetreten. Denn Er ist und bleibt ja das vollkommene Abbild und Ebenbild des unsichtbaren Gottes (Kol. 1,15).

Von den Namen Gottes sind zwei von grundlegender Bedeutung, an die sich eine Reihe verwandter Benennungen anschließen. Die beiden großen Wesenserscheinungen Gottes im AT sind: *Gott* (hebräisch »Elohim«) und *Herr* (hebräisch »Jahwe«).

Elohim ist der Name Seiner schöpferischen Macht.

Jahwe ist der Name Seiner erlösenden Liebe.

Zu der Gruppe von Namen, welche mit Elohim verwandt sind, gehören folgende *sieben* Bezeichnungen: 1. Gott ist der Starke, 2. der Höchste, 3. der Allessehende, 4. der Lebendige, 5. der Allmächtige, 6. der Gott Abrahams, Isaaks und Jakobs, der Gott der Väter, der Gott Israels, der Heilige Israels und 7. der Gott aller Götter, d.h. daß Gott die ganze Fülle des Göttlichen in Sich faßt und alle Götter nichts sind. Nur ER allein ist Gott.

Zu der Gruppe von Namen, welche mit *Jahwe* verwandt sind, gehören ebenfalls *sieben* Benennungen: 1. der Erlöser (Goel), 2. der Heiland, 3. der König, 4. der Hirte Israels, 5. der Richter, 6. der Erste und der Letzte, und 7. der Herr der Heerscharen.

Abschließend sei gesagt, daß die soeben genannten Namen Gottes im AT zehntausendmal vorkommen. Diese sehr große Zahl ist ein Beweis dafür, *wie fort und fort die Majestät und Vielfalt der Herrlichkeit des ewigen Gottes und Herrn uns entgegenleuchten soll.*

Nun ist unser Herr und Heiland heimgekehrt zu Seinem Vater droben im Licht. Und dort hat der Vater den Sohn erhöht, und zwar *»über alle Maßen hoch erhöht«*, und IHM einen Namen gegeben, der über alle Namen ist!

Dazu kommt noch, daß nicht nur *ER*, der siegreiche König und Held, als solcher heimgekehrt war, sondern mit IHM das unübersehbare Heer der durch Sein Blut und Leben von Sünde und Tod und Teufel erlösten Menschen. Ein solcher König und Sieger kehrte heim in die Herrlichkeit des Vaters und des Sohnes und des Heiligen Geistes, dem die Engel und die Gewaltigen und die Kräfte untertan (Eph. 1,21; 1. Petr. 3,22) und zu Diensten (Hebr. 1,6) sind.

Wir werden »den König erkennen«, d.h. immer besser kennenlernen. (Joh. 17,3: . . . das ist aber das ewige Leben, daß sie Dich . . . erkennen.)

Mit dem *Sehen* und *Schauen* des Königs aller Könige zugleich verbunden sein wird *das Hineinwachsen in die Fülle der Erkenntnis Seiner Gottheit.* Das wird in die Ewigkeiten der Ewigkeiten nie ausgelernt werden. Immer neue Licht- und Herrlichkeitsseiten im Blick auf die Tiefen und Breiten und Höhen der Gottheit werden zur Erkenntnis gelangen. Und mit welch anbetender Freude nehmen die Erlösten des Herrn droben ihre Stelle in Seinem himmlischen Herrlichkeitsreich ein! Wie ziehen immer neue Chöre der Erlösten und Beseligten herbei aus allen Völkern und Nationen! Wie tönt ihr Halleluja durch alle Himmel, wenn sie den *»König erkennen dürfen in Seiner Schöne«* (Offb. 4 u. 5)!

Wir werden dem König gleichgestaltet werden in Seiner Schöne. (Röm. 8,29: ». . . daß sie IHM gleichgestaltet werden.«)

Wie hier schon im irdischen Raum das echte Erfassen und Erforschen der biblischen Erkenntnisgehalte und Schriftwahrheiten unsere Persönlichkeit mehr und mehr gestaltet, prägt und formt, so daß unsere irdische, *adamitische Wesensart* schon jetzt in die *himmlische Wesensart* mächtig hineingezogen wird, so wird droben in den himmlischen Welten in unvergleichlich herrlicher und überirdischer Weise das Anschauen und das Erkennen der Herrlichkeitsgestalt Jesu *die Umwandlung in die gleiche schöne Gestalt, die Jesus besitzt,* bewirken – und zwar fort und fort:

Röm. 8,29 spricht von der Vorherbestimmung der Erlösten des Herrn: Diese Vorherbestimmung besteht darin, daß diejenigen, die Gott lieben, »*gleichgestaltet* werden sollen dem Ebenbilde Seines Sohnes (vgl. Phil. 3,21), damit Er, der Sohn Gottes, der Erstgeborene sei unter vielen Brüdern«. Im griechischen Text steht für »*gleichgestaltet werden*« das Wort »*symmorphos*«. Dies Wort ist aus zwei Wörtern zusammengesetzt, aus *sym* (ursprünglich *syn*), d.h. »*mit*« im Sinne der Zusammengehörigkeit und des Einsseins, und »*morphé*«, d.h. »Gestalt«, Aussehen, die ganze Erscheinung! – *Symmorphos* heißt also: »*Dieselbe Erscheinung und Gestalt annehmen*« oder »*das gleiche Aussehen erhalten*«.

Wir lesen noch Phil. 3,21, wo es heißt: »*Der unseren niederen Leib umwandeln wird zur Gleichgestalt mit Seinem Herrlichkeitsleib* vermöge der Kraft, mit der Er auch alle Dinge (d.h. das ganze Weltall) Sich zu unterwerfen vermag.«

In 2. Petr. 1,4 steht: ». . . *daß wir teilhaftig werden der göttlichen Natur*«, *d.h. der göttlichen Wesensart.*

In 1. Joh. 3,2b steht: »*Wir werden IHM gleich sein . . .!*« Es gilt immer wieder, sich diese Bibelworte fest einzuprägen und nach weiteren Worten gleichen oder ähnlichen Inhaltes zu suchen und zu forschen, um sich der Freude der zukünftigen Wirklichkeit hinzugeben als Quelle der Kraft und des Haltes.

Aber die Erlösten werden nicht nur die gleiche Schönheitsgestalt des Königs aller Könige annehmen – sondern auch die *innere, göttliche Wesensart erhalten, verbunden mit der göttlichen Herrscher- und Richtergewalt.*

In Röm. 8,17 heißt es: »*Wenn wir aber Kinder sind, so sind wir auch Erben Gottes und Miterben Christi, wenn wir wirklich zusammen mit Ihm leiden, damit wir auch mit Ihm zusammen verherrlicht werden.*«

»*Gottes Erbe*« sein heißt: Weil Gott nicht stirbt wie ein Vater, der erst durch seinen Tod das Erbe hinterlassen kann, sondern weil Gott in alle Ewigkeit lebt, darum bedeutet »Gottes Erbe« dieses, daß *Gott Sich selbst als Erbe seinen Kindern* mitteilt. Gott teilt Sich Selbst, d.h. Sein heiliges, ewiges, allmächtiges, allweises Leben seinen Kindern mit.

Dem Ausdruck: »*Gottes Erben*« fügt Paulus noch einen anderen hinzu: Die Kinder Gottes sind »*Miterben Christi*«. Worin bestand die Erbschaft des Herrn, die Er bekam, als Er heimkehrte aus dem Sieg über Sünde, Tod und Teufel? *Er bekam den Thron.* Gott hat Ihn gesetzt, so lesen wir in Eph. 1 und vielen anderen Stellen, »*zur Rechten GOTTES*«.

Jesus bekam »*alle Gewalt im Himmel und auf Erden*«, so lesen wir in Matth. 28. Jesus bekam den Auftrag, »*die Welt zu richten*«. Das alles hat Jesus als *Erbteil* angetreten. Wenn wir »*Miterben Christi*« sind, dann werden wir an all diesem Anteil haben, was Jesus ererbt hat. *ER selbst hat es ja auch gesagt:* »Wer überwindet, dem will Ich geben, mit Mir auf Meinem Thron zu sitzen, wie Ich überwunden habe und Mich gesetzt mit Meinem Vater auf Seinen Thron« (Offb. 3,21). Und an einer anderen Stelle sagt Er: »Dem will Ich den Siegeskranz des Lebens geben«, und Paulus schreibt: »Wisset ihr nicht, *daß die Heiligen die Welt richten werden*«, ja sogar, »*daß wir über Engel richten werden?*« (1. Kor. 6,2.3).

Angesichts dieser unfaßbaren Ewigkeits-Tatsachen ist es begreiflich, daß Paulus Röm. 8,18 schreibt: »Denn ich achte, daß die Leiden der gegenwärtigen Zeit nicht der Rede wert sind, mit der bevorstehenden Herrlichkeit verglichen zu werden, die an uns soll geoffenbart werden.«

Mit dem Ausdruck »die Leiden der gegenwärtigen Zeit« will Paulus *den jetzigen Zustand des irdischen Daseins als Ganzes* bezeichnen und nicht irgendwie eine Trübsal der Endzeit. Er denkt dabei einerseits an die Schwächen seines Leibes, an die Nöte seines Lebens, andererseits an die Feindschaft der Menschen und endlich auch an die Mängel und Sünden der Heiligen. Paulus, der von diesen Arten der Leiden mehr als jeder andere gelitten hat, nennt alle diese Leiden dennoch 2. Kor. 4,17: ». . . *des gegenwärtigen Au-*

genblickes leichtes Leiden«, im Gegensatz zu dem Gewicht der zukünftigen Herrlichkeit.

2. Das Erleben der Herrlichkeit der vollendeten Gemeinschaft der Erlösten

Nicht als bloßes *Einzelwesen* hat der Christ die verheißene Seligkeit und Herrlichkeit zu erwarten, sondern auch in der *Gemeinschaft* des Gottesreiches. Nur in Christus, dem Herrn der Herrlichkeit, sind die Vollendeten als *Gemeinde* und *Reich* hindurchgedrungen zum Vollbesitz des ewigen Lebens. Und nur weil mit Christus vereint, sind sie auch mit den Vollendeten als Gemeinde vereint.

So zielt die lebendige biblische Hoffnung auf die lebendige *Gemeinschaft* der Kinder Gottes hin! Mit Christus zuerst, dem Könige und lebendigen Einheitspunkt des Gottesreiches. Aber auch mit allen, die IHM angehören. Die Liebesgemeinschaft der Wiedergeborenen untereinander, die hier angefangen hat, wenn auch in unvollkommener und getrübter Weise – sie verbürgt, daß droben diese *Gemeinschaft* eine *vollkommene* sein wird. Und wie das Verlangen nach Gemeinschaft der Gläubigen ein wesentliches Stück ihres Glaubenslebens darstellt, so ist auch das verlangende Aufschauen nach der *vollendeten Gemeinschaft* des jenseitigen Reiches ein wesentliches Stück ihrer lebendigen Hoffnung.

Der Apostel Johannes schreibt in seinem ersten Brief: »So wir im Lichte wandeln, wie ER im Lichte ist, so haben wir Gemeinschaft untereinander.« Er bezeichnet die Gemeinschaft, welche die Gläubigen hier auf Erden miteinander haben, als eine Frucht des Wandels im Lichte. Darin liegt für uns eine Andeutung für die Vollendung. Denn, wenn schon hier die Gemeinschaft derer, die in Jesu Christo sind, etwas wunderbar Köstliches ist, wie wird sie erst dort drüben herrlich sein. Darum kann die Hoffnung des Christen gar nicht bei der *eigenen Vollendung* stehen bleiben. Soll der Wiedergeborene selbst verklärt werden, so wird auch die Gemeinschaft der Wiedergeborenen vollendet werden.

Wie eindrucksvoll ist hier auf Erden schon das Bild einer in Liebe verbundenen Familie, wo keiner glaubt, *zuviel* für den andern tun zu können, wo einer den anderen immer in der Liebe zu übertreffen sucht. Solch ein Bild vergißt man nie wieder. Wie wird's erst in der großen Himmelsfamilie, unter den Bewohnern des neuen Jerusalems, sein, wo von dem Angesicht eines jeden ein seliger Abglanz der Liebe Jesu strahlt! Konnte schon einst der Anblick dieser Liebe, als sie aus den ersten Christengemeinden herausstrahlte, die Bewunderung der Heiden hervorrufen und ganze Scharen derselben zum Christentum ziehen, welche Predigerin der Liebe Christi wird aber erst die obere Gemeinde sein!

3. Das Erleben der Herrlichkeit der vollendeten Harmonie zwischen höchster Persönlichkeits- und höchster Gemeinschafts-Entwicklung

Die Christus-Gemeinde oder der Christus-Leib ist Gottes erster uranfänglicher Gedanke gewesen. Ehe ER die sichtbare Welt und den Menschen schuf – wenn wir so reden dürfen –, hat ER die Gemeinde Jesu gewollt und gedacht. Denn ER wollte die Welt nur als eine Welt Gottes, und den Menschen nur als Menschen Gottes. Daher war der Mensch zum Bilde Gottes geschaffen, als eine *Persönlichkeit,* die kein bloßes Glied der Natur ist, sondern der Welt des Selbstbewußtseins und der Selbstbestimmung angehört. Der Begriff der *Persönlichkeit* ist aber unzertrennlich verbunden mit dem Begriff der *Gemeinschaft* und der Liebe. Darauf ist die menschliche *Persönlichkeit* angelegt, sich zu einer *Gemeinschaft* der Liebe zu entwickeln. Im Mittelpunkt dieser Gemeinschaft wollte *Gott Selber* stehen; und Er wollte auch das Einheitsband sein, das die Menschen untereinander vereinigte. So sollte die Menschheit zugleich eine *Persönlichkeits-Darstellung* und eine *Gemeinschafts-Verwirklichung* sein, die ganz Gott gehört und IHM hingegeben ist.

Diese ihre göttliche Urbestimmung hat die Menschheit nicht verwirklicht. Sie hat das Einheitsband *mit Gott* zerrissen; und die Folge war, daß *die Selbstsucht* nun auch alle Liebesgemeinschaft zum Menschen zerriß.

Der Mensch des Mittelalters fühlte sich nicht als einzelner, sondern nur als Mitglied irgendeiner Genossenschaft, in der er Schutz und Erwerb suchte und in der sein Lebensziel ihm fest vorgezeichnet war. Aber unter solcher Gebundenheit durch die Gemeinschaft verkümmerte die *Persönlichkeit.* Der einzelne war nichts.

Darum ging die neuere Zeit am Anfang des 20. Jahrhunderts zu dem anderen Extrem über. Des modernen Menschen Streben ist, seine *individuelle Eigenart zur höchsten Entwicklung* zu bringen und seiner Persönlichkeit im vollsten Umfange Geltung und Genuß zu verschaffen. Das artete wiederum vielfach in eine unersättliche Ichsucht aus.

In der Gemeinde Jesu aber sind diese beiden Gegensätze, Entfaltung der Einzel-Persönlichkeit und Entwicklung der Gemeinschaft, zu einer höheren Einheit wunderbar verbunden. Die göttliche Idee des Menschen ist, daß er eine selbstbewußte und mit freiem Willen ausgerüstete Persönlichkeit sei und zu seinem Gott in einem unmittelbaren persönlichen Verhältnis stehen sollte. Als dieser einzelne ist der Mensch Gegenstand des göttlichen Interesses und der göttlichen Liebe und bestimmt für eine besondere Stelle im Gottesreich. Auch der Geringste und Bescheidenste soll kein bloßes Exemplar der Gattung Mensch sein; im Reiche Gottes ist er nicht eine Null, sondern zählt mit, und auch von ihm existiert im göttlichen Plan ein besonderes Bild, eine Idee, die in ihm verwirklicht werden soll.

Andererseits ist die Menschheit als große Liebesgemeinschaft freier Wesen vor Gott gedacht; als ein reich gegliederter und doch geschlossener Organismus gottverwandter *Persönlichkeiten,* welcher Gottes Vollkommenheit kreatürlich abbilden soll und in dem alle Verschiedenheit und Gegensätze ausgeglichen und geeinigt sind in der großen göttlichen Liebesgemeinschaft. Und das Evangelium schafft ein solches Bewußtsein der Zusammengehörigkeit, der Übereinstimmung des Sinnes und Urteils im Geiste Christi, daß lebendige Christen keine größere Freude haben, als diesem wunderbaren Ziele folgen zu dürfen.

Diese Gegebenheit der Persönlichkeit und der Gemeinschaft ist im Wesen der Gemeinde Jesu begründet. Wir können darum erwarten, daß wir es in vollendeter Gestalt in der zukünftigen Welt wiederfinden werden: Also Vollendung der menschlichen Persönlichkeit in der Darstellung einer vollendeten Gemeinschaft mit Christus und Seinen Knechten und Mägden. Welch ein Ewigkeitsglück wird es sein, wenn im Reiche des Himmels jeder in seinem besonderen Glanze leuchtet, jeder als ein Abglanz und Widerschein Christi sich darstellt, und andererseits die unendliche Mannigfaltigkeit von ausgestalteten Pesönlichkeiten durch ein Liebesband verbunden sein wird, welches höchste Innigkeit und Einigkeit wirkt, welches nicht mehr durch natürliche Selbstsucht getrübt und in seiner Entfaltung gehemmt ist!

4. Das Erleben der Herrlichkeit der einzelnen Stufen und Rangordnungen

Weil droben eine Welt des Wesens und der Wahrheit existiert, so muß jede Persönlichkeit auf der Stufe, die sie im geistlichen Leben hier unten erlangt hat, auch irgendwie äußerlich erscheinen. Es muß Große und Kleine, Erste und Letzte geben. – Und weiter: Weil alles Leben stets Fortschritt und Reifen ist, so muß das Leben im Himmel ein Aufsteigen von Anfangs-Stufen der Herrlichkeit zu höheren Stufen der Vollendung sein, und zwar Weiterförderung des auf Erden angefangenen Werkes der Verwandlung in Christi Bild. Es muß also droben solche geben, die der Förderung dabei bedürfen, und solche, die fähig sind, Schwächere zu fördern. Die Liebe und das Dienen in der Liebe muß ein reiches Feld der Tätigkeit finden. Und damit ist Überordnung und Unterordnung gegeben im Blick auf eine Mannigfaltigkeit der Betätigung in weiteren und engeren Wirkungskreisen.

Von den Engeln wird uns in der Heiligen Schrift ausdrücklich gelehrt, daß sie keine unorganisierten Massen bilden, sondern ein wohl gegliedertes Reich darstellen, und daß in demselben mancherlei Abstufungen der Würde, der Macht, der Stellung, der Berufsarten stattfinden. Da gibt es Engel und Erzengel, Engelheere und Engelfürsten, Cherubim und Seraphim. Besonders vier Klassen höherer Engel werden mit verschiedener Machtstellung unterschieden: Throne, Herrschaften, Fürstentümer, Mächte (Thronengel, Befehlende, Anführer, Schutzengel). Also eine ganze Stufenleiter, ein großartig göttlich gewirkter Organismus. In dieser großen Mannigfaltigkeit der Engelwelt, die doch wieder unter die Einheit eines Reiches zusammengestellt ist, spiegelt sich die Herrlichkeit Gottes.

Daß nun bei den vollendeten Gotteskindern eine ähnliche, zur Einheit verbundene Mannigfaltigkeit stattfinden wird, dafür gibt die Schrift auch bestimmte Fingerzeige. Und weiter: Der Heiland hätte von dem Täufer nicht sagen können, der Kleinste im Himmelreich sei größer als der Täufer. Auch hätte ER die Drohung nicht aussprechen mögen, daß, wer eine von den geringsten Gesetzesforderungen als ungültig erkläre, der würde der Kleinste im Himmelreich heißen – wenn droben alle Unterschiede verschwinden, wenn in diesem Sinne in Seinem himmlischen Königreiche alles gleich gemacht werden sollte.

Wir dürfen darum sagen, die Gemeinde Jesu ist droben ein reich gegliedertes, bei den größten Verschiedenheiten durch die Liebe geeinigtes, und vom Willen Gottes völlig durchwaltetes *Gemeinwesen aller* zum ewigen Leben gelangten Gotteskinder. Wir werden dabei mannigfaltig abgestufte, aber doch wohlgeordnete Verhältnisse finden.

Der Apostel Paulus lehrt, daß es im Himmel verschiedene Grade des Lichtglanzes der Leiber, also verschiedene Stufen der Herrlichkeit gibt. Und er fordert uns auf, durch Analogie (Vergleichung) diese Mannigfaltigkeit uns anschaulich zu machen. Er weist 1. Kor. 15,41 hin auf den großartigen Anblick des Sternenhimmels mit seinen zahllosen Lichtkörpern, die einen so verschiedenartigen Glanz ausstrahlen.

Was ist das für ein Unterschied zwischen dem leuchtenden Glanz der Sonne und der ruhigen Schönheit des Mondes und dem durchdringenden reinen Licht der Sterne. Und auch unter den Sternen zeigt jeder wieder eine andere Lichtstärke und eine andere Lichtfarbe. Daraus soll uns eine Ahnung aufgehen, wie verschieden die Herrlichkeitsgrade sein werden, zu welchen die Seligen gelangen. Und zwar je nach dem Grade ihres geistlichen Lebens.

Denn dem Maße der Klarheit, des Durchdrungenseins vom Geiste, zu dem die Seele gelangt ist, muß die Klarheit des Leibes entsprechen. Dort wird das Innerliche nicht mehr, wie jetzt, im Äußerlichen verborgen sein, sondern die Äußerlichkeit wird sich als die völlige Offenbarung der Innerlichkeit darstellen.

Der Apostel Paulus lehrt weiter, und zahlreiche Schriftstellen bestätigen es, daß es noch eine andere Reihe von Unterschieden unter den Seligen gibt. Die bisher betrachteten Grade des Lichtglanzes hingen von der im Erdenleben erreichten Stufe der Erneuerung nach dem Bilde Christi ab. Nun gibt es aber noch Grade der *Rangordnung,* Grade der Macht und Ehre und des Einflusses. Und diese richten sich nach dem Grundgesetz Römer 2,6, wie es der Apostel auch 1. Kor. 3,8 sagt: »Ein jeglicher wird seinen eigenen Lohn empfangen nach seiner eigenen Arbeit.« Aus solcher Hoffnung macht der Apostel denn auch seinem Mitarbeiter Timotheus gegenüber eine Triebfeder zu treuerer Pflichterfüllung geltend. Paulus hätte den Timotheus auch hinweisen können auf die Erzählung Luk. 19,11, wo der Herr Jesus solche Unterschiede und Stufen in der Belohnung treuer Pflichterfüllung in Aussicht stellt: Da trat herzu der erste Knecht und sprach: »Herr, Dein (mir anvertrautes) Pfund hat zehn weitere Pfund eingebracht.« Und der Herr sprach zu ihm: »Ei du tüchtiger Knecht, weil du im Kleinen treu gewesen bist, sollst du Herrschergewalt haben über zehn Städte.« Der zweite kam auch und sprach: »Herr, Dein Pfund hat fünf Pfund hinzugewonnen.« ER sprach: »Und du sollst über fünf Städte gesetzt werden.«

Wir sehen, von einem besonderen Lohn der Treue ist hier die Rede, und nicht etwa von der Seligkeit. Denn die Seligkeit des Himmels kann nie und nimmer durch unsere Arbeit und Treue erworben werden.

Dieser Lohn treuer Pflichterfüllung wird nun aber bestehen in einer herrlichen Stellung. Treue Diener Christi werden über viel gesetzt werden (Matth. 25,21.23); sie werden Macht haben über fünf, über zehn Städte.

Dürfen wir es wagen, hier auf Erden solch hohes Ziel ins Auge zu fassen? Als die beiden Söhne des Zebedäus vom Herrn das zukünftige Sitzen zu Seiner Rechten und Linken begehrten (Mark. 10,35–45), und als die Jünger untereinander handelten, wer der Größte wäre (Matth. 18,4), da hat der Herr beide Male das *Ziel nicht mißbilligt,* sondern nur *das ehrsüchtige Streben* danach. Beide Male ist ER in milder Unterweisung bemüht, ihnen wahrhaft zu sichern, was sie auf irrigem Wege verfolgten. IHM einfältig und treu nachfolgen, fern bleiben von aller Absicht und Berechnung, im Anschauen des geliebten Herrn immer kleiner werden an sich selbst und immer williger, den Brüdern zu dienen – das ist die Anweisung des Herrn, um groß zu werden im Himmel. Die solches tun, werden überrascht werden durch den Gruß: Komm, du tüchtiger und getreuer Knecht, Ich will dich über viel setzen. Die berechnenden Jünger hingegen werden wohl sagen: Herr, tu uns auf, wir sind es ja, Du mußt uns kennen. Aber sie werden enttäuscht werden durch die Antwort: Ich kenne euch nicht!

Weiter wird auch den Überwindern in den Anfechtungen, Kämpfen und Leiden dieses Erdenlebens ein besonderer Gnadenlohn in Aussicht gestellt. Also ein Kampfpreis, ein Siegeskranz. Wie Jakobus uns zuruft: »Selig ist der Mann, der die Anfechtung erduldet, denn nachdem er bewährt ist, wird er den Siegeskranz des Lebens empfangen.« Auf diesen Siegeskranz hofft ja Paulus selber, wenn er an Timotheus schreibt: »Ich habe einen guten Kampf gekämpft, ich habe den Lauf vollendet, ich habe Glauben gehalten; hinfort ist mir beigelegt die Krone der Gerechtigkeit, welche mir der Herr, der gerechte Richter, an jenem Tage geben wird« (2. Tim. 4,7). Zum Ringen nach diesem Siegeskranz sollen auch wir ermuntert werden. Darum sind gerade in der Offenbarung die Bilder so mannigfaltig, unter denen die zukünftige Herrlichkeit der Überwinder geschildert wird. Der erhöhte Herr Selber läßt in den sieben Sendschreiben (Offb. 2 und 3) Seiner Gemeinde auf Erden wunderbare und herrliche Verheißungen verkündigen. (Vgl. Seite 203ff.)

Wir sehen aus diesen immer neuen Verheißungen in jedem der sieben Sendschreiben: Es ist Seinem treuen Heilandsherzen nicht genug, daß die Seinen nur mit knapper Not in das himmlische Reich hineingerettet werden, sondern ER möchte, daß wir als Sieger einziehen in das himmlische Jerusalem und daß wir Besitz nehmen von allen Würden und Herrlichkeiten Seines Reiches. Die Kämpfe gegen Welt und Fleisch, die ein Christ unter tausend Niederlagen und großer Schwachheit durchlitten hat, will ER mit Seinen Siegespreisen belohnen. Und die Treue, die ein Christ tausendmal gebrochen und nur kümmerlich bis ans Ende gehalten hat, soll ihm ewige Herrlichkeiten ohne Aufhören eintragen. Das ist die Fülle der Erbarmung unseres Gottes und Heilandes, und das geht im Lobe der Vollendeten durch alle Himmel und alle Ewigkeiten, daß es Sein Wohlgefallen gewesen ist, einen Gnadenlohn zu bereiten für seine unwürdigen Knechte.

Wir schließen unsere Darlegungen mit dem Gebetswunsch des Apostels Paulus, Eph. 1,17: »Der Gott unseres Herrn Jesu Christi, der Vater der Herrlichkeit, möge uns geben bessere Sehkraft, daß wir erkennen, welches da sei die Hoffnung unserer Berufung und welcher da sei der herrliche Reichtum des göttlichen Erbes, der den Heiligen bestimmt ist.«

5. Das Erleben der Herrlichkeit der Schöpfungswelt des Paradieses

Die in den vorigen Darlegungen betrachtete himmlische Gemeinde bedarf auch einer entsprechenden äußeren Schöpfungswelt. Wir können uns die Vollendeten nur denken in einer herrlichen Erscheinungswelt, welche sie umgibt. Denn ohne eine Schöpfungssphäre und eine dieser entsprechenden Leiblichkeit bleibt nichts als Seelenschlaf.

Auf die Bitte des bußfertigen Schächers: *»Herr, gedenke an mich, wenn Du in Dein Reich kommst«*, hat der Herr nicht einfach geantwortet: *»Ich will es tun.«* Sondern vom Wortlaut und Sinn der Bitte abweichend, weit über die Bitte hinausgreifend und ganz neue Tatsachen enthüllend, gibt Er die tröstende Gnadenversicherung: *»Heute wirst du mit Mir im Paradiese sein.«*

Dieser Ausdruck *»Paradies«* weist hin auf eine überirdische und herrliche Beschaffenheit des Aufenthaltsortes der Seligen. Das Paradiesesleben ist einerseits ein Stand seligster Gemeinschaft untereinander, andererseits eine unmittelbare Gemeinschaft mit Gott, aber beides doch geknüpft an einen Ort von besonderer Lichtherrlichkeit. Indem der Herr zum Schächer sagt: »Heute wirst du mit Mir im Paradiese sein«, drängt ER in diese Worte die ganze Geschichte der Menschheit zusammen. Sie fängt an in dem Ur-Paradiesgarten, den Gott dem Menschen bereitet hatte zu seiner ganz persönlichen Betätigungsstätte; sie geht weiter über den Dornenacker der Welt und durch den Garten Gethsemane und den Garten Josephs; sie endet wieder im wiedergewonnenen Paradiesgarten, wo der Sohn Gottes den Seinen die Stätte bereitet hat.

Es bleibt dabei: All die vielen Hinweise auf die Schöpfungswelt im Paradies wollen in uns die Ahnung einer wirklichen, herrlichen Pflanzenpracht und Tiermannigfaltigkeit wecken. Und wenn namentlich das Buch der Offenbarung uns die himmlischen Dinge so lebensvoll vor Augen malt, daß es uns ist, als hörten wir die Bäume des Lebens rauschen, als sähen wir die goldenen Mauern der Gottesstadt uns entgegenleuchten, als hörten wir von den Liedern der Heiligen die Gottesklänge hernieder in dies arme Erdenleben klingen – was anders kann denn der Sinn der Offenbarung des Joh. sein, als uns den Himmel greifbar, traulich und lieb zu machen und eine große Liebe nach dorthin zu wecken. Und wenn Paulus den dritten Himmel, zu dem er in seiner Entrückung emporgehoben, erkannte als das »*Paradies*« – was muß er da alles gesehen und gehört haben!

Wir tun also sicherlich unserem Gott keine Unehre an, wenn wir solche Naturschilderungen nicht ohne weiteres bloß für poetische Einkleidungen geistlicher Zustände nehmen, sondern wenn wir der Überzeugung sind, daß das Paradies droben ein wirkliches Paradies ist, d.h. nicht bloß eine Stätte, darin ewige Ruhe und stiller Frieden herrscht, sondern auch eine Stätte, wo der Mensch der Schöpfung wieder so unmittelbar nahestehen wird wie einst im Anfang.

Ja, der Geist scheint uns in manchen Zügen direkt darauf hinweisen zu wollen. Wenn z.B. das Erbe, das für uns bereits aufbewahrt wird im Himmel, als ein *»unverwelkliches«* bezeichnet[16] wird, dann erinnert uns dies Wort an grüne Auen, an ewige Jugend, an gestaltenreiche Lebensgebiete und Lebensformen. Hier auf Erden erscheint uns das Schöne in der Natur (Gesteinswelt und Pflanzen- und Tierwelt) wie ein Gruß aus einer höheren Welt. In einer blühenden Rose, einer grünenden Frühlingslandschaft möchten wir ein Gleichnis des ewigen Himmels erblicken. Droben ist das Land des wirklich bleibenden und vollkommen Schönen.

Der lebendige Christ hört aber auch das Seufzen der Kreatur. Der lebendige Christ weiß darum, daß auch die vielen Mißtöne in der jetzt gefallenen Schöpfung sich auflösen werden in dem reinen, frohen Klang der Osterhoffnung. Ist es der Menschheit selbstverschuldeter Jammer, in welchen die *Natur* gegen ihren Willen hineingezogen ist, so wird die Kreatur auch teilhaben an der Frucht der Erlösung. Daß Christus uns bis zum Tode geliebt hat und uns zur Gerechtigkeit auferstanden ist und auf dieser unter dem Fluch liegenden Erde wieder ein Himmelreich aufgerichtet hat – das ist es, was auch die gefallene Schöpfung mit dem Freudenglanz der Auferstehungshoffnung überströmt (Röm. 8,19–24).

6. Das Erleben der Herrlichkeit der vollkommenen Naturerkenntnisse

Nach dem bisher Dargelegten wird dem Christen durch die Offenbarung des göttlichen Wortes die Aussicht auf eine wirkliche Welt im Himmel eröffnet.

Ein Christ weiß aber auch darüber hinaus, daß es seine göttliche Bestimmung ist, *ein königliches Verhältnis zur Schöpfung* haben zu dürfen. Es ist dies freilich nicht seine höchste Bestimmung, die ist vielmehr sein *dienendes Liebesverhältnis zu Gott und dem Nächsten.* Aber die königliche Würde gegenüber der Natur gehört ebenfalls dazu.

[16] Das griech. Wort für »unverwelklich« heißt *amárantos.* Dieses Wort entstammt der *Pflanzenwelt.* Das deutsche Fremdwort Amarante ist der Name für *»die unverwelkliche Pflanze«.*

Der Herr sagte einmal zu Seinen Jüngern, und wir haben dieses Wort schon mehrmals in unseren Ausführungen zitiert: »Das aber ist das ewige Leben, daß sie Dich, den allein wahren Gott, und den Du gesandt hast, Jesus Christus, *erkennen*!« (Joh. 17,3). *Zu diesem Erkennen Gottes gehört auch das Erkennen Seiner Werke.* Und das ist auch *die Schöpfung.* Denn die Schöpfung ist eine ganz besondere und herrliche Offenbarung Gottes. Sollte uns nun »droben« gerade diese Erkenntnisquelle der Offenbarung Gottes *entzogen* werden?

Nein, im Himmel werden nicht nur unsere Augen klarer und geeigneter sein, die geschaffenen Dinge der Natur auf vollkommene Weise zu erkennen, sondern die Schöpfung selber wird uns durchsichtiger sein, mehr denn je, und uns ganz als der Tempel des Herrn erscheinen, erfüllt von dem Atem und der Herrlichkeit des Heiligen Gottes.

So wird also *»die wahre Naturforschung«* erst im Lichte des Himmels ihre Stätte haben. Ist doch schon hier auf Erden eine der höchsten innerlichsten Freuden die Freude des Forschens und des Erkennens. Einer der Begründer der modernen Weltbetrachtung, *Kepler,* schließt sein großes Meisterwerk von der Harmonie der Welten mit den anbetenden Worten: »Ich danke Dir, mein Schöpfer und Herr, daß Du mir diese Freuden an Deiner Schöpfung, dieses Entzücken über die Werke Deiner Hände geschenkt hast. Ich habe die Herrlichkeit Deiner Werke kundgetan, soweit mein endlicher Verstand Deine Unendlichkeit zu fassen vermochte. Wo ich etwas gesagt, was Deiner unwürdig ist, das vergib mir gnädiglich.«

Wie werden erst droben die zu solchen Forschungen besonders Ausgerüsteten unter den Seligen ihre lobpreisenden Stimmen ertönen lassen und Kreise von Zuhörern um sich sammeln zu gemeinsamem Halleluja!

Wohl singen die Seligen im Himmel das Neue Lied vom Lamme Gottes, das zum »HERRN der Herrlichkeit« erhöht ist; aber darum wird das Lied von der Schöpfungsherrlichkeit nicht verstummen. Lies Offb. 4,11. Der kraftvolle Psalmenchor wird weiterklingen: »Herr, wie sind Deine Werke so groß und viel! Du hast sie alle weislich geordnet und die Erde ist voll Deiner Güter. Herr, mein Gott, Du bist sehr herrlich, Du bist schön und prächtig geschmückt. Licht ist Dein Kleid, das Du anhast. Du nimmst Wolken zu Deinem Wagen, Du wandelst auf den Fittichen des Windes« (Ps. 104).

Wie wird das verklärte Ohr den Seligen ganz neue, wunderbare Töne aus der Harmonie der Sphären zuführen; wie wird das verklärte Auge Farben und Lichtglanz und Lebensformen in einer Fülle erkennen, die hier noch nicht aufgeschlossen war. Kurz, *eine selige Harmonie im Naturreich wie im Geisterreich wird sein!*

7. Das Erleben der Herrlichkeit des göttlichen Befehles »Machet die Erde euch untertan!« in seiner Vollendung

Die Herrschaft über die Erde und alles, was darauf ist, zu welcher Gott den Menschen berief, würde nur eine leere Redensart sein, wenn sie nicht neben der vorhin geschilderten himmlischen Naturerkenntnis, dann auch zu einem wahren und wirklichen Betreuen und Bilden der himmlischen Natur würde. In der Welt des ersten Paradieses waren einstmals Pflege und Betreuung des Gartens in Eden und darüber hinaus über die Tiere und Pflanzen und Gesteine zu herrschen, von Gott gefordert und gewollt. Wird nicht zunächst im himmlischen Paradies und nach der Schaffung eines neuen Himmels und einer neuen Erde auch dieser Befehl Gottes, das Paradies zu bebauen, und das Wort »Machet die Erde euch untertan« in vollkommener Weise vollendete Gültigkeit haben? Wir glauben mit einem vollen »*Ja*« darauf antworten zu dürfen. Denn – die Bestimmung des Menschen ist eine zwiefache: *Gott priesterlich zu dienen und die Schöpfung königlich zu beherrschen.*

Wir denken an die Wundertaten, die der Herr an der Natur vollzogen hat. Da riefen die Menschen staunend: »Was ist das für ein Mann, daß Ihm Wind und Meer gehorsam sind!« Sind alle diese Naturwunder uns nicht *Weissagungen*[17], daß Sich der Herr auch vor der oberen Gemeinde als der eine Herr des Naturreichs wie des

[17] Vgl. hierzu Wupp, Studienbibel Matth. S. 125, wo vom Sinn der Wunder Jesu die Rede ist.

Reichs der Geister erweisen wird? ER aber, der von den Seinen zum Vater gesagt hat: »Ich habe ihnen gegeben die Herrlichkeit, die Du Mir gegeben hast« (Joh. 17,22) – ER will diese königliche Herrschaft über die Elemente nicht allein für Sich besitzen, sondern sie alle, die Seinen, haben vollen Anteil daran.

Das wunderbare Gesicht des Johannes in der Offenbarung verkündigt es, daß ER die Glieder Seiner Gemeinde auch zu *Königen* gemacht hat. Wo Gottes Wille ganz über uns herrschen wird und wir uns ganz Ihm zum Opfer gegeben haben als rechte Priester, da hindert nichts mehr, daß auch unser Wille über alles herrsche, so wie Gott dem Adam es im Urparadies gesagt hat.

Wohl geht hier unten die zunehmende Beherrschung der Natur durch den Menschen fort und fort weiter vor sich. Der Preis der Naturwissenschaften ertönt in allen Sprachen der Gegenwart. Wir können nicht umhin, darin einen glänzenden Beweis der von Gott geschenkten Führer-Stellung des Menschen zu sehen, die der Mensch auch in seinem sündigen Zustande noch besitzt. Wir müssen darin die Herrscherwürde bewundern, welche Gott dem Menschen verliehen hat.

Aber immer schauerlicher wächst die Selbstsucht, die in Ausbeutung der Naturenergien materiellen Genuß und Vernichtung des Gegners sucht. Und ebenso wächst der Größenwahn, der im Hochgefühl solcher Herrscherstellung über die Natur sich selber die Weihrauchsopfer anzündet. So aber wird die Herrschaft über die Natur dem Menschen zum Fluch.

Mit der zunehmenden Macht über die Elemente verschwindet beim Menschen immer mehr das Bewußtsein irgendeiner Abhängigkeit von Gott oder irgendeiner Verpflichtung des Dankes gegenüber dem Schöpfer und Geber all der wunderbaren Gaben des Denkens und Forschens. Die Menschheit ist auf dem Wege, sich vollends selbst die Krone auf das Haupt zu setzen – ein apokalyptisches Zeichen der Endzeit.

Wie ganz anders ist es dort oben! Dort legen die seligen Scharen ihre Kronen vor dem Throne des Himmelskönigs in demütiger Anbetung nieder, und lobpreisend bekennen sie: »Du hast uns unserm Gott zu Königen und Priestern gemacht.«

Die weite unermeßliche Paradieseswelt stellt sich Offb. 21 u. 22 dar als *die strahlende Gottesstadt,* als *das himmlische Jerusalem,* welches jetzt schon existiert und jetzt noch im Himmel ist. Wir können dem Geiste Gottes nicht genug danken, daß ER uns diese Stadt so greifbar vor Augen gemalt hat, daß wir im Glauben schon durch die Perlentore eingehen und auf ihren goldnen Gassen wandeln können. Wie wichtig ist das zur Festigung unserer Hoffnung auf die ewige Welt.

Von dieser hochgebauten Gottesstadt ist ausdrücklich gesagt, daß Gott ihr Baumeister und Schöpfer ist, Hebr. 11,10. Dieses Baumeisters und Schöpfers *Allmacht, Weisheit* und *Herrlichkeit* ist schon aus der uns umgebenden Erdenwelt wunderbar zu erkennen. Was für Herrlichkeit Seiner Allmacht und Weisheit aber wird erst an der ewigen Stadt Gottes zu sehen sein, die eine Wohnung der auserwählten Kinder Gottes sein wird. Der Apostel Johannes, als es ihm vergönnt war, das himmlische Jerusalem im Geist zu schauen (Offb. 21), wurde nicht müde, Jerusalems Mauern zu messen nach der Länge und Breite und dem festen Grunde, wie so sicher sie das Heiligtum abschlossen. Er wurde nicht müde, Jerusalems Perlentore zu bewundern, wie sie den so köstlichen Eingang darbieten nach allen Weltgegenden hin. Mag man auch manches aus des Johannes Beschreibung geistlich und bildlich zu deuten haben, soviel bleibt gewiß: ein unbeschreiblich herrlicher Wohnsitz wird Jerusalem sein.

Laßt uns öfter als bisher hinaufblicken zu der goldnen Stadt unseres Gottes. Es soll uns nicht stören, daß wir mit den Erdenaugen die einzelnen Gegenstände in dieser geheimnisvollen Stadt noch nicht alle erkennen können. Gewiß wird dort alles unendlich herrlicher sein, als wir es uns jemals ausdenken können. Unter Bedingungen, die denen unserer Erde wohl unerforschlich größer und andersartiger sein werden, wird sich das Leben dort drüben darstellen. *Aber in seinem Wesen wird das Leben dort drüben doch die vollendete Fortsetzung unseres Glaubenslebens hienieden sein.* Beide bilden ein unzertrennliches Ganzes und verhalten sich zu einander nicht nur wie Anfang und Fortgang, sondern wie Aussaat und Ernte.

Es soll uns nicht stören, daß *vor* diesem Ziel des himmlischen Jerusalems noch manches dunkle Tal auf unserem Pilgerwege liegt. Was aber dort über der Stadt glänzt, das sieht das Glaubensauge klar, ein ewiges Licht. Und darum freuen wir uns täglich und stündlich schon im voraus: »Wie wird's sein, wie wird's sein, / Wenn wir ziehn in Salem ein, / In die Stadt der goldnen Gassen! / Herr mein Gott, ich kann's nicht fassen, / Was das wird für Wonne sein!«

Eine wichtige Schluß-Frage:

Findet die Auferstehung erst am Jüngsten Tage statt oder in irgendeiner Form sofort nach dem Sterben?

Was ist es um den sogenannten Zwischenzustand?

Unsere Antwort lautet: Wir sind fest davon überzeugt, daß zwischen dem Sterben des Menschen und dem Zeitpunkt der Auferstehung am Jüngsten Tage eine »Zwischenzeit« liegt. Diese Zwischenzeit hat aber nichts zu tun mit einem untätigen Wartezustand oder mit einem bewußtlosen Todesschlaf oder mit der Vernichtung von Geist, Seele und Leib des Menschen – sondern diese Zwischenzeit ist der Zustand eines klaren und bewußten persönlichkeitsbestimmten Lebens.

Diese Lehre vom Zwischenzustand steht in keinem Widerspruch zur Botschaft von der Auferstehung der Toten am Jüngsten Tage.

Der immer wieder erhobene Vorwurf: Die Lehre vom Zwischenzustand mache die Auferstehung der Toten überflüssig; denn wenn nach dem Sterben sofort ein Weiterleben stattfinde, dann gebe es doch am Jüngsten Tage gar keine Toten mehr, die auferweckt werden müßten; die Toten seien ja bereits alle schon in ihrer Sterbestunde zum Leben auferweckt. –

Wir meinen: Wenn wirklich zwischen der zentralen neutestamentlichen Botschaft von *»der Auferstehung der Toten am Jüngsten Tag«* und jener Botschaft von einem *sofortigen bewußten Weiterleben gleich nach dem Sterben* ein großer Widerspruch bestände, warum, so fragen wir, haben weder Jesus noch Paulus, weder Johannes noch irgendein anderer Apostel, weder ein Augustin noch ein Thomas von Aquino, noch ein Luther und alle anderen Väter unseres Glaubens diesen Widerspruch nicht als Widerspruch empfunden? Sollte nicht allein schon diese Tatsache uns zu der Frage drängen, ob denn wirklich hier eine unüberbrückbare Absurdität, d.h. Widersinnigkeit vorliege?

Nein, es liegt hier kein Gegensatz vor zwischen den »beiden Botschaften« *»von der Totenauferstehung am Jüngsten Tage«* und dem *»sofortigen Weiterleben nach dem Tode«*, sondern wir haben es hier mit zwei sich *einander ergänzenden Aussagen – Reihen der Heiligen Schrift zu tun.*

Es liegt nun einmal im Wesen der Heiligen Schrift, daß sie manchmal über ein und denselben Gegenstand, sei es ein geschichtliches Ereignis oder sei es ein bestimmter Glaubensgegenstand wie z.B. *Glaube, Bekehrung, Heiligung* usw., zwei oder sogar mehrere Ausführungen macht, Ausführungen, die oberflächlich gesehen, für unser Denken vielleicht widerspruchsvoll erscheinen und die doch gerade in diesem ihrem scheinbaren »Widerspruch« zur Wahrheit des Evangeliums gehören.

Einige Beispiele seien für diese oft paradoxe (gegensätzliche) Ausdrucksweise der Heiligen Schrift kurz genannt:

a) Es sei hingewiesen auf die beiden Berichte von dem geschichtlichen Ereignis *der Schöpfung des Menschen* in 1. Mose 1 und 1. Mose 2. Nicht Widerspruch liegt hier vor, sondern gegenseitige Ergänzung, oder anders ausgedrückt: »Der Bericht von der Erschaffung des Menschen wird im 1. Kapitel von einem anderen Gesichtspunkt aus gesehen als im 2. Kapitel.«

Ein anderes Beispiel:

b) Wir denken an das geschichtliche Ereignis der Wiederkunft des Herrn. Auch hier liegen in den neutestamentlichen Zeugnissen zweierlei Art von Aussagen vor. Einmal wird auf die baldige Wiederkunft des Herrn aufmerksam gemacht, z.B. »die Nacht ist vorgerückt, der Tag ist nahe herbeigekommen« (Röm. 13,12). Ein andermal wird mit der fernen Wiederkunft Jesu gerechnet, z.B. »das Evangelium wird allen Völkern gepredigt . . . und dann wird das Ende kommen« (Matth. 24,14).

In diesen zwei Aussagen kommt beides zum Ausdruck, nämlich *die unmittelbare Nähe der Wiederkunft* und dann ihr *fernes Eintreten.* Beide scheinbar sich widersprechenden Aussagen sind von Gott als ein Ganzes gewollt. Die *Naherwartung* fordert zum

Wachsein und zu täglicher Treue in der Heiligung auf, die *Fernerwartung* zum Festhalten am »Wort Gottes und zu ausharrender Geduld«. (Näheres siehe in »Wenn dies geschieht« Seite 134ff.)

c) Wir denken z.B. an den Glaubensbegriff der *»Heiligung«*. Das eine Mal gilt als feststehende Tatsache: *Die Heiligung ist ganz und gar des Menschen Werk.* Paulus sagt: *»Erarbeitet euch* eure Rettung mit Furcht und Zittern« (Phil. 2,12). Und wiederum steht auch geschrieben: »Denn *Gott* ist's, der in euch energievoll wirkt, sowohl das Wollen, als auch das Vollbringen« (Phil. 2,13). (In wörtlicher Übersetzung wiedergegeben!)

Diese beiden Aussagen: *»Die Heiligung ist ganz und gar des Menschen Werk«* und *»die Heiligung ist ganz und gar Gottes Werk«* dünken uns Widersprüche zu sein, und doch gehören sie zur Wahrheit des Evangeliums. Denn diese scheinbar widerspruchsvolle Ausdrucksweise der Schrift will folgendes zum Ausdruck bringen: Die Heiligung, so sehr sie all unsere Kräfte bis zum Äußersten in Anspruch nimmt, ist kein menschliches Machwerk. *Die göttliche Gnade ganz allein ist es, die alle unsere Kräfte in Bewegung setzt und zur höchsten Energie anspornt. Aber die Gnade tut es nur bei dem, der selber mit ganzem Ernst die Heiligung will und ausübt.*

Diese doppelte Ausdrucksweise hat auch ihre Gültigkeit im Blick auf unser Thema in diesem Abschnitt: *»Findet die Auferstehung der Toten erst am Jüngsten Tage statt oder in irgendeiner Form sofort nach unserem Sterben?«*

Wir sagen: *Beides ist Tatsache!* Was die Auferstehung der Toten am Jüngsten Tage betrifft, so ist hier an das *»Ziel«* der End-Vollendung oder End-Verherrlichung des ewigen Lebens gedacht. Wir verweisen auf Joh. 5,28 u. 29, dann 6,39–40 u. 11,24; Apg. 17,32 u. 24,15; dann 1. Kor. 15,12 u. 13 u. 21 u. 42; Hebr. 6,2 u.v.a. Was das sofortige und bewußte Weiterleben unserer Verstorbenen im Augenblick nach ihrem Tode betrifft, so ist dabei an das *»Wesen«* des ewigen Lebens überhaupt gedacht. Denn *»Ewiges Leben«* ist *nicht* eine Gegebenheit, die erst durch einen langen dunklen »Tunnel« des Nichts oder des bewußtlosen Seelenschlafes oder der Vernichtung von Geist, Seele und Leib hindurchgehen muß! Nein, »*Ewiges Leben*« kennt keinen einzigen Augenblick irgendeiner Unterbrechung, etwa durch den Tod verursacht. »*Ewiges Leben*« ist, wie der Herr und alle Seine Apostel es sagen: »*Leben ohne Sterben.*« Jesus sagt es in Joh. 11,25 so: »*Wer an Mich glaubt, der wird leben, ob er gleich stirbt. Und wer da lebet und glaubet an Mich, der wird nimmermehr sterben!*«

Wir denken in diesem Zusammenhang noch an ein besonderes Wort des Herrn. In Joh. 14,19 sagte der Herr: »Es ist noch um ein kleines . . . dann werdet ihr Mich sehen, denn Ich lebe, und ihr sollt auch leben.« Der Herr sagt *nicht:* »Ich *schlafe* einen bewußtlosen Todesschlaf bis zum Jüngsten Tage«, sondern: »*Ich lebe, und ihr sollt auch leben!*«

Es ist darum unsere Glaubenspflicht zu zeigen, daß auf Grund der Menschwerdung, der Auferstehung und der Himmelfahrt Jesu, die himmlischen Dinge nicht *lebendig* genug und nicht *deutlich* genug bezeugt werden können, damit die Gemeinde des Herrn schon ganz in der himmlischen Welt daheim sein sollte, um in ihr zu wandeln und zu leben (Phil. 3,20) und sich des ewigen Lebens zu freuen, ja sogar sich der Himmel-Herrlichkeiten zu rühmen im Sinne des Wortes: »Wir rühmen uns der Hoffnung der zukünftigen Herrlichkeit« (Röm. 5,2b).

Die Gemeinde des Herrn hat in ihren Liedern und Erbauungsbüchern dies auch fort und fort getan. Wir erinnern z.B. nur an eines, das Meyfartsche Lied: »Jerusalem, du hochgebaute Stadt« im Ev. Kirchen-Gesangbuch Nr. 320. Da ist Zuversicht des Glaubens und lebendige Anschauung, da sind greifbare Wirklichkeiten in markig-freudiger Darstellung, da fühlt sich der Gläubige bis an die Tore der Ewigkeit getragen.

Noch deutlicher möchten wir die in unserem Abschnitt beantwortete Frage nach dem *Verhältnis von der Auferstehung am Jüngsten Tage und dem sofortigen Weiterleben nach unserem Sterben* von einem weiteren Gesichtspunkt beleuchten. Das Auferstehungsleben als solches beginnt gar nicht erst nach unserem Sterben, sondern *wer in diesem irdischen Leben »sich von Gott her wiedergebären ließ«, der hat bereits das ewige Leben in der Stunde der Wiedergeburt empfangen.* (Wuppertaler Stud.-Bibel Joh. 1,12

u. 13 u. Joh. 3) Dieses »ewige Leben« – oder »Auferstehungsleben« genannt – wirkt sich hier schon aus in der *»Heiligung«*, d.h. in dem Hineinwachsen kraft göttlicher Auferstehungskraft Jesu *in die Gesinnungsart Jesu.* »Ein jeglicher sei gesinnt, wie Jesus Christus auch war« (Phil. 2,5). Vgl. dazu besonders Röm. 6,4–13, wo von der *»Auferstehung zu einem neuen Leben«* geredet wird. *Bei den Wiedergeborenen ist auf Grund des »Mitgestorbenseins mit Christus« das »Auferstehungsleben mit Christus« bereits hier in den Gläubigen gegenwärtig.* Das ist ein Fundamentalsatz der gesamten neutestamentlichen Theologie. –

Dieses *»Auferstehungsleben des Christus-Gläubigen«* setzt sich ohne Unterbrechung dann fort, und zwar *sofort nach dem Sterben,* Joh. 11,25. Denn das *Neue Leben »mit und in Christus«* hier unten auf Erden (oder auch »das ewige Leben« genannt) kann auf Grund seiner *»Wesensart«* nicht eine einzige Sekunde unterbrochen werden oder sogar aufhören! Nein! *Denn ewiges Leben kann überhaupt nicht sterben!* Und weiter: *Wo ewiges Leben ist, da ist Lebendigkeit, Bewußtsein, Fortschritt, Betätigung, Entfaltung – nie und nimmer Stillstand oder Schlaf oder gar »das Nichts«.*

Darum sagt uns der Begriff *»Zwischenzustand«* eigentlich zu wenig aus, weil darin zu leicht die Vorstellung *eines müßigen Wartens* oder einer *Untätigkeit* oder des *geistigen Stillstandes* oder *Stehenbleibens* liegt.

Zum bisher Gesagten möchten wir ergänzend und vertiefend gern noch folgendes zum Ausdruck bringen: Wenn die Gläubigen, wie wir schon ausführten, hier auf Erden auf Grund der Herren-Worte und der Worte der Apostel *das ewige Leben bereits besitzen* (Joh. 5,24; 11,25 usw.) und das Geschehen der Auferstehung (das ewige Leben) sich völlig unabhängig von der Sterbestunde fortsetzt und sofort weitergeht als *»Auferstehungsleben«* im Sinne einer *weiteren Reifungs- und Wachstumsstufe,* dann steht fest, *daß der Tod bei den Glaubenden nur der Übergang aus dem ersten Stadium des irdischen Auferstehungslebens in das zweite Stadium des himmlischen Auferstehungslebens ist.*

Weil nun fortwährend immer und immer wieder Kinder Gottes durch ihren Tod hineinrücken in *das himmlische Stadium des*

Auferstehungslebens, darum möchten wir den sogenannten »*Zwischenzustand*« als eine *fortgehende Auferstehung ansehen.*

Weil das himmlische Stadium unseres Auferstehungslebens genauso wie unser irdisches Auferstehungsleben (nur in unendlich kostbarerer Weise) als ein Fortschreiten von Klarheit zu Klarheit angesehen werden kann, darum kann auch der Hebräerbrief das eine Mal von *himmlischen Vollendungen* reden, als ob die Seligen schon vollendet seien, und zwar in Hebr. 12,23 auf Grund der Ausdrucksweise »vollendete Gerechte«. Das andere Mal aber kann der Hebräerbrief auch so sprechen, als ob die Vollendung noch *erfolgen sollte,* und zwar mit den Worten: ». . . *daß sie* (die glaubend Heimgegangenen) *nicht ohne uns vollendet würden*« (Hebr. 11,40). Diese Ausdrucksweise vom *Vollendetsein* und *Vollendetwerden* enthält nicht einen Widerspruch, sondern möchte hinweisen auf die Tatsache von *fortschreitendem Vollendetwerden* – d.h. *von der Engelgleichheit zur Sohnesgleichheit.*

Um Mißverständnisse zu vermeiden, wird der Ausdruck »*Zwischenzustand*« im formalen (rein äußerlichen) Sinn beibehalten als die Zeit zwischen dem Sterben des einzelnen und dem Jüngsten Tag.

Zum Schluß möchten wir an dieser Stelle unserem väterlichen Freund, dem fast hundertjährigen D. Bracker, wohnhaft in Kropp bei Schleswig, das Wort geben. Er sagt: »Was der Christengläubigen im Himmel wartet, ist sofort nach ihrem Sterben die ›*Vorvollendung*‹. Sie ist zwar eine Vollendung, sofern sie vom Glauben zum Schauen, von der Unvollkommenheit zur Vollkommenheit führt, aber sie ist auch nur eine vorläufige Vollendung im Vergleich zu der *Vollvollendung,* d.h. zu der vollen und endgültigen Vollendung, die erst bei der Wiederkunft Christi eintreten wird.« Soweit D. Bracker in »Blick in den Himmel« S. 3[18].

Diesen seinen Worten möchten wir, um Mißverständnisse zu vermeiden, noch folgendes hinzufügen: Es ist nicht unsere Aufgabe und liegt auch völlig *außerhalb* unseres Erkenntnisvermö-

[18] Wir möchten ergänzen: »Bei der Wiederkunft Christi, d.h. hier zur Zeit der ersten Auferstehung«.

gens, nun im *einzelnen* zu *unterscheiden* zwischen der Wesensart des Auferstehungslebens im sogenannten *Zwischenzustand* oder *»Vor-Vollendungs-Stadium« und dem Zustand des Auferstehungslebens in der Voll-Vollendung,* d.h. *nach* dem Dasein eines neuen Himmels und einer neuen Erde. Nirgends ist in der Schrift der Zustand der Seligen *vor* und *nach* der End-Vollendung im einzelnen unterschieden oder sogar im Gegensatz zu einander gestellt.

Aber es gilt Ernst zu machen mit der biblischen Wahrheit und Wirklichkeit, daß die im Glauben Entschlafenen *sofort bei Christus sind,* und zwar unendlich viel herrlicher und wunderbarer, als sie hier schon in ihrem *irdischen Auferstehungsleben die tägliche Kraft Seiner Auferstehung und das Leben in IHM haben erleben dürfen!*

Und wie hier schon auf Erden von drüben her die Herrlichkeit der *»Vor-Vollendung«* (d.h. das Stadium des himmlischen Auferstehungslebens) fort und fort hineingestrahlt hat in ihren irdischen Pilgerlauf, wieviel unendlich Mal herrlicher wird dann drüben in die Seligkeit der *»Vor-Vollendung«* der Glanz und der Reichtum der kommenden *»Voll-Vollendung«* fort und fort hineinleuchten.

Über die sogenannte *»Erste Auferstehung«* als solche ist ausführlich im Buch »Wenn dies geschieht« zu lesen.

Anhang
über Fritz Rieneckers Leben und Werk

Fritz Rienecker – eine kurze Biographie

Fritz Rienecker (1897–1965) war gerade 21, als er seine erste Lehrerstelle in Athenstedt bei Halberstadt antrat. Das Abschlußzeugnis des Präparanden- und Lehrerseminars in Quedlinburg hatte ihn empfohlen. Während der zwei Jahre, die er in Athenstedt unterrichtete, holte er das Abitur nach, um an der Universität in Berlin zu studieren. Die Mittel dafür hatte er sich in Athenstedt zusammengespart. Doch dann kam die Inflation nach dem Ersten Weltkrieg, das Geld war entwertet, die Entbehrungen jener Jahre führten zu einer Lungentuberkulose und damit zum Abbruch des Studiums. Rienecker suchte Hilfe bei seinen Eltern, die als Ruheständler nach Thüringen gezogen waren.

Fritz war der älteste von fünf Geschwistern. Schon der Vater war Lehrer gewesen – an der Neinstedter Brüder-Anstalt bei Quedlinburg. Wie später der Sohn Fritz war auch er als Autor bekannt geworden: Er hatte ein Buch über Kinderpsychologie geschrieben, eine Einführung in die Bibel und die »Handreichungen für Sonntagsschule und Kindergottesdienst – Betrachtungen über Geschichten des Neuen Testaments«. Wegen einer Herzerkrankung war er mit 50 Jahren pensioniert worden und lebte in äußerst bescheidenen Verhältnissen in dem Dörfchen Farnroda bei Ruhla im Thüringer Wald, wo nun der kranke Student Hilfe und Ruhe suchte.

Es war ein schweres, von Hunger und Krankheit geprägtes Jahr, in dem Fritz Rienecker den Tod seines jüngeren Bruders erleben mußte, der an Lungentuberkulose starb, während er selbst von der gleichen schweren Krankheit genas und bald auch sein Studium wieder aufnehmen konnte. Die Mittel dafür mußte er sich verdienen, und so kam ihm gerade rechtzeitig eine Anzeige des Ihloff-Verlags in Neumünster in die Hand: Gustav Ihloff suchte einen »akademisch gebildeten Schriftleiter« für das Gemeinschaftsblatt »Auf der Warte«

und für das ebenfalls bei Ihloff erscheinende Verteilblatt »Nimm und lies«.

Rienecker bewarb sich und bekam die Stelle.

Ob er von hier aus noch in Hamburg und Kiel Theologie und Pädagogik studierte und mit welchen Ergebnissen – darüber gibt es keine Nachweise. Kurzbiographien und Nachrufe, deren Verfasser Rienecker gut kannten, lassen dies jedoch annehmen.

Am 1. Mai 1924 trat Fritz Rienecker in Neumünster seinen Dienst an. 17 Jahre lang hat er bei Ihloff gearbeitet, und zwar mit wachsendem Erfolg. Die Auflagen der »Warte« und des Verteilblattes stiegen – hier war ein Mann am Werk, der selbst hinter seiner Botschaft stand und dazu noch wußte, wie sie an den Mann zu bringen war.

Hier begann auch die überaus produktive Arbeit Rieneckers an einem Typ biblischer Kommentare, der in den angelsächsischen Ländern auch für die Universitätstheologie weit verbreitet war, in deutschen Landen aber herablassend als »allgemeinverständlich« mit dem Tadel unangemessener Vereinfachung den Laien zugerechnet wurde.

Als Schriftleiter der Ihloffschen Blätter hatte Rienecker eine nicht unerhebliche Korrespondenz zu führen. Er reiste nicht ungern und ließ sich als Referent einladen. So spürte er ein wachsendes Interesse an biblischem Wissen, dem er mit dem Aufbau einer anspruchsvollen Kommentarreihe begegnen wollte. 1930 lag er dann in den Buchhandlungen, der »Praktische Kommentar zum Lukas-Evangelium unter Zugrundelegung des Godet-Werkes Commentaire sur l'évangile de Saint-Luc«. Das Werk hatte 648 Seiten. Schon vier Jahre später erschien der nächste Band: »Praktischer Handkommentar zum Epheserbrief: Der Epheserbrief, die Lehre von der Gemeinde für die Gemeinde«, 464 Seiten; hierzu erschien im gleichen Jahr ein 48seitiger Bildanhang: »Ephesus. Die Geschichte einer Gemeinde«.

Rienecker war ein fleißiger Leser und ein unermüdlicher Sammler: Bücher und Zeitschriften mit neuen Erkenntnissen biblischer Archäologie, theologische Literatur nahe- und fernstehender Verfasser, Biographien, Kirchengeschichte ... Dies alles nahm er als Anregung für die eigene Arbeit und zur Auseinandersetzung mit der die Gemeinden bedrängenden Entwicklung der deutschen Universitätstheologie auf.

Der Gemeinde galt seine Arbeit. Und Rienecker war durch und durch Lehrer. Er war Schriftleiter eines Gemeinschaftsblattes. »Gemeinschaften« pflegten neben den landeskirchlichen Gottesdiensten eigene Bibelstunden anzubieten, die in den meisten Fällen von Laien geleitet wurden. Doch auch für die Pfarrer lagen Graecum und Latinum schon viele Jahre zurück. Was brauchten also die bibelstundenhaltenden Laien, die Jugendleiter, die Laienprediger und auch der eine oder andere Pfarrer, wenn er sich für die Predigt vorbereitete?

In zunächst zehn Heften schuf Fritz Rienecker eine Ergänzungsreihe zum »Praktischen Handkommentar« unter dem Titel »Urtextstudium«, woraus der »Sprachliche Schlüssel zum Griechischen Neuen Testament nach der Ausgabe von D. Eberhard Nestle« wurde, der 1938 in 1. Auflage erschien und von dem inzwischen an die 150.000 Exemplare verkauft wurden – ein ungeahnter Erfolg, der dem Brunnen-Verlag zugute kam, nachdem Ihloff das Risiko dieses neuartigen Hilfsmittels zu groß erschienen war; eine überaus praktische Hilfe für Bibelleser und Verkündiger.

Aber wie in der Reihe der »Praktischen Handkommentare«, so überstiegen auch hier die aus solchen geglückten Anfängen angezeigten weiteren Vorhaben die Kraft des Autors und Herausgebers; auch die politischen Verhältnisse legen ihm Fesseln an: Die Kommentarreihe kann nicht weitergeführt werden, und die im Vorwort des Sprachschlüssels avisierten Folgebände »Begrifflicher Schlüssel« und »Sachlicher Schlüssel« sind nie erschienen.

Seit November 1934 wird Rienecker nicht mehr als Schriftleiter der »Warte« erwähnt, Karl Möbius nicht mehr als Herausgeber. Rienecker wird bespitzelt, 1941 erhält er

Berufsverbot, wird von der Gestapo wegen Mißbrauchs des Wortes »Heil« vorgeladen – Heil sei allein von Hitler zu erwarten. Doch jetzt beruft die Schleswig-Holsteinische Landeskirche Rienecker zum Pfarrverweser der Kirchengemeinde Hohenhorn; die Ordination findet am 11. Januar 1942 in Ratzeburg statt, drei Monate später wird er Pastor der zweiten Hohenhorner Pfarrstelle.

Hier zeigt der Mann des Buches, daß er auch Hirte ist. Die Hohenhorner sind keine Gottesdienstbesucher – es kommen mal vier, mal fünf Leute in die Kirche. In den umliegenden Dörfern fällt der Gottesdienst ganz aus. Doch für Resignation bleibt keine Zeit: Frau Rienecker sieht die Kinder, und unter dem Eindruck einer Weisung Gottes beginnt das Ehepaar in den Dörfern mit Kinderarbeit. Nun wird der freiwillige Religionsunterricht »ein Renner« – zehn Jahre lang hat es keinen gegeben. Die Verhöre bei der Gestapo, die auch hier allgegenwärtig ist, können die Freude und auch die Intensität, mit der sich die Rieneckers dieser Arbeit unterziehen, nun nicht mehr beeinträchtigen. Erst die schwere Herzerkrankung 1945 verlangt eine Unterbrechung – da liegen die Ihloffschen Verlagsgebäude schon ein halbes Jahr in Schutt und Asche.

Rieneckers Arbeit konzentriert sich mehr und mehr direkt auf den Gemeindeaufbau, bis er zum 1. 7. 1947 von seiner Landeskirche beurlaubt wird, damit er einer Berufung der Landeskirche Braunschweig zum Dozenten an deren Evangelischer Akademie folgen konnte. Dazu kommt die zweite Pfarrstelle an St. Ulrici, von der er sogleich beurlaubt wird, damit er sich ganz der Arbeit an der Akademie widmen kann. Da der religionspädagogische Zweig der Akademie nach Wolfenbüttel verlegt worden ist, ziehen die Rieneckers dorthin, wo er 200 Katecheten, Religionslehrer, Jugendleiter und Gemeindehelfer beiderlei Geschlechts in systematischer Theologie und Religionspädagogik unterrichtet.

Doch 1950 schließt die Akademie ihre Pforten, und auf Fritz Rienecker warten andere Institutionen, die diesen unermüdlichen Arbeiter in neue Aufgaben rufen: In St. Chrischona braucht man einen Lehrer dieser Kapazität zur Ausbildung von Pastoren, Evangelisten, Stadtmissionaren, Gemeindehelferinnen, Katechetinnen ..., einen Lehrer, der auch selbst zu predigen bereit ist, der Vorträge halten und Seminare leiten kann und auch wieder als Schriftleiter, Herausgeber und Autor tätig sein soll.

In jenen Jahren macht sich der Verleger Rolf Brockhaus auf die Suche nach Autoren. Fritz Rienecker ist ihm kein Fremder – dieser ist schon in den Jahren 1939/40 an Rolfs Vater, Wilhelm Brockhaus, mit dem Vorschlag herangetreten, die Elberfelder Bibel einer Revision zu unterziehen, was damals aber nicht möglich war. Zehn Jahre später klopft Brockhaus an Rieneckers Tür, um ihn als Herausgeber und Autor einer neuen Kommentarreihe zu gewinnen. Es entsteht die »Wuppertaler Studienbibel«. Rienecker wird Autor der Synoptiker und des Epheserbriefes, ab 1956 teilt er die Herausgeberschaft mit Werner de Boor, neben den nach Rieneckers Tod Adolf Pohl tritt, die beide auch als Autoren mitarbeiten. Im Jahre 1976 ist die Wuppertaler Studienbibel Neues Testament komplett.

Es folgen ab 1959 die ersten Lieferungen des »Lexikons zur Bibel«, an denen Fritz Rienecker engagiert mitarbeitet. Schon 1960 erscheint der Gesamtband des Lexikons, der Herausgebern, Redakteuren und Mitarbeitern viel abverlangt, aber in seinem Konzept genau das verwirklicht, was Fritz Rienecker sein Leben lang wollte: Sachliche Information auf dem neuesten Stand, reiche Illustration in Form von Fotos, Skizzen, Zeittafeln, Karten, Stammbäumen, Tabellen. »Unser Ziel war, die Gesamtaussagen der Schrift in den einzelnen Artikeln möglichst unvoreingenommen hinzustellen und damit den Anspruch des lebendigen Gottes an den Menschen unserer Tage deutlich zu machen ... Grundlegend war das Bewußtsein, daß die Heilige Schrift der Maßstab ist, von dem unser Denken und Handeln auf allen Gebieten des täglichen Lebens immer wieder gerichtet, korrigiert und neu ausgerichtet wird ...«

1958 ist Rieneckers Schrift »Wenn dies geschieht ...« erschienen; doch hier griff er zu kurz. Die endzeitlichen Aussagen der Bibel ließen sich so nur in die damalige politische Situation einfangen.

Dagegen soll sein letztes Buch »Das Schönste kommt noch – Vom Leben nach dem Sterben« mit seinen vielen Zitaten aus der biographischen Literatur und der im zweiten Band angebotenen biblischen Besinnung vielen Menschen eine Hilfe werden, während er selbst über der Arbeit gerade an diesem Buch sich aufmacht und diesem »Schönsten« entgegengeht: Er erlebt das Erscheinen des zweiten Bandes nicht mehr: Am 15. August 1965 stirbt Fritz Rienecker an Herzversagen.

Elisabeth Wetter

Fritz Rienecker – Bibliographie

Bücher (Erstausgaben)

Praktischer Handkommentar zum Lukas-Evangelium unter Zugrundelegung des Godet-Werkes: »Commentaire sur l'évangile de Saint-Luc«. Gießen: Brunnen, 1930, 2. Aufl. 1935, 648 S.

Praktischer Handkommentar zum Epheserbrief: Der Epheserbrief, die Lehre von der Gemeinde für die Gemeinde. Neumünster: Ihloff, 1934. 8 + 464 S. (Beigebunden: *Ephesus, die Geschichte einer Gemeinde)*

Ephesus, die Geschichte einer Gemeinde: Bildanhang des Praktischen Handkommentars zum Epheserbrief. Neumünster: Ihloff, 1934, 48 S.

Sprachlicher Schlüssel zum Griechischen Neuen Testament nach der Ausgabe von D. Eberhard Nestle. Neumünster: Ihloff, 1938, 1. Aufl. auch in zehn Heften mit dem Obertitel *Urtextstudium* (Ergänzungsreihe zum *Praktischen Handkommentar*). Ab 3. Aufl. Gießen: Brunnen, 19. Aufl. (133.000) 1992, 672 S.

Wenn's einen Gott gäbe, dann ..., Wuppertal: R. Brockhaus, 1947, 63 S.

Die Herrlichkeit der Gemeinde Jesu nach dem Epheserbrief. Biblische Studien und Zeitfragen, H. 1. Wuppertal: R. Brockhaus, 1951, 56 S.

Stellungnahme zu Bultmanns »Entmythologisierung«: Eine Antwort für die bibelgläubige Gemeinde. Biblische Studien und Zeitfragen, H. 3. Wuppertal: R. Brockhaus, 1951, 86 S.

Biblische Kritik am Pietismus alter und neuer Zeit. Offenbach/Main: Gnadauer Verl., 1952, 80 S.

Das Evangelium des Matthäus. Wuppertaler Studienbibel. Wuppertal: R. Brockhaus, 1953, 8 + 381 S.

Das Evangelium des Markus. Wuppertaler Studienbibel. Wuppertal: R. Brockhaus, 1955, 288 S.

Wenn dies geschieht ...: Vom endzeitlichen Charakter der Gegenwart. Biblische Studien und Zeitfragen, H. 4. Wuppertal: R. Brockhaus, 1.–3. Aufl. 1958, 144 S. Bearb.

Das Schönste kommt noch: Vom Leben nach dem Sterben. Bd. 1: *Zeugnisse aus Vergangenheit und Gegenwart.* Wuppertal: Sonne und Schild, 1964, 135 S. Bd. 2: *Das Leben nach dem Sterben auf Grund biblischer Forschungen.* Wuppertal: Sonne und Schild, 1965, 140 S.

Erlebnisse aus dem großen Krieg 1914 bis 1918. 10 Hefte. *Zum Weitergeben!* Neumünster: Ihloff, 1939–1940, je 16 S.

Vom Reichtum der Gemeinde: Zum Brief des Paulus an die Epheser. Hinein in die Schrift, H. 12. Bad Salzuflen: MBK-Verl., 1946, 16 S.

Warum all das Leid und Übel in der Welt? Biblische Studien und Zeitfragen, H. 1. Wuppertal: R. Brockhaus, 1951, 15 S.

Auch kleinste Wörter der Heilgen Schrift sind wichtigste. Schriften des Bibelbundes 1. (Vortrag auf d. Jahrestagung d. Bibelbundes, 14. 10. 1956 in Schwäbisch Hall.) Bad Liebenzell: Bibelbund, 1956.

Was sind wir unsern Vätern schuldig? Zwei Referate, gehalten auf der Landesbrüder-Konferenz in Stuttgart am 1. November 1958. Als Arbeitsmaterial für Bibelkurse gedruckt. Stuttgart: Altpiet. Gemeinschaftsverband, o.J. (1958), 35 S.

Kolosserbrief. Fernkursbriefe für Forscher der Heiligen Schrift. Stuttgart: Altpiet. Gemeinschaftsverband, 1959.

Vom Leben nach dem Sterben. Kurze Nachschrift der biblischen Vorträge vom 16. Mai bis 22. Mai 1960. Einige Blicke in den Himmel durch das Fernglas der Heiligen Schrift. (Ansprachen in der Markus-Kirche, Stuttgart) Stuttgart: Altpiet. Gemeinschaftsverband, o.J. (1960), 3. Aufl. (6000–9000), o.J., 37 S.

Das Wunder der Heiligen Schrift. Schriften des Bibelbundes 3. Bad Liebenzell: Bibelbund, 1961, 16 S.

Die Gottebenbildlichkeit des Menschen. Ebd., 1961, 7 S.

Ich bin die Auferstehung und das Leben. Ebd., 1962, 12 S.

Vom Leben nach dem Sterben: Auszug aus »Das Schönste kommt noch«. Doppel:Punkt 1207. Wuppertal: R. Brockhaus, 1990, 48 S.

Herausgeber, Mitherausgeber, Schriftleiter

Biblische Studien und Zeitfragen, Wuppertal: R. Brockhaus, ab 1951.

Lexikon zur Bibel, Wuppertal: R. Brockhaus, 1960. 12 + 840 S. 3. Aufl. 1961, 7. Aufl. 1969, 11. Aufl. 1988; 3. Sonderaufl. 1992. Neuaufl. hg. v. Gerhard Maier, 1994.

Praktischer Handkommentar zum Neuen Testament, Bd. 1 und 2. Neumünster: Ihloff; Gießen: Brunnen, 1929–1934.

Der Sowjethölle entronnen: Einige Erlebnisse eines jungen Christen im heutigen Rußland. Von *** (= Johannes Rempel). Kassel: Oncken, 1931. 10. Aufl. 1935.

Wuppertaler Studienbibel. (Reihe: Neues Testament). Wuppertal: R. Brockhaus, ab 1953, 9 Bände bis 1965.

Warns, Johannes: *Lehrbuch des neutestamentlichen Griechisch.* Ab der 3. Aufl. 1954 hg. v. F. Rienecker. Gießen: Brunnen, 1954. XVI + 230 S. 5. Aufl. 1964, 10. Aufl. 1983 (Gesamtaufl. über 10.000 Ex.).

Auf der Warte (Neumünster: Ihloff), Schriftleiter: 1. 5. 1924 – 1. 5. 1941.

Nimm und lies (Neumünster: Ihloff), Schriftleiter: 1. 5. 1924 – 1. 5. 1941.

Aufwärts: Rufe zum Wecken und Fördern ewigen Lebens (Jg. 43 = 1950, Mücke/Gießen: Brunnen), Schriftleiter.

Der Reichgottesarbeiter (Neumünster: Ihloff), ständiger Mitarbeiter der Redaktion von 1952 bis 1964.

Bibel und Gemeinde (Bad Liebenzell: Bibelbund, Titel vor Dez. 1954: *Nach dem Gesetz und Zeugnis*), Schriftleiter: 1953–1963.

Zur Biographie

Aeschlimann, Fritz: »Rienecker, Fritz (1897–1965)«, in: *Evang. Lexikon für Theologie und Gemeinde,* Bd. 3, Wuppertal: R. Brockhaus, 1994, S. 1709.

Holthaus, Stephan: »Markenzeichen bibeltreu: Die Geschichte des Bibelbundes (1894–1994)«, in: *Bibel und Gemeinde* 94, 1994, H. 2, S. 6–70, darin S. 38–43. Zugleich separat: *Im Kampf um die Bibel: Hundert Jahre Bibelbund (1894–1994),* hg. v. Stephan Holthaus und Thomas Schirrmacher. Biblia et Symbiotica, 6. Bonn: Kultur und Wissenschaft, 1994.

Möbius, Karl: »Aus Gnaden bin ich, was ich bin«, *Wunder der Gnade Gottes in unserem Leben: Gesammelte Zeugnisse* von E. Thimm u.a., 3. Folge. Hamburg: Verlagsbuchh. Bethel, 1952, S. 97–102.

Pagel, Arno: »Fritz Rienecker«, in: *Sie riefen zum Leben.* Telos 2009. Hg. v. Arno Pagel, Marburg: Francke, 1977, S. 125–132.

Pagel, Arno: »Gustav Ihloff«, in: *Er führt zum Ziel.* Edition C: C. 18. Hg. v. Arno Pagel, Marburg: Francke, 1981, S. 73–81.

Pagel, Arno: »Karl Möbius«, in: *Er führt zum Ziel.* Edition C: C. 18. Hg. v. Arno Pagel, Marburg: Francke, 1981, S. 201–210. (Gab heraus: *Der Gemeinschaftsfreund*)

Rinecker, Fritz (vgl. oben): »Der neue Vorstand stellt sich vor«, in: *Altpietistisches Gemeinschaftsblatt für Württemberg* 45, 1958, H. 9, S. 133–137; Forts.: S. 154–157; S. 174–178.

Jochen Eber

LEXIKON ZUR BIBEL

Herausgegeben von Fritz Rienecker
neu bearbeitete Ausgabe, herausgegeben von Gerhard Maier

928 Seiten, 96 neue Farbtafeln mit ca. 200 vierfarbigen Abbildungen, über 350 aktualisierte Skizzen und Karten, Format 18 x 25,5 cm, gebunden, Bestell-Nr. 224 653

Fritz Rieneckers LEXIKON ZUR BIBEL präsentiert sich in neuem Gewand. Das vollständig überarbeitete Standartwerk erläutert in über 6000 Artikeln Personen, Orte, Tiere und Pflanzen der Bibel. Jeder wichtige theologische Begriff wird, sofern er zum Wortschatz der Bibel gehört, detailliert unter verschiedenen Aspekten erläutert. Die Grundlage bildet die Revision der Lutherbibel von 1984.

Mit seinem neuen, leserfreundlichen Format, zahlreichen biblischen Belegstellen und dem ausführlichen Angang mit Zeittafel und Evangelienharmonie will das LEXIKON ZUR BIBEL über die Information hinaus Freude am Wort Gottes vermitteln und den Leser zum Eigenstudium anregen.

R. BROCKHAUS VERLAG WUPPERTAL

WUPPERTALER STUDIENBIBEL

Neues Testament – Begründet von Fritz Rienecker

Das Evangelium des Matthäus
erklärt von Fritz Rienecker
384 Seiten

Das Evangelium des Markus
erklärt von Fritz Rienecker
288 Seiten

Das Evangelium des Lukas
erklärt von Fritz Rienecker
571 Seiten

Das Evangelium des Johannes
erklärt von Dr. Werner de Boor
1. Teil, Kap. 1–10, 334 Seiten
2. Teil, Kap. 11–21, 272 Seiten

Die Apostelgeschichte
erklärt von Dr. Werner de Boor
471 Seiten

Der Brief des Paulus an die Römer
erklärt von Dr. Werner de Boor
368 Seiten

Die Briefe des Paulus an die Korinther
erklärt von Dr. Werner de Boor
Der 1. Brief 312 Seiten
Der 2. Brief 246 Seiten

Der Brief des Paulus an die Galater
erklärt von Lic. Hans Brandenburg
146 Seiten

Der Brief des Paulus an die Epheser
erklärt von Fritz Rienecker
259 Seiten

Die Briefe des Paulus an die Philipper und an die Kolosser
erklärt von Dr. Werner de Boor
288 Seiten

Die Briefe des Paulus an die Thessalonicher
erklärt von Dr. Werner de Boor
175 Seiten

Der erste Brief des Paulus an Timotheus
erklärt von Dr. Hans Bürki
240 Seiten

Der zweite Brief des Paulus an Timotheus
Die Briefe an Titus und an Philemon
erklärt von Dr. Hans Bürki
232 Seiten

Der Brief an die Hebräer
erklärt von Dr. Fritz Laubach
292 Seiten

Der Brief des Jakobus
erklärt von Fritz Grünzweig
184 Seiten

Die Briefe des Petrus und der Brief des Judas
erklärt von Uwe Holmer und Dr. Werner de Boor
296 Seiten

Die Briefe des Johannes
erklärt von Dr. Werner de Boor
208 Seiten

Die Offenbarung des Johannes
erklärt von Adolf Pohl
1. Teil, Kap. 1– 8, 232 Seiten
2. Teil, Kap. 8–22, 360 Seiten

R. BROCKHAUS VERLAG WUPPERTAL